KB230781

문화공간의 사회학

국가, 공공영역 그리고 도서관

문화공간의 사회학

국가, 공공영역 그리고 도서관

김 세 훈

한국학술정보㈜

책머리에

　이 글은 문화영역과 사회와의 관계에 대한 물음과 국가와 공공영역의 관계에 대한 두 가지 서로 다른 물음에서 출발하고 있다. 한 사회에서 문화영역은 어떤 의미 또는 기능을 가지는 것일까? 국가는 또는 사회는 왜 문화영역의 발전에 대한 관심을 가지는가? 문화영역을 발전시킨다는 것은 무엇을 의미하는 것일까 하는 문제의식이 첫 번째 물음 안에 포함되어 있다. 또 다른 관심은 국가와 공공영역은 어떠한 관련성을 가지는가 하는 문제이다. 공공영역이 국가권력으로부터 자유로운 의사소통이 발생하는 공간이고, 이 공간을 통하여 국가권력에 대한 비판, 감시 기능이 이루어진다면, 우리 사회에서 이러한 기능을 담당하는 공공영역의 출현을 어떻게 찾아볼 수 있을까? 우리 사회에서 공공영역의 역사상 뿌리는 어디에서 찾아져야 할까? 하는 문제는 시민사회의 성숙이 무엇보다도 중요하다고 이야기되는 현실에서 명확히 규정되고 넘어가야 할 과제이다. 이 글은 이러한 두 가지 관심을 문화영역과 공공영역, 국가, 개인과의 관계를 중심으로 살펴보았다.

　그동안 우리 사회에서는 공공영역에 대한 활발한 논의가 전개되어 왔다. 그럼에도 불구하고 충분한 성과를 가져오지 못했던 데에는 공공영역에 대한 연구를 가로막는 중요한 인식상 장애요인이 있었다. 그것은 국가권력으로부터 자유로운 공간으로써 권력에 대한 비판 기능을 수행하는 공공영역이, 우리나라와 같이 국가주도의 발전을 이룩한 후발 자본주의국가들에서 어떻게 형성될 수 있었느냐 하는 점과 관련된다. 곧 국가로부터 자유로운 '부르주아'의 공공영역이 형성되지 못함으로서 공공영역을 형성하는 주체가 누구인지, 국가권력으로부터 자유로운 공간은 어디인지, 자율성에 기반한 비판기능은 어떻게 가능했는지 등의 문제들이 해결되지 못한 채, 우리 사회에서 국가와 공공영역의 발전에 관련한 문제를 접근하는데 항상 장애요인으로 제기되어 왔다.

이러한 문제와 관련하여 이 글은 최근 유럽, 특히 영국과 호주를 중심으로 전개되고 있는 문화정책 연구에 대한 논의를 분석의 장으로 끌어들였다. 문화정책 연구의 핵심 논점 중 하나는 공공영역과 국가의 관계 규명에 있다. 오늘날 국가의 권력행사가 사회의 전 영역에 중요한 영향을 미치고 있지 않은 사회는 하나도 없다. 또한 역사상 자생적인 자본주의의 발전을 경험하지 못한 후발 자본주의사회에서 국가는 사회발전에서 중심 역할을 수행함으로써 사회의 전 영역이 그 영향 아래 놓이게 되었다. 문화정책 연구를 통하여 주목되는 바는, 비서구 사회의 역사는 특히 이러한 국가의 역할을 소홀히 하고는 접근할 수 없다는 점을 지적하면서 국가와 공공영역 사이의 관계를 밝히는 데 주력하고 있다는 점이다.

이 글은 우리 사회에서 문화영역과 공공영역, 그리고 국가의 관계를 도서관 및 도서관 정책의 발전을 중심으로 상세히 분석하고 있다. 우리 사회는 국가주도의 발전이라고 하는 역사 경험 속에서 국가와 시민사회의 영역이 밀접히 연관되는 구조를 보여 왔다. 따라서 공공영역도 국가와의 밀접한 관계 속에 형성되었다고 볼 수 있다. 문제는 "국가의 권력으로부터 자유로운 공간으로 이해되는 공공영역"이 어떻게 국가와의 긴밀한 관계를 통하여 발전할 수 있는가 하는 점이다. 또한 "국가권력에 대한 비판 기능을 수행하는 공공영역"에 국가가 어떻게 관련을 맺게 되었는가 하는 점이다. 이 글은 이러한 문제에 대하여 문화정책 연구에서 제기되고 있는 '공공영역의 두 가지 기능'에 대한 논의를 중심으로 접근하고 있다.

이 글이 특별히 주목하고 있는 것은 공공영역의 문제가 '행위 주체'로서 개인의 문제와 밀접한 연관을 맺고 있다는 점이다. 공공영역은

사사로운 영역에 머물러 있던 개인이 자기 행위의 주체로서 공공
의 영역에 등장하면서 형성되는 공간이다. 따라서 국가와 공공영역
의 관계는 국가와 공공영역, 그리고 행위 주체로서의 개인의 등장
이라는 문제로 확대하여 검토할 수 있다. 곧 사사로운 영역에 머
물러 있던 개인이 어떻게 공공의 영역에 등장하게 되었는지, 그리
고 이 과정에 국가는 어떠한 영향을 행사하였는지 하는 문제가 우
리 사회의 국가와 공공영역의 관계를 풀어나가는 데 매우 중요한
실마리를 제공한다.

이러한 관심에 기대어 이 글은 근대 초기 공공도서관이라는 공
간을 중심으로 우리 사회에 나타났던 개인에 대한 관심과 이러한
개인들이 도서관을 통하여 비판능력을 갖춘 공중으로 성장하는 과
정, 그리고 광복 이후 국가와의 관계 속에서 사사로운 개인과 비
판 공중으로 이분화되는 과정을 분석하고 있다. 곧 이러한 이분화
과정이 내재화 되면서 도서관은 외형상으로는 모든 사람이 자유로
이 이용할 수 있는 공공의 공간이기는 하지만, 내용상으로는 어떠
한 의사소통도, 더 넓은 공공의 문제에 대한 관심도 찾아볼 수 없
는 유사 공공영역으로 전환되게 되었다는 것을 지적한다. 이 글은

이러한 도서관의 이중구조, 나아가 공공영역 중층화의 극복은 행위 주체인 개인에 대한 관심 회복, 분리되었던 비판기능과 교육기능의 재통합을 통하여 가능하며, 이는 도서관의 의사소통 활동에 대한 관심을 통하여 이루어질 수 있다고 강조하고 있다.

목차

제1장 들어가는 글 | 13

1.1. 연구 관심 | 15

1.2. 연구 내용 | 18

1.3. 연구 대상 및 범위 | 20

1.4. 연구 방법 | 23

제2장 기존 연구 검토 및 분석 틀 | 25

2.1. 문화정책에 대한 연구 | 27

2.1.1. '문화'에 대한 접근 | 27

2.1.2. 문화정책 연구의 흐름 | 31

2.2. 문화정책 연구의 이론 쟁점 | 35

2.2.1. 문화영역, 국가, 사회의 관계 | 35

2.2.2. 문화정책과 행위 주체의 관계 | 42

2.2.3. 행위 주체의 자율성과 국가의 관계 | 46

2.2.4. 한국 사회와 문화정책 연구 | 51

2.3. 연구를 위한 분석 틀 | 58

2.3.1. 도서관과 공공영역 | 58

2.3.2. 도서관 공공영역의 구조와 기능 | 61

2.3.3. 공공정책과 개인의 관계 | 64

제3장 구한말·일제시기의 도서관과 근대 개인의 출현 | 69

　3.1. 근대 도서관 출현의 배경 | 71

　　3.1.1. 서구 근대도서관의 출현 | 71

　　3.1.2. 개화기의 사회 상황 | 81

　　3.1.3. 행위 주체로서의 개인에 대한 관심 | 83

　3.2. 근대 초기 도서관의 출현과 발전 | 86

　　3.2.1. 도서관에 대한 사회의 인식 | 86

　　3.2.2. 도서관의 발전과 도서관 사상의 전개 | 87

　3.3. 도서관 공공영역의 형성 배경과 공중의 등장 | 102

　　3.3.1. 인쇄·출판의 발달 | 106

　　3.3.2. 사사로운 개인에서 독서 공중으로의 전환 | 109

　　3.3.3. 도서관의 발전과 공공영역의 형성 | 115

제4장 산업화시대 국가 개입과 도서관 영역의 제도화 | 127

　4.1. 광복 이후 도서관 현실과 국가의 개입 | 129

　　4.1.1. 광복 이후 도서관의 현실 | 131

　　4.1.2. 도서관 활동에 대한 국가의 개입 | 138

　4.2. 도서관 정책과 도서관 영역의 제도화 | 145

　　4.2.1. 국가와 도서관 관계의 변화 | 145

　　4.2.2. 도서관 정책과 관련 단체의 발전 | 147

4.2.3. 도서관 영역의 제도화 | 153

4.3. 공공영역의 변화 | 159

4.3.1. 비판적 관심으로부터 계몽의 분리 | 159

4.3.2. 도서관 이용의 개인화 | 162

4.3.3. 비판 기능과 교육 기능의 분리 | 166

제5장 1980 – 90년대 도서관 공공영역의 중층화 | 171

5.1. 도서관 정책의 강화와 공공담론의 활성화 | 174

5.1.1. 도서관 정책의 강화 | 174

5.1.2. 비판 공공담론의 활성화 | 187

5.2. 도서관의 사사화(私事化) | 194

5.2.1. 독서 공중의 사사로운 개인으로의 후퇴 | 195

5.2.2. 사사화의 배경 | 198

5.2.3. 사사화의 전개 | 201

5.3. 공공영역의 중층화 | 204

5.3.1. 도구적 관심과 의사소통 관심의 분리 | 204

5.3.2. 개인의 관심과 사회의 관심의 분리 | 207

5.3.3. 중층화된 공공영역 | 210

제6장 공공영역 재활성화의 과제 | **213**

6.1. 국가와 공공영역 | 215

6.1.1. 공공영역의 새로운 자리매김 | 215

6.1.2. 긴장의 공간으로서의 공공영역
(tension-charged public sphere) | 220

6.2. 공공영역과 개인 | 224

6.2.1. 공공영역과 성찰성을 가진 개인 | 224

6.2.2. 도구 합리성과 도서관 발전의 양면성 | 229

6.3. 공공영역의 재활성화 | 233

6.3.1. 의사소통 관심의 되살림 | 233

6.3.2. 중층화된 발전 구조의 극복 | 235

제7장 마치는 글 | **239**

참고문헌 | **245**

제 **1** 장

들어가는 말

1.1. 연구 관심

이 연구는 우리 사회에서 공공영역의 형성과 발전이 국가권력과 어떠한 상호 관계를 맺으면서 발전해 왔는지를 살펴보기 위한 것이다. 그동안 공공영역은 무엇보다 국가권력과의 상호 관계를 통하여 이해되어 왔다. 곧 공공영역은 '국가권력으로부터 자유로운 의사소통이 일어나는 공간'이며 동시에 '공공의 이해관계에 대하여 비판담론 및 여론이 형성되는 공간'이다. 국가 주도의 발전과정을 통하여 사회의 전 영역에 대한 국가 개입이 강력하게 전개되었던 환경에서 이러한 공공영역에 대한 필요성은 시민사회의 성숙이라는 과제와 맞물리면서 우리 사회가 해결해야 할 중요한 과제로 제기되어 왔다. 그러나 필요성에 대한 많은 논의에도 불구하고, 우리 사회의 어떤 영역이 공공영역을 구성하고 있는지, 우리 사회에서 공공영역이 수행하는 역할은 어떤 것인지, 국가와의 관계 속에서 공공영역이 어떻게 형성·발전할 수 있었는지 등에 대하여 심도 있게 연구가 충분히 이루어지지 못했던 것이 사실이다.

공공영역에 대한 깊이 있는 연구가 전개되지 못한 것에 대하여, 종종 우리 사회의 발전과정에서 나타난 국가의 강력한 역할과 그 결과 국가권력에 대응할만한 독자 세력의 출현을 근대 역사를 통하여 찾아보기 어렵기 때문이라는 것이 문제점으로 지적되어 왔다. 곧 근대 초기 식민 지배의 경험과 내전, 그리고 군부 정권 아래서의 강력한 국가 주도 발전이라고 하는 역사는, 서구처럼 부르주아라고 하는 자생 집단이 스스로의 영역을 만들어 가는 공간으로서의 공공영역이 존재할 자리를 마련하지 못하였다는 것이다.

그러나 이러한 역사가 우리 사회에는 공공영역이 존재하지 않았다는 것을 의미하지는 않는다. 모든 사회가 각각의 독특한 역사를 가지고 있고, 그러한 역사 속에서 나름의 사회구조를 갖추었으며, 이러한 구조를 기반으로 사회 발전을 이루어왔다면, 공공영역의 형성도 각 사회의 독특한 발전 경로를 가진 것으로 이해할 수 있다. 이러한 관점에서 본다면, 우리 사회가 가지는 독특한 역사 발전의 경로는 그 나름의 틀을 통하여 분석되어야 하며, 이를 통하여 공공영역의 형성과 발전, 변화 과정이 분석되어야 한다고 할 수 있다.

최근 공공영역의 형성과 국가의 관계에 대한 논의가 '문화정책연구(cultural policy studies)'를 중심으로 이루어지고 있다. 그 핵심 논점 가운데 하나는 공공영역과 국가의 관계가 대립 관계에만 있는 것이 아니라는 점이다. 오늘날 국가의 권력 행사가 사회의 모든 영역에 중요한 영향을 미치고 있지 않은 사회는 하나도 없다.

이런 상황에서 공공영역이 수행하는 역할과 국가의 활동영역이 점점 밀접히 연계되는 모습을 보이고 있으며 그 관계 또한 대립의 관계로서만이 아니라 협력과 견제의 모습으로 변화되어 가는 경향을 보이고 있다. 문화정책 연구는, 특히 서구와 같은 방식으로 부르주아의 발전을 경험하지 못한 사회에서는 국가의 역할을 소홀히 하고는 그 발전을 논할 수 없다는 점을 지적하면서 국가와 공공영역 사이의 관계를 밝히는 데 초점을 맞추고 있다.

이러한 논의에 힘입어 이 연구는 우리 사회에서 공공영역과 국가의 관계를 우리 사회의 독특한 역사경험을 바탕으로 분석하고자 하였다. 우리 사회는 국가 주도의 발전을 통하여 공공권력을 독점한 기관으로서의 국가와 국가 이외의 영역이 밀접히 연관되는 구조를 보여왔다. 따라서 공공영역도 국가와의 밀접한 관계를 통하여 발전했다고 볼 수 있다. 그런데 이러한 주장은 공공영역과 국가의 관계에 대한 기존의 이해 곧 "국가권력으로부터 자유로운 공간으로 여론 등을 통하여 국가권력에 대한 비판 기능을 수행하는 공공영역이 어떻게 국가와의 긴밀한 관계를 통하여 발전할 수 있는가"라고 하는 문제를 제기한다. 나아가 공공영역이 우리 사회에서 특정한 역할을 수행한다면, 그러한 역할을 수행하는 주체 세력은 도대체 누구인가 하는 문제를 제기하기도 한다. 이 연구는 이러한 문제에 대하여 문화정책 연구에서 제기되고 있는 '공공영역의 두 가지 기능'에 대한 논의를 중심으로 풀어보고자 하였다.

이 연구에서 특별히 주목하고자 하는 바는, 공공영역의 문제가 '행위 주체'로서 개인의 문제와 밀접한 연관을 맺고 있다는 점이다. 공공영역은 사사로운 영역에 머물러 있던 개인이 자기 행위의 주체로서 공공의 영역에 등장하면서 형성되는 공간이다. 따라서 국가와 공공영역의 관계는 국가와 공공영역, 그리고 행위 주체로서의 개인의 등장이라는 문제로 확대하여 생각할 수 있다. 곧 사사로운 영역에 머물러 있던 개인이 어떻게 공공의 영역에 등장하게 되었는지, 그리고 이 과정에 국가는 어떠한 영향을 행사하였는지 하는 문제가 우리 사회의 국가와 공공영역의 관계를 풀어나가는 데 매우 중요한 실마리를 제공한다.

이러한 관심에 기대어 이 연구는 근대 초기에 도서관이라는 공간을 중심으로 우리 사회에 나타났던 개인에 대한 관심과 이러한 개인들이 도서관을 통하여 비판능력을 갖춘 공중으로 성장하는 과정, 그리고 광복 이후 국가와의 관계 속에서 사사로운 개인과 비판 공중으로 이분화되는 과정을 분석하였다. 나아가 도서관이 등장한 초기, 공공영역으로서 도서관의 특징과 오늘날의 사사화된 모습을 대비시키고 이러한 변화의 특징과 원인을 밝힘으로써 미래 도서관이 지향해야 할 방향을 제시하였다.

1.2. 연구 내용

국가와 공공영역, 그리고 행위 주체의 관계를 살펴보기 위해 이 연구는 사사로운 영역에 머물러 있던 개인이 어떤 배경에서 행위의 주체로서 공공의 영역에 등장하게 되었는지를 살펴보았다. 그리고 이 과정에 국가는 어떠한 방식으로 개입하였는지를 그동안 시행되어 온 '도서관 정책'에 대한 검토를 통하여 분석하였다.

연구는 크게 세 부분으로 구성된다. 첫째 부분은 사사로운 영역에 머물러 있던 개인이 어떤 과정을 거쳐 '행위의 주체'로 등장하였는가 하는 영역이다. 행위의 주체로서 개인이 어떻게 사회의 관심이 되었는지를 살펴보는 일은 어떻게 사사로운 영역에 속해있던 개인이 공공의 관심의 대상이 되었는가 하는 부분과, 사사로운 개인 스스로가 어떤 과정을 통하여 공공의 영역에 모습을 드러내었는가 하는 부분을 살펴봄으로써 검토할 수 있다. 그리고 이러한 과정 가운데서 도서관이 어떻게 초기의 공공영역의 역할을 수행하였는지를 검토한다.

둘째 부분에서는 도서관에 대한 국가의 개입이 공공영역으로서의 도서관의 발전에 어떠한 영향을 미쳤는지를 살펴본다. 특히 법과 정책을 통한 국가의 도서관 영역에의 개입이 가져온 결과들을 살펴보면서, 국가와 공공영역과의 관계를 검토해 본다.

셋째 부분에서는 도서관 영역에 대한 국가의 개입에 개인은 어떻게 반응하였으며, 그러한 반응이 공공영역으로의 도서관의 발전에 어떠한 영향을 미쳤는지를 검토한다. 이러한 문제들을 공공영역의 두 가지 기능, 곧 교육 기능과 비판 기능이 분리되었다는 측면에서 접근함으로써 공공영역의 중층화 문제와 연계시킨다.

1.3. 연구 대상 및 범위

　사사로운 영역에 머물러 있던 개인이 공공의 영역으로 나오는 과정에는 그러한 과정을 이끌어내는 제도화된 공간이 존재한다. 보통 이러한 공간은 개인들이 가지고 있는 사사로운 관심의 연속선상에 존재하게 되며, 자연스럽게 개인의 관심이 공공의 영역으로 연계될 수 있도록 매개역할을 수행한다. 근대 초기 이러한 역할을 담당했던 공간은 주로 문화예술의 영역 안에 포함되어 있었으며, 근대 제도의 발전과정을 통하여 특정 계층에 국한되었던 배타성을 띤 공간에서 모든 사람에게 개방된 공공의 공간으로 등장하였다.[1] 이 연구는 사사로운 개인이 비판능력을 갖춘 공중으로 전환하는 과정을 살펴보기 위해 근대 문화·예술영역의 한 제도로서 도서관을 분석대상으로 하였다.

　이 연구는 근대 도서관의 설립을 통하여 우리 사회에 문예 공공영역이 형성되기 시작하였다는 인식에서부터 출발한다. 도서관은 단지 외형으로 나타나는 건물만을 뜻하지는 않는다. 도서관은 그 시설을 통하여 추구하고자 하는 사회의 관심과 지향이 담겨져 있는 공간이며 동시에 이와 관련된 제반 사회제도와 그것들을 개선하고자 하는 실천이 어우러진 공간이다. 뿐만 아니라 그러한 사회

---

1) 이러한 공간은 '문예 공공영역(public sphere in the world of letters)' 또는 '문화공공영역(cultural public sphere)'으로 불릴 수 있으며, 도서관, 박물관, 연극을 위한 공연장은 그러한 시설의 보기이다. 하버마스는 문예 공공영역을 정치 공공영역으로 발전하는 초기 단계의 공공영역이라고 보았으며, 이 영역을 정치 공공영역의 연습장으로 인식했다. Jürgen Habermas, *The Structural Transformation of the Public Sphere*(Cambridge: Polity Press, 1989), 29 - 30쪽. Johan Förnas, *Cultural Theory & Late Modernity*(London: Sage, 1995), 81쪽.

의 관심과 지향을 자기 나름대로 해석하고 평가하며 받아들이는 개인들의 행위가 일어나는 공간이기도 하다. 그러므로 도서관은 외형상 나타나는 '장소'로 존재할 뿐만 아니라 다양한 의도와 행위가 서로 만나는 추상화된 '공간'으로 존재한다. 이러한 인식에 터하여, 이 연구는 우리 사회에서 도서관을 다양한 행위의 주체들, 곧 국가, 여러 사회단체 및 집단, 개인들이 공동으로 참여하고 활용하는 공간으로, 그리고 이들의 다양한 목적과 의도가 서로 부딪히고 갈등하면서 조정되는 공간으로 바라보았다. 나아가 행위 주체로서의 개인의 등장과 공공영역의 형성이라는 관계 속에서 도서관의 출현을 살펴봄으로써 공공영역을 행위 주체의 문제와 관련하여 검토하였다.

공공영역과 국가와의 관계를 밝히기 위해서는 국가가 도서관 정책을 통하여 도서관 발전에 미친 영향을 분석하였다. 도서관 정책은 오늘날 이루어지고 있는 행정부처에 따른 정책영역 구분을 별개로 한다면, 문화정책의 하위 범주에 포함된다. 왜냐하면 도서관은 근대 문화정책의 매우 중요한 한 수단으로 활용되었기 때문이다. 문화정책은 "행위 주체의 역량 강화를 통하여 효과적으로 사회의 문제 상황들을 관리하려고 하는 근대 통치의 한 유형"[2]을 의미한다. 곧 근대의 통치는, 개인이 사사로운 영역에 머물면서 강제와 억압이라는 수단을 통하여 지배된 근대 이전 시기의 방식과 달리, 개인을 행위의 주체로 인식하고 이들의 역량과 자율성을 강화하는

---

2) 이 글에서 다루는 '문화정책'은 오늘날 '문화행정'의 범위를 중심으로 이루어지고 있는 정책 영역만을 의미하지 않는다. 문화정책은 한 사회의 지속과 발전을 위하여 문화와 권력의 관계를 통제하는 방식(policing culture)과 관련된 것으로서 문화예술뿐만 아니라 상징, 의사소통, 교육 등의 영역까지 포함한다.

방식으로 이루어졌다. 근대 통치에서 행위 주체는 억압의 대상이 아니라 교육과 강화의 대상이며, 도서관은 이와 같은 새로운 통치 유형을 확립하는 근대의 한 제도로 등장하였다. 따라서 이 연구에서는 도서관 정책을 문화정책의 관점에서 접근함으로써 공공영역으로서의 도서관과 개인, 그리고 그 사이에 개입하는 국가의 역할을 보다 상세히 밝히고자 하였다.

도서관의 종류는 도서관 서비스의 대상에 따라 몇 가지 유형으로 구분된다. 근대 도서관의 설립 초기에는 단순히 공공도서관으로만 출발했던 것에서 광복 이후부터는 공공도서관, 학교 도서관, 대학 도서관, 전문 도서관, 특수 도서관 등 봉사 대상별로 매우 세분화되었다. 이 연구에서는 분석 대상이 되는 도서관을 주로 공공도서관에 한정하였으며, 도서관 정책 또한 공공도서관 정책을 중심으로 분석하였다. 그러나 보완 설명이 필요할 때에는 학교 도서관, 대학 도서관과 같은 다른 영역의 도서관 및 도서관 정책을 포함시켰다.

이 연구의 분석 시기는 구한말 일제 강점을 전후한 시기부터 1990년대 초반까지로 하였다. 구한말은 우리나라에 근대 도서관이 최초로 출현한 시기이다.[3] 마지막 시기를 1990년대 중반까지로 한 것은, 도서관의 발전과 이 과정에서의 국가의 역할과 강조점이 시기별로 조금씩의 차이가 있고, 1990년에는 도서관 정책이 당시 문교부에서 문화부로 이관되면서 문화정책의 일환으로 다루어짐으로써 도서관을 둘러싼 정책의 관점에서 큰 변화를 보여주었기 때문이다.

---

3) 일본은 1901년 조선에 거주하는 자국민을 위한 사회교육 시설로서 부산에 근대 공공도서관을 처음 설립하였고, 한국인에 의한 근대 도서관은 이보다 뒤인 1906년에 설립되었다. 김남석, 「일제하 공공도서관의 사회교육활동」(대구: 계명대학교 출판부, 1991), 12-14쪽 볼 것.

1.4. 연구 방법

　이 연구는 주로 문헌 분석의 방법을 활용하였다. 이 연구에서 개화기 전후 시기의 자료는 1차 자료와 2차 자료를 병행하여 활용하였으며, 특히 그때의 상황을 자세히 살피기 위하여 식민지시기의 신문자료와 각종 통계 및 연감자료를 주로 활용하였다. 광복 이후의 자료는 한국도서관협회와 국립중앙도서관의 자료, 도서관 관련 연속 간행물을 중요한 자료로 이용하였다. 도서관 정책과 관련하여서는 당시에 수립된 정책자료를 중심으로 분석하였으며 그 밖의 것은 도서관 및 도서관 정책에 대한 문헌자료 분석을 통하여 이루어졌다. 분석을 위해 중요하게 사용된 문헌자료로는 도서관 관련 논문, 도서관 정책 문건, 신문, 잡지이며, 도서관 관련 통계자료 또한 도서관 현황 및 발전 과정을 살피는 자료로 활용되었다.

제2장

기존 연구 검토 및 분석 틀

2.1. 문화정책에 대한 연구

2.1.1. '문화'에 대한 접근

그동안 문화정책, 특히 중앙정부나 지방자치단체에 의해 수행되는 공공문화정책영역에 대해서는 매우 제한된 범위 안에서 이론에 터한 연구가 이루어져 왔다. 이러한 현상은 다음의 몇 가지 이유에서 출발한다. 첫째, '문화'라고 하는 영역이 정책 관심의 대상으로 떠오르게 된 것이 그리 오래 전의 일이 아니라는 점이다. 공공정책이 문화영역에 관심을 가지게 된 중요한 배경의 하나는 문화영역이 가져오는 사회 발전의 효과로부터 시작된다.[4] 유럽의 여러

---

4) 물론 이 시기 이전에도 문화영역을 둘러싼 국가의 통치 행위는 존재해 왔다. 국가 사이의 문화교류에 대한 관심이나 박물관 또는 도서관과 같은 문화영역을 둘러싼 국가 통치는 그 역사가 매우 오래된 것이다. 그러나 행정부라고 하는 국가 통치 기구가 설치되고 이러한 기구가

국가가 오래된 도시를 현대의 모습으로 바꾸고, 지역사회의 발전을 도모하며, 지역의 경제를 부흥시키는 데 중요한 역할을 하는 것으로 문화영역을 바라보기 시작한 것은 1970년대를 전후해서의 일이다.[5]

문화영역을 '문명화를 위한 도구'라는 측면에서 이해하고, 성숙되지 못한 민중들을 새로운 사회의 주인인 '근대 시민'으로 성장시키기 위해 국가가 문화영역을 활용했다고 보는 입장은 1990년을 전후하여 체계화되었다.[6] 문화가 가지는 비판 기능을 강조하면서 문화정책이 '권력'과 '비판'의 관계에 초점을 맞추어야 한다는 시각 또한 1990년대 중반을 전후하여 등장하였다.[7] 문화영역에 대한 공공정책의 관심과 문화정책에 대한 이론에 기초한 분석은 이처럼 지난 20-30년 사이, 그리고 급격하게는 지난 10년 사이에 크게 증가하였다.

둘째, '문화'의 개념이나 범주에 대한 통일된 공감대가 형성되어

공공정책이라는 수단을 통하여 문화영역에 개입하기 시작한 것은 20세기 중반 이후부터라고 볼 수 있다. 보기로, 유럽에서 국가 사이의 문화교류가 정부 정책의 한 분야로 편입되면서 '문화외교'라는 형태를 띠고 나타나기 시작한 것은 20세기 중반을 전후해서이다. 이와 관련하여 Anthony Haigh, *Cultural Diplomacy in Europe*(Strasbourg: Council of Europe, 1974) 볼 것.

5) Augustin Girard, *Cultural Development: Experience and Policies*(Paris: Unesco, 1972). 특히 Franco Bianchini and Michael Parkinson(엮음), *Cultural Policy and Urban Regeneration*(Manchester: Manchester University Press, 1993), 1쪽.

6) 문화영역이 근대 시민을 양성하기 위한 국가의 목적에 활용된 것은 이미 19세기부터이다. 19세기 중반을 전후하여 박물관이 어떻게 근대 국가의 시민 양성에 기여하는 제도로 활용되었는지는 Tony Bennett, *The Birth of the Museum*(London: Routledge, 1995)에 잘 나타나 있다. 그러나 문화영역이 그러한 국가정책의 목표와 긴밀하게 연계되어 발전되어 왔다는 사실을 학문영역에서 주목하게 된 것은 매우 최근의 일이다.

7) 하버마스는 부르주아적 공공영역의 형성 과정에 대한 분석을 통하여 이미 18세기에 문화영역이 비판 기능을 가진 독립된 분야로 성장하기 시작하였다는 점을 보여준다. 그러나 문화영역의 이러한 특성을 문화정책과의 관계 속에서 접근하고 이러한 접근 방식이 문화정책 연구의 핵심 주제가 되어야 한다고 하는 주장은 매우 최근의 일이다. 이와 관련하여 Jim McGuigan, *Culture and the Public Sphere*(London: Routledge, 1996) 볼 것.

있지 못했다는 점을 지적할 수 있다. 문화정책에 대한 연구가 진행되기 위해서는 문화의 개념에 대한 분명한 규정이 전제되어야 한다. 그러나 문화가 의미하는 바가 좁게는 예술영역에서부터 넓게는 '생활양식' 전반에 이르기까지 다양하기 때문에 문화정책은 정책이 포괄하는 범위나 내용에 서 명확하게 규정되지 못하고 잔여범주로 이해되어 왔다.[8] 이런 이유로 문화정책에 대한 연구는 종종 문화행정이라고 하는 다분히 행정 기술과 관련된 부분으로 좁혀져 전개되어 왔다.

셋째, 가장 중요한 이유로, '문화'에 대한 연구와 '국가'에 대한 연구는 종종 서로 연결될 수 없는 것으로 이해되었다. 문화라고 하는 영역은 자율성과 창의성, 비판력과 관련되는 영역이고 국가라고 하는 영역은 권력의 지배로 대표되는 영역이라는 생각은, 문화정책에 대한 연구를, 이념을 통한 국가의 지배라고 하는 지배 이데올로기의 비판 차원에만 머물게 하였다.[9]

이러한 환경에서 '문화 연구(Cultural Studies)'라고 하는 새로운 학문분과는 문화영역과 국가와의 관계에 대한 새로운 시각을 제공

---

8) 윌리암스는 '문화(Culture)' 용어가 뜻하는 의미의 변천 과정을 역사상 사례를 통하여 검토하고 있다. 문화라는 단어의 어원은 '경작하다(cultivate)'에서부터 출발한 것으로써 그 의미가 농작물을 경작하거나 동물을 사육하는 것으로부터 인간 정신을 고양하는 것으로까지 의미가 확대되었다. 18세기 후반에 이르러서는, 독일과 영국을 중심으로, 뛰어난 사람의 삶의 방식을 형성해주는 정신을 일반화하는 개념으로 사용되었다. 18세기 말 헤르더(Herder)는 처음으로 '문화들(cultures)'이라는 개념을 사용하였는데 이는 단일한 문명만이 존재한다는 앞선 전통에 반기를 든 것이었다. 이와 같은 문화의 복수 개념은 19세기 비교인류학의 발전에서 중요한 역할을 담당하였다. Raymond Williams, *The Sociology of Culture*(Chicago: The University of Chicago Press, 1985), 10 - 12쪽.

9) 정책 연구가 문화 연구의 한 영역으로 자리 잡아야 한다는 주장은 그 동안 문화 연구의 영역에서 정책 분야에 대한 연구가 소홀히 다루어져 왔다는 인식에서 비롯된 것이다. 이와 관련하여 Tony Bennett, "Putting Policy into Cultural Studies", Grossberg/Nelson/Treichler (엮음), *Cultural Studies*(New York and London: Routledge, 1992), 23쪽 볼 것.

하였다. 문화 연구의 전통에서 문화는 무엇보다 '의미화의 체계 (signifying system)'로 규정된다. 문화란 "한 사회의 의사소통과 재생산을 가능케 하며, 그 구성원들이 자신이 속해 있는 사회를 '경험'할 수 있도록 하고, 그 사회에 대한 탐구가 가능해질 수 있도록" 의미를 부여해주는 체계이다.[10] 문화에 대한 이러한 이해는 앞서 문화를 '고양된 정신 상태'나 '인간 생활양식의 총체'로 규정함으로써 문화분석의 대상이 매우 제한되거나 또는 무한히 확대되었던 것에 비해, 상징적 교섭을 중심으로 한 다양한 사회의 매개물과 활동들 그리고 이와 관련된 제도 및 구조와 같이 분석 가능한 형태로 규정하였다는 점에서 중요한 의미를 가진다.

문화를 '의미화 체계'로 규정하고 이와 관련된 다양한 제도, 활동, 시설 및 관련 환경을 연구의 대상으로 포함시킴으로써 문화연구는 그동안 문화개념이 분석의 대상으로 되기에는 부적절하게 했던 문제들, 곧 '생활양식의 총체'와 같이 너무 광범위하여 분석이나 구체화된 접근을 어렵게 했던 문제나 '예술영역이나 지식의 창작물'과 같이 그 범위를 지나치게 축소하여 문화가 가지는 상징이나 의미 생성의 기능을 충분히 담아내지 못하는 문제를 넘어설 수 있는 기반을 마련하였다.[11] 문화정책 분야에 대한 연구는 이처럼 문화개념이 의미화 체계를 중심으로 한 제도와 실천의 영역들을 지시하면서부터 연구의 대상으로 자리 잡기 시작하였다.

---

10) Raymond Williams, 위 글, 12 - 13쪽.
11) Jim McGuigan, 위 글, 6쪽.

2.1.2. 문화정책 연구의 흐름

　　문화정책을 대상으로 한 연구는 크게 다음의 세 가지 영역에서 전개되었다. 첫째는 문화영역이 지역개발이나 산업발전에 미치는 효과에 주목하면서 이러한 효과를 이끌어내기 위한 관점에서 추진되는 문화정책을 분석하는 것이다. 지난 20－30년간 문화정책은 많은 유럽 사회에서 경제와 지역의 발전전략에 매우 중요한 요인이 되었다. 이 분야에서의 문화정책 연구는 문화정책과 지역발전과의 상관관계를 각 국가의 사례 검토를 통하여 분석함으로써 문화정책이 지역사회의 발전에 미치는 경제 효과 분석에 초점을 맞추고 있다. 특히 옛 산업의 쇠퇴와 이로 인한 대량 실직, 새로운 이주민과 이민자의 증가로 인한 사회의 다원화 현상 및 소외 집단의 증가 문제들에 대하여 문화정책이 어떻게 대응하여 이러한 문제를 해결하였는지 면밀히 살펴봄으로써 지역사회의 발전을 위하여 문화영역이 얼마나 효과 있게 활용될 수 있는지를 보여준다.[12]

　　둘째는 문화영역이 가지는 비판 기능에 초점을 맞추면서, 문화와 권력의 관계를 비판 시각으로 접근하는 연구이다. '문화'와 '정책'은 '예술'과 '공공행정'의 영역에 국한되는 것이 아니다. 그보다 문화는 한 사회의 '의미화 체계'를 구성하는 모든 제도와 사회 실천들을 포괄하는 것이다. 따라서 문화정책은 예술영역의 한계를 벗어나 의미화 체계를 둘러싸고 전개되는 문화와 권력의 관계를 밝히는 더욱 넓은 영역으로 확대되어야 한다는 것이 이 분야 문화정

---

12) Franco Bianchini/Michael Parkinson(엮음), 위 글.

책 연구의 특징이다.

비판 시각에 기대어 문화와 권력의 관계를 바라볼 것을 강조하는 문화정책 연구는 '정책' 자체가 통치 또는 권력과 밀접한 관련을 맺고 있다는 인식에서부터 출발한다. 어원상으로 볼 때, 영어의 정책(policy)이라는 낱말은 고대 프랑스어 '관리(police)'라는 낱말에 그 뿌리를 두고 있으며, 이것이 16세기 영국의 '통치(government)'라는 개념과 비슷한 뜻을 가진 'policy'라는 낱말로 정착되었다.[13] 이것은 정책이라는 개념이 광범위한 뜻으로서의 관리하고 보호한다는 의미에서부터 비롯되었다는 것을 보여준다. 이와 같은 의미로서 이 낱말의 쓰임새는, 오늘날과 같이 매우 제한된 뜻으로서의 '치안'이라는 말이 고착되기 시작한 18세기에도 사회의 일부에서 여전히 사용되고 있었다.[14]

영국에서 정책(policy)이라는 말이 고대 프랑스의 관리(police)라는 말에서 유래된 데 비해, 프랑스에서는 한 낱말 'politique'가 정책(policy)과 정치(politics)라는 두 말의 동일 어원이 되었다. 이 가운데 'le politique'는 제도화된 정치를, 'la politique'는 정치의 과학, 곧 정책을 의미하는 것으로 변화되었다. 이러한 어원 분석을 통하

---

13) Police와 government라는 낱말의 쓰임새를 살펴보면 오늘날과 같이 치안 또는 경찰이나 정부라는 의미로 사용되지 않았음을 알 수 있다. 두 낱말은 모두 사회를 잘 관리하고 통치하기 위한 새로운 방식을 가리키는 개념으로 사용되었다. 뒤에서 살펴보겠지만 이 가운데서 police는 관리의 뜻에 더욱 가까우며, government는 잘 다스린다는 의미에서의 통치의 뜻에, 더욱 가깝다고 볼 수 있다.

14) 맥귀간은 'police'라는 용어를 설명하면서, 아담 스미스가 1776년 「농작물의 관리」(Police of Grain)라고 하는 제목을 단 원고를 발표한 사실과, 영(Young)이 1792년, "옥수수를 잘 경작한다고 할 때 …… 경작(police)은, 농부가 높은 가격을 받을 수 있도록 함으로써, 사람들을 기근으로부터 보호할 수 있도록 농작물을 잘 재배하는 것"이라고 언급했음을 지적하였다. 그는 이와 같은 용어의 쓰임새 분석을 통하여 오늘날의 정책(policy)과 치안(police)이 서로 동일한 어원을 가지고 있으며, 통치나 지배의 개념보다는 잘 관리하고 돌본다는 의미에서 출발한 것임을 강조하고 있다. Jim McGuigan, 위 글, 7쪽.

여 둘째 유형의 문화정책 연구는 정책 연구가 제도화된 정치의 영역(le politique)이 아닌 정치의 과학, 곧 통치와 권력을 둘러싼 사회의 역학 관계를 분석하는 데 초점을 맞추어야 한다고 주장한다. 나아가 이 분야의 연구는 문화정책의 의미가, 단순히 정부 관료에 의한 행정 절차로 이루어지는 일련의 활동에 국한되어 이해되어서는 안 되며, 자유로운 활동을 통제하고 억제하는 현상과 관련된 수많은 문제들을 다루는 것으로 확대해서 인식되어야 한다고 지적한다.

셋째 유형의 문화정책 연구는 문화영역이 수행하는 수단 또는 도구로서의 역할에 초점을 맞추는 것인데, 이러한 접근은 문화정책이 항상 더욱 나은 목표를 달성하기 위한 수단이며 도구로 활용되어 왔음을 강조한다. 이러한 인식에서 문화는 단지 특정 영역이나 생활양식을 의미한다기보다는 관습, 신념, 가치 등으로 구성되는 생활양식 전반의 변혁을 가져오는 촉매제로서 역할을 수행하는 것으로 이해된다. 이러한 입장은 문화가 바람직한 목표를 달성하기 위한 수단으로 활용된다는 점에서 '전략 규범성'이라고 하는 특성을 갖는다고 주장한다.[15)

이러한 시각은 문화를 권력과의 관계 속에서 살펴보되, 단순히 권력에 종속되거나 저항하는 영역으로서가 아닌, 일상생활과 관련 있는 실제의 문제들에 대하여 '변혁의 방법을 모색하는 과학'이라

---

15) '전략 규범성(strategic normativity)'은 문화개념이 가지는 중요한 특성이다. 문화를 수단으로 인식하는 이러한 이해가 '규범성'을 가지는 것은 그것이 더욱 나은 상태로의 발전을 위한 도구로 활용된다는 점 때문이다. 문화영역이 가지는 전략 규범성은 정부의 개혁 프로그램을 통하여 일반 민중의 다양한 삶의 영역들을 변혁시켜 나가는 데 문화영역이 핵심 요소로 작용해 왔음을 가리킨다. 이와 관련하여 Tony Bennett, *Culture: A Reformer's Science*(London: Sage, 1998), 91쪽 볼 것.

는 차원에서 이해한다.[16] 따라서 이러한 유형의 문화정책 연구는 근대 박물관의 출현을 지배이데올로기를 확산시키고자 하는 계급 지배의 수단이라는 차원에서 접근하는 것이 아니라, 교육받지 못한 민중들을 교육하여 근대 시민을 양성함으로써 사회의 유지·존속·발전을 도모하기 위한 배경에서 등장한 것으로 바라본다. 이러한 이해에 따르면, 근대 박물관은 옛 유물을 수집하고 보관하는 장소이기도 하지만, 동시에 이러한 유물을 교육받지 못한 민중들에게 공개하고 다양한 교육 프로그램들을 통하여 이들의 자기 관리 능력을 강화시켜 결국에는 사회를 효과 있게 관리하려고 하는 통치의 궁극 목적을 달성하는 '수단으로서의 공간'이기도 하다.

문화정책 연구의 이와 같은 흐름은 그 차이점에도 불구하고 '문화'라고 하는 영역이 공공정책의 중요한 영역으로 자리 잡아 가고 있음을 보여준다는 점에서 공통점을 가진다. 곧 과거 경제의 측면에서나 정치의 측면에서 큰 관심을 끌어오지 못했던 문화영역이 공공정책의 중요 영역으로 등장하면서, 문화영역에 대한 관심과 연구가 이제는 공공정책 연구의 중요한 한 부분을 차지하게 되었음을 나타내준다. 나아가 이러한 연구 경향은 문화정책 연구가 단지 문화행정의 측면에 국한되는 것이 아니라 문화영역에 대한 더욱 폭넓은 분석, 곧 문화와 통치, 문화와 권력과의 관계를 비롯하여 다양한 문화의 제도들과 문화활동의 영역들로까지 확대되고 있음을 보여준다.

---

16) 위 글, 87 - 92쪽.

2.2. 문화정책 연구의 이론 쟁점

2.2.1. 문화영역, 국가, 사회의 관계

영국과 호주를 중심으로 시작된 문화정책 연구의 경향은 문화와 권력과의 관계에 대한 주목으로부터 출발한다.[17] 곧 문화정책 연구(cultural policy studied)에서는 근대가 출현하는 과정에서 문화영역이 어떻게 독립영역으로 출현하게 되었는지가 중요한 관심사가 된다. 이러한 관심은, 국가권력으로부터 자율성을 가진 영역으로 성장하는 과정에서 권력에 대해 비판 담론을 형성하는 문화영역의 역할에 주목하면서 공공의 영역에 대한 논의로 확장된다.[18] 근대 문화영역의 출현에 대한 이러한 인식은 부르주아 공공영역의 등장에 대한 역사 분석에 기초하고 있다.

문화영역은 근대 사회로 전환하는 과정에서 상업화의 발달과 함께 공공의 권위영역으로부터 자율성을 획득한 것으로 나타난다. 새롭게 출현한 부르주아들은 이 영역을 자신의 사사로운 의견을 개진하는 공간으로써 뿐만 아니라 정치와 같은 일반 사회문제영역들에 대한 비판 담론을 형성하는 공간으로 활용하였다. 이처럼 각자가 독립된 주체로써 사회의 제반 문제 상황들에 대해 비판 공공담

---

17) 맥귀간은 문화정책 연구를 하버마스와 푸코의 이론 전통에 기댄 두 유형으로 분류하고 있다. 그는 하버마스의 전통에 서있는 자신의 입장을 비판 연구로, 푸코의 전통에 서있는 연구들을 실용 연구로 부르고 있는데, 이러한 분류에 대해서는 이론의 여지가 크다. Jim McGuigan, 위 글, 5쪽.

18) Jürgen Habermas, 위 글. Tony Bennett, *Intellectuals, Culture, Policy*, Pavis Papers 2호(London: The Open University, 2000).

론을 형성하는 공간이 '공공영역'으로 규정되었다. 공공영역에 대한 논의를 체계화한 하버마스에 따르면, 이러한 공공영역은 '문예 공공영역(Public sphere in the world of letters)'과 '정치 공공영역(Public sphere in the political realm)'으로 구분할 수 있다. 문예 공공영역은 문화예술 활동을 중심으로 사사로운 개인들이 공론의 장에 참여하게 되는 공간이다. 문화예술 분야에 대한 자유로운 의사소통을 통하여 개인들은 점차 자신의 주체성을 체험하게 되고 사사로운 영역을 넘어서는 공공의 문제들로까지 관심의 영역을 확장시키게 된다. 정치 공공영역은 이렇게 문예 공공영역에서의 활동을 통하여 공공의 문제에 대한 논의 경험을 갖게 된 개인들이 더욱 확장된 영역들로까지 논의의 범위를 넓힘으로써 여론과 같은 비판 공공담론을 형성하는 공간이다.[19]

문화정책 연구는 이 과정에서 문예 공공영역의 형성과 발전, 주요 기능과 역할, 그리고 국가권력과의 관계를 중심으로 오늘날 문화영역이 한 사회에서 차지하는 위치와 역할 등에 대하여 분석한다. 특히 문예영역에 초점을 맞춤으로써 그동안 공공영역의 논의에서 배제되어 왔던 문화예술영역의 중요성을 새삼 강조하고 있다.[20] 하버마스에 따르면, 문예영역은 사사로운 영역에 속해 있던 개인들을 공공의 영역으로 이끌어내고 공론을 형성하게 하는 역할을 수행함으로써 근대 서구 시민사회를 출현시키는 촉매제로서 역할을 담당하였다.[21]

---

19) Jürgen Habermas, 위 글, 29 - 30쪽.

20) 문예 공공영역의 중요성에 비추어 볼 때, 정치 공공영역에 비해 이 분야에 대한 충분한 연구가 수행되지 못했다는 비판에 대해서는 Johan Förnas, 위 글, 82쪽 볼 것.

21) 하버마스는 이와 같은 역할을 담당한 공간들로 극장, 박물관, 연주회장, 도서관과 같은 문화

　문화와 국가권력과의 관계에 대한 분석은, 이처럼 문예 공공영역과 정치 공공영역의 조합으로써 새롭게 등장한 부르주아적 공공영역이 공공의 권위영역인 국가와 사사로운 영역인 시민사회의 구분을 전제로 형성되고, 이 두 영역을 매개하는 역할을 수행하였다고 이해한다. 그런데 여기에서 국가와 시민사회의 분리를 전제로 형성된 공공영역이 어떠한 변화를 거쳐 오늘날에 이르게 되었는지를 분석하는 부분에서 문화정책 연구의 서로 다른 두 가지 흐름이 나타난다. 곧 한편에서는, 초기에 문화영역이 자율성을 가진 독립영역으로 성장하게 만든 바로 그 상업화의 진전이 이제는 공공담론의 상업화, 관료제화로 연결되면서, 국가와 시민사회의 상호 침투, 곧 ‘재봉건화 과정’이 나타났으며, 그 결과 공공영역은 비판의 기능을 상실하게 됨으로써 ‘국가의 사회화’와 ‘사회의 국가화’가 진전되었다고 주장한다.[22]

　그러나 다른 한편에서 이러한 공공영역의 재봉건화에 대한 주장은 역사에 대한 잘못된 분석에서 비롯되었다고 지적한다. 베넷은, 하버마스가 공공영역의 구조 변동을 살피면서 국가와 시민사회의 상호 침투를 통하여 공공영역이 재봉건화 되었고, 이로 인하여 공공영역의 공간 자체가 사라진 것으로 보는 것은 잘못이라고 지적한다. 베넷에 따르면 공공영역은 사라진 것이 아니라 그 사회관계가 변화한 것이다. 하버마스가 공공영역이 재봉건화되었다고 보는 핵심 이유는 비판 기능이 상실되었다는 데에 있다. 그리고 그 이

시설들을 언급하고 있다.

22) 재봉건화 과정에 대해서는 Jürgen Habermas, 위 글, 5장의 앞부분과 김호기, 「현대 자본주의와 한국사회: 국가, 시민사회, 민주주의」(사회비평사, 1995), 143－144쪽을 참조할 것. 재봉건화 과정에 대한 관심은 후기에 삶의 세계의 식민화 주제로 발전한다.

유는 과도한 상업화와 국가 개입의 확장 때문이다. 그러나 공공영역의 재봉건화 주장에 대해 베넷은 다음과 같은 두 가지 근거를 들어 그 주장이 잘못되었음을 지적한다.

첫째, 공공의 권위영역에 대한 비판 기능이 사라진 것은-사라지지도 않았지만-상업화 또는 국가 개입이 확장되었기 때문이 아니다. 하버마스 자신이 지적했듯이, 공공영역은 국가권력에 대한 비판·견제 기능을 수행함과 동시에 민중들이 그러한 비판의 기능을 수행할 수 있는 공중으로 성장하도록 시민사회를 교육하는 두 가지 기능을 담당하였다.[23) 하버마스가 사례로 들었던 새로운 비판의 형식들(미술, 연극, 음악 등)과 제도들(극장, 박물관, 음악당, 커피 하우스)은 이와 같은 두 가지 기능 곧 비판과 교육의 기능을 동시에 수행하였다.[24)

베넷에게서 공공영역이 가지는 비판 기능은 역사의 산물이며, 자연스럽거나 보편으로 공공영역에 내재해 있는 기능은 아니다. 그보다는 이전의 제도나 관행들이 변화된 환경에서 새로운 기능으로 전환되면서 나타난 역사 과정의 결과일 뿐이다. 이러한 인식에 기대어 볼 때, 근대화의 과정에서 공공영역은 비판 기능보다 시민사회 구성원의 자기 통제능력을 향상시키는 방향으로, 곧 교육의 역할을 강조하는 것으로 초점의 전환이 이루어졌다고 보는 것이 타당하다.

둘째, 문화영역에 대한 국가의 개입은 하버마스가 주장하듯이 국가의 시민사회영역에 대한 직접 통치만을 위한 것이 아니라 간

____

23) Jürgen Habermas, 위 글, 52쪽.
24) Tony Bennett, 위 글(2000), 15쪽.

접 통치를 위한 목적도 있었다는 것이다. 사사로운 영역에 대한 국가의 개입이 증가·강화된 것은 사실이지만 이것이 국가와 시민사회의 경계를 허물어뜨린 것은 아니다. 국가 개입의 확장은 하버마스가 본 것처럼 직접성을 띤 방식으로 사사로운 영역을 식민화하는 형태로가 아니라, 그 반대로 국가와 시민사회 사이에 매개 영역을 강화함으로써 국가의 직접 개입을 줄이는 방식으로 전개되었다. 여기에서 매개 영역이라 함은 시민들이 자신의 능력을 스스로 개발하게 함으로써 국가에 의한 직접 통치가 아니라 개인 스스로에 의한 관리가 이루어질 수 있도록 마련된 공간을 의미한다. 문화영역은 바로 이러한 공간을 만들기 위한 핵심 자원으로 국가에 의해 적극 활용되었다. 따라서 근대 공공영역이 국가와 시민사회 사이의 상호침투에 의해 재봉건화되었다고 보는 하버마스의 인식은 잘못되었다는 것이다.

역사에 대한 이러한 두 가지의 서로 다른 분석은, 근대 문화영역의 출현에 대해서는 인식을 같이 하지만 문화영역이 발전하는 과정에서 나타난 문화영역과 국가와의 관계에 대해서 큰 차이를 보여준다. 재봉건화를 강조하는 시각에 따르면, 문화영역에 대한 지원이나 규제의 형태로 나타나는 국가의 개입은 시민사회의 자율성을 제약함으로써 공공영역이 가지는 비판 기능이 약화되는 결과를 초래한다고 본다. 그러므로 국가가 직·간접으로 관여하는 문화영역은 출발부터 공공영역으로서의 가능성을 제한당하기 때문에 가능한 한 그러한 개입을 감소시키는 방향으로 시민사회가 활성화되어야 한다고 주장한다.

시민사회영역에 대한 국가의 개입과 국가영역에 대한 시민사회의 참여가 공공영역의 공간을 붕괴시킨 것이 아니라 그 기능을 전환시켰다고 보는 입장에서 볼 때, 그러한 재봉건화의 시각은 역사 분석에 대한 오류에서 비롯된 것으로 이해된다. 자유주의 통치 체제 아래서 국가가 문화영역에 개입하는 것은, 국가의 직접 통치를 위한 것이 아니라 시민 개개인이 도덕에 기초한 자기 통제능력을 향상시킴으로써 국가가 시민사회에 대해 직접 통치를 하게 되는 데 따른 부담을 경감하기 위한 것으로 이해된다. 따라서 문화영역은 공공영역의 초기부터 수행되어 온 시민 개개인의 자기 통제능력을 향상시키는 역할을 여전히 수행하고 있으며, 그러한 기능은 현대에 들어 오히려 강화되고 있다고 본다. 베넷은 호주를 보기로 들면서, 서구 사회처럼 오랜 역사를 두고 내부로부터 자본주의 발전을 경험하지 못한 사회에서는 공공영역의 발전이 매우 다른 양상을 보인다고 주장한다.[25] 다시 말해서 국가와 문화의 관계, 그리고 문화영역에 대한 국가의 개입은 '국가권력에 의한 삶의 세계의 식민화'를 보여주는 것이 아니라 공공영역의 변화된 역할과 이 과정에서의 국가와 공공영역의 새로운 관계 설정, 그리고 이를 통한 시민사회의 강화라는 부분과 밀접히 관련된다는 것이다.[26]

문화정책 연구에서 나타난 공공영역의 변화 과정에 대한 이와 같은 논의들은, 현대 사회에서 공공영역과 국가의 관계에 대한 분석을 가능케 하는 계기를 마련했다는 점에서 중요한 의미를 갖는다. 서구와 같은 역사 경험을 가진 사회나 그렇지 못한 사회를 막

---

[25] 호주의 박물관 사례를 언급하면서 베넷은 호주에서 박물관은 처음부터 국가의 지원 아래 설립되었으며, 시민사회를 형성하는 계기로 활용되었다는 점을 지적한다.

[26] Tony Bennett, 위 글(2000), 18쪽.

론하고 오늘날 문화정책을 통하여 시민사회의 자체 관리능력을 강화하고자 하는 일반 추세는, 국가가 문화영역을 활용하여 새로운 방식의 통치를 수행하고 있다는 점을 보여준다. 그리고 이것은 적어도 원칙에서는, 공공영역의 자율성을 훼손하지는 않는 것으로 이해된다. 따라서 국가가 문화영역에 개입하는 것이 확장되는 것을 공공영역의 공간이 축소 또는 소멸되었다고 보기보다는, 새로운 사회 환경에서 공공영역의 역할이 변화되고 있다고 이해하는 것이 타당하다.

국가와 문화영역 사이의 관계에 대한 이러한 논쟁은 우리 사회와 같이 서구 사회와 다른 역사발전의 경로를 거쳐 온 경우 시사하는 바가 크다. 서구와 같이 부르주아를 중심으로 한 자생의 시민사회가 발전하지 못한 사회에서는, 국가와 시민사회의 관계 설정에 대한 많은 어려움이 제기되어 왔다. 특히 사회 전 영역에 걸쳐 국가 주도의 발전을 이룩한 경우, 국가영역으로부터 자유로운 공공영역이나 시민사회영역을 규명하기가 쉽지 않다는 문제가 줄곧 지적되었다. 뿐만 아니라 오늘날 국가와 문화영역의 밀접한 상호 관계를 어떻게 인식해야 하는지에 대한 문제 또한 해결하여야 할 중요한 과제로 미루어져 왔다.

이러한 문제의 해결에 대해 공공영역을 국가권력과의 대립 구도 곧 권력에 대한 비판 기능 수행이라는 부분에 초점을 맞추어 바라보는 시각은 상당히 제약된 가능성을 제시해왔다. 그러나 공공영역의 성격을 공공의 권위영역에 대한 비판 기능만을 중심으로 이해하지 않는다면, 부르주아에 의한 자생의 시민사회를 경험하지 못한 국가들에게서도 공공영역의 출현과 발전을 찾을 수 있는 많은 여

지가 제공된다. 더구나 앞서 살펴본 바대로, 공공영역이 한편으로
는 공공의 권위영역에 대한 비판 기능을 수행하고 다른 한편으로
는 그런 기능이 잘 이루어질 수 있도록 시민사회의 구성원을 교육
하는 역할-자기 통제능력을 향상시키기 위한-을 동시에 담당하
였다고 본다면, 공공영역의 형성과 발전에 대해 더욱 다양한 가능
성들을 검토해 볼 수 있다.

2.2.2. 문화정책과 행위 주체의 관계

　문화정책 연구의 경향은 오늘날 국가가 공공정책을 통해서 문화
영역에 개입하는 현상이 점차 강화되고 있음을 보여준다. 또한 서
구의 근대 공공영역이 한편으로 공공의 권위영역에 대한 비판 기
능을 수행하면서 다른 한편으로 시민사회 구성원들을 교육하는 기
능을 수행하였음을 밝히면서 국가권력에 대한 비판이 개개인의 비
판능력 향상을 기초로 하여 이루어졌음을 보여준다. 이런 점에서
문화정책에 대한 연구는 국가, 공공영역, 개인의 문제가 서로 밀접
히 연관되어 있음을 드러내준다.

　앞에서 살펴본 문화정책 연구의 흐름은 행위 주체로서의 개인이
문화정책의 중요한 대상이 되었다는 점을 나타낸다. 근대의 문화영
역이 사사로운 영역에 머물러 있던 개인들을 공공의 문제에 대한
비판능력을 가진 공중으로 성장시키는 결과를 가져왔다고 하는 하
버마스의 연구에서나, 문화영역이 개인의 자율 통제능력을 향상시
키는 도구로 활용되었다는 베넷의 연구는 결국 개인이 공공영역의

형성과 문화정책의 발전에서 중요한 역할을 담당하는 변수로 등장하였음을 보여주는 것이다. 곧 근대 이전까지는 강압스러운 지배의 대상으로만 여겨졌던 개인이 근대 이후 비판능력과 자율성을 갖춘 행위 주체로 인식되기 시작하고, 이에 따라 그러한 능력들은 억압할 것이 아니라 더욱 강화하고 육성해야 할 대상으로 인식됨으로써 새로운 통치 방식의 출현을 가져오게 되었다.

이처럼 문화정책 연구가 국가와 공공영역 사이의 관계를 분석하면서 개인의 문제를 공공영역과의 관계 속에서 살펴보게 하는 계기를 제공하였지만, 그럼에도 불구하고 그 가운데서 개인의 문제가 충분히 다루어졌던 것은 아니다. 곧 기존의 이론에서는 개인의 자율성 문제가 권력의 지배를 효과 있게 성취하기 위한 '수단'의 측면에서 접근되거나 또는 그러한 자율성을 보장하기 위해 오히려 중심이 되는 개인보다는 '제도'의 문제에 더 초점을 맞추어 이루어짐으로써 공공영역과 개인의 연관 관계를 충분히 밝히는 데에까지는 이르지 못하였다.

개인의 자율성이 근대 사회에서 효과 있게 통치하기 위한 수단으로 강조되었다는 것은 통치 합리성에 대한 푸코의 논의를 중심으로 전개된다. 앞에서 살펴본 바와 같이 푸코의 이론은 근대의 권력과 지식의 관계를 분석하면서 행위 주체로서의 개인의 문제에 주목한다. 그는 근대의 지배 방식이 권력을 군주 개인의 권위와 독립된 것으로 인식하는 것에서부터 출발하게 되었으며, 이러한 인식은 점차 지배 대상으로서의 개인의 문제에 관심을 가지게 하는 배경으로 작용하였다고 지적한다. 곧 어떻게 하면 합리성에 기대어 지배할 수 있을 것인가의 문제는 통치 합리성이라고 하는 시대정

신으로 나타났으며, 이것은 지배 대상인 개인에 대한 지식과 정보를 권력 행사의 중요한 수단으로 활용하는 형태로 전개되었다.[27] 이와 같은 근대의 지배는 개인의 자율성과 역량이 통치의 중요한 전제 조건이라는 인식 아래 이루어졌으며 개개인의 자기 통제능력을 강화시켜 사회를 효율성 있게 통치하는 방식으로 추진되었다. 곧 국가는 문화영역에의 개입을 통해 개인의 자기 통제능력을 향상시켜서 개인이 스스로 결정을 내리고 자신의 선택에 대해 책임을 질 수 있도록 함으로써 사회를 통치하고자 했던 것이다.[28]

이와 같은 통치 합리성에 대한 분석은 행위 주체로서의 개인의 자율성과 역량이 어떻게 지배의 주요 관심 대상으로 떠오르게 되었는지를 보여준다. 그러나 이러한 시각은 개인 및 개인의 자율성을 국가의 새로운 통치 방식, 곧 개개인의 자기 통제능력을 강화시킴으로써 간접 통치로 전환하는 과정에서 필요에 의해 만들어진 '권력 행위의 결과'로 본다는 특징을 가지고 있다. 서구 근대 박물관의 출현에 대한 연구는 이러한 시각에서 어떻게 박물관이 근대 자유주의 통치를 위한 수단으로 활용되었는지를 보여준다. 베넷은

---

27) 푸코는 자유주의 정부 아래서 새로 나타난 통치 유형의 성격을 통치 합리성 또는 관리합리성(Governmentaility)이라는 개념으로 설명하고 있다. 통치 합리성은 개인이나 집단의 행위, 태도, 지향 등에 영향을 끼쳐서 이들이 스스로의 태도를 교정하게 함으로써 더욱 효과 있게 사회를 통치하고자 하는 합리성을 의미한다. 이 개념에 대해서는 Graham Burchell 들(엮음), *The Foucault Effect*(Chicago: The University of Chicago Press, 1991) 볼 것.

28) 자기 통제능력은 푸코의 이론에 기댄 여러 학자들에 의해 'self-control', 'self-regulation' 또는 'self-civilizing'과 같이 다양한 개념으로 표현된다. 푸코 자신은 이것을 'self-government'라는 개념으로 사용하였다. 여기에서 자기 통제는 통치 합리성의 핵심을 이룬다. 이 낱말이 뜻하는 바는 개인이 자기 자신의 행위와 태도를 특정 목적을 위하여 스스로 통제하고 관리한다는 것으로 근대 이후 국가는 이러한 개인의 관심과 능력을 향상시킴으로써 지배를 효율성 있게 유지해 왔다고 본다. 또한 국가는 개인이 어떻게 자기 자신에 대해 영향력을 행사하려고 하는지를 주의 깊게 살펴봄으로써 이 과정에 영향력을 행사할 수 있도록 권력과 지식을 긴밀하게 연계시키는 방법을 개발해 왔다고 지적된다.

「박물관의 탄생」에서 박물관이 시민사회 구성원의 도덕에 터한 자기 통제능력을 향상시킴으로써 사회를 더욱 잘 통치하기 위한 수단으로 활용되었다는 점을 밝히고 있다.[29] 도덕에 터한 통제 수단으로 나타난 박물관은 다양한 계층, 주로 저소득층의 개인들에 대하여 모범이 되는 행위 기준을 박물관의 이용을 통하여 체득케 함으로써 자기 통제 규율을 학습하게 하는 공간으로 박물관이 이용되었음을 지적한다. 이러한 시각에서 볼 때, 근대의 개인은 자기 행위의 주체로 그려지기보다는 권력 행위의 객체이자 결과로 이해된다.[30]

개인의 자율성을 권력에 의해 조작된 것으로 인식하는 것과 달리 의사소통의 중요성을 강조하는 문화정책 연구에서는 개인의 자율성 문제를 개인들 사이의 상호 작용 관계 속에서 찾는다. 이러한 인식의 기본 틀을 제공하는 하버마스에 따르면, 참된 진리, 참된 판단은 개개인의 진실성에 근거하는 것이 아니라 토론 속에서 비로소 알아낼 수 있는 것이기 때문에 진리는 의사소통의 과정 속에서 찾아져야 하며, 따라서 그러한 과정을 보장하는 민주 절차와 제도가 가장 중요한 문제로 떠오른다고 주장한다.[31] 곧 공공영역에 참여하는 개인의 자율성과 비판 담론의 정당성이 내용 자체의 정당성에서 찾아지는 것이 아니라 의사소통 행위 과정 자체에서

---

29) Tony Bennett, 위 글(1995).

30) 이러한 이해는 주체 또는 주체성은 다만 권력의 효과로 존재하며, 실체를 가진 것으로 인식하는 것은 허상에 불과하다는 푸코의 견해와 맥을 같이 하고 있다. 칼리니코스는 푸코가 주체를 권력의 '주된 결과'로 이해하고 있으며, 개인이 내면화된 능력을 가진 주체로서 존재한다는 사실 자체가 '권력'의 결과라고 설명하고 있다고 지적한다. 김용학(옮김), 「역사와 행위」(교보문고, 1991), 54쪽. 원제는 Alex Callinicos, *Making History: Agency Structure and Change in Social Theory*.

31) Jürgen Habermas, 위 글, 한승완(옮김), 「공론장의 구조변동」(나남, 2001), 114쪽.

찾아짐으로써 개인에 대한 관심은 제도에 대한 관심으로 전환되는 결과를 초래한다. 그 결과 의사소통 행위에 참여하는 개인의 진실성은 개인 자신의 도덕성에 기초를 둔 자율성에서 출발하는 것이 아니라 민주화된 여론 형성과 의사 결정 방법을 통해 인증 받게 된다.

문화정책 연구에서의 이와 같은 행위 주체에 대한 인식은 외형상으로는 의사소통 합리성의 확보를 통한 개인의 비판능력 고양이나 사회교육 기제를 통한 자기 통제능력의 향상을 목표로 하여 개인의 문제를 강조하고 있는 듯이 보이지만, 실제로는 개인의 자율성의 토대를 행위 주체의 외부에서 찾음으로써 개인에 대한 문제를 제도와 권력의 문제로 대체해버리는 결과를 가져왔다. 그 결과 문화정책 연구에서 개인은 제도와 권력에 의해 영향을 받는 존재로만 기술될 뿐 역으로 제도와 권력에 영향을 끼치는 측면에서는 접근되지 못하였다.

2.2.3. 행위 주체의 자율성과 국가의 관계

행위의 주체인 개인은 단순히 제도나 구조의 변화를 통하여 결정되는 존재가 아니다. 개인은 자기결정력을 가진 존재이며 상황을 해석하는 존재이다. 자기 스스로의 변화를 꾀할 수가 있으며 스스로의 선택에 근거하여 행동하는 존재이다.[32] 제도개혁을 통하여

---

32) 정치 이론에서의 자유주의 관점은 개인의 자율성에 대해 다음과 같이 설명한다. 인간은 자율성을 가진 존재로 "자신의 삶을 계획하고 그 과정을 결정할 수 있고, 단지 관련된 정보를 평가한 후에 선택하는 합리적인 존재가 아니라 그에 더해 개인적인 계획을 수립하고 관

개인의 행위에 변화를 가져올 수 있다고 하는 믿음은, 제도와 개인의 연결고리를 분명하게 설명하지 않는 한, 많은 문제점을 가지고 있다. 위의 문화정책 연구들은 개인의 문제에 대해 이러한 점에서 취약함을 보여주고 있다.

문화정책에서 행위 주체의 문제를 중요한 요인으로 고려하기 위해서는 두 가지 사항에 대한 인식이 필요하다. 하나는 개인은 사회제도에 의해 형성되는 존재인 동시에 스스로 판단하고 선택하는 능력을 가진 존재라는 것과, 다른 하나는 개인의 판단과 선택에 국가가 공공의 목적을 위하여 관여할 수 있는 여지가 있다는 것이다.

행위 주체의 자율성과 국가의 관계에 대한 자유주의와 공동체주의의 논쟁은 이러한 문제에 중요한 시사점을 제공한다. 자유주의와 공동체주의는 인간의 자율성에 대한 이해와 이것과 공동체 및 국가와의 관계를 어떻게 인식하느냐 하는 문제와 관련되어 있다. 자유주의 관점에 따르면 "자아는 사회 이전에 개인으로 존재한다". 이러한 인간 이해는 무엇보다 "인간은 자유롭고 평등한 존재"임을 강조하고 있다. 곧 스스로의 선택과 판단에 의해 개인의 행동이 이루어지기 위해서는, 사회 안에서의 자신의 위치와 기존에 자신이 가지고 있던 선에 대한 관념들에 기대기보다는, 그러한 관념을 형성하고 수정하며 합리성에 터하여 추구하는 개인의 능력을 보존하는 것이 중요하다고 지적한다.[33]

자유주의의 이러한 인간 이해는 인간을 행위의 주체로 파악하고

계를 발전시키며 자신의 개인적 성실성과 품위, 그리고 자존감을 형성시키는 원인들을 소중히 여기는 사람"이다. 김해성/조영달(옮김), 『자유주의와 공동체주의』(한울, 2001), 423쪽. 원제는 Stehpen Mulhall & Adam Swift, *Liberals and Communitarians*.

33) 위 글, 33-36쪽.

개인의 자율성을 정치 이론의 핵심 가치로 삼는다는 점에서 기존의 문화정책 연구에 중요한 시사점을 갖는다. 개인의 자율성은 사회구조나 제도, 심지어는 자신이 가진 기존의 선관념으로부터 영향을 받아서도 안 된다고 하는 자유주의의 주장은 행위 주체로서의 인간의 모습을 강력하게 부각시킨다. 자유주의 이론은 그러나 개인이 사회 및 공동체와 맺는 관련성을 제대로 설정하지 못함으로써 공동체와 국가의 문제를 이론 관심의 잔여 범주에 위치시킨다.

이에 비하여 개인이 자기 자신에 대하여 그리고 어떻게 삶을 영위할 것인가에 대하여 갖는 생각은 사회 혹은 공동체에 기원을 두고 있다고 보는 것이 공동체주의의 시각이다. 공동체주의는 인간이 정치영역의 삶에 참여하는 데서 진정으로 풍요로운 삶을 경험하게 된다는 점에서 행복은 본래부터 공동체에 뿌리를 두고 있다고 주장한다. 자유주의 이론이 인간을 자신의 선관념으로부터 분리된 것으로 묘사하거나, 사람을 목적 또는 가치와 분리된 것으로 간주하고 있다는 공동체주의의 비판은, 스스로 선택하고 판단하는 존재로서의 개인이라는 점에 문제를 제기하는 것이 아니라 그러한 개인은 공동체와 분리되어 생각할 수 없고, 그들이 수행하는 사회 행위는 가치와 선에 대한 관념으로부터 분리될 수 없다는 데 있다. 이처럼 공동체와 가치의 문제를 개인의 자율성 및 행위의 문제와 관련시킴으로써 공동체주의는 개인과 사회, 그리고 가치와 행위라고 하는 두 영역을 하나의 영역으로 통합시킨다.

자유주의와 공동체주의의 논쟁은, 인간의 자율성과 더불어 가치나 도덕, 선관념 등에 대한 중요성을 강조한다는 점에서 중요한 의미를 갖는다. 이러한 시각들은 개인의 자율성은 자율성 자체가 목적이기 때문에 중요한 것이 아니라는 점을 드러내 준다. 자율로 영위되는 삶은 수용 가능하며 가치 있는 계획과 관계들을 추구하는 경우에만 가치 있는 것이고, 개인의 행복은 그 자신이 가치 있다고 믿는 삶을 사는 데 달려 있는 것이 아니라, 자신의 신념과 독립된 이유들에 의해 가치를 지니는 삶을 사는 데 달려 있다.[34]

개인의 자율성에 대한 이와 같은 인식은, 국가는 무엇이 삶을 의미 있게 혹은 가치 있게 만드는가에 대한 판단에 근거해서 행동하도록 허용되어야 한다는 주장을 가능하게 한다.[35] 나아가 국가는 인간의 자율성을 훼손해서는 안 되지만, 그러나 도덕성에 터하여 잘못되었다고 판단되는 부분에 대해서는 그러한 것이 발흥하지 못하도록 하는 역할을 수행할 수 있고 또 수행해야 한다는 주장도 가능하게 된다.

자유주의와 공동체주의의 이러한 시각은 개인의 자율성과 국가의 관계를 더욱 심도 있게 논의할 수 있는 공간을 마련한다. 행위주체의 자율성 문제와 관련하여 푸코류의 연구는 개인을 지식－권력의 문제로 전환함으로 개인에 대한 분석 자체의 여지를 축소시킨다. 푸코에 따르면, 모든 사회관계는 권력 관계이고, 지식은 이러한 권력 관계 안에서만 의미를 가진다. 따라서 진리나 참에 대한 주장은 매우 의심스러운 것이며, 같은 맥락에서 기존의 주체 개념 또한 비판되어져야 한다.[36] 이러한 이해는 판단과 선택에서의 개인의 자율성보다는 개인이 스스로 선택하는 것처럼 받아들이

---

34) 위 글, 387－389쪽.

35) 위 글, 392쪽.

36) Andrew Edgar/Peter Sedgwick, *Cultural Theory*(London: Routledge, 2002), 73쪽.

게 만드는 정치의 과정이라는 측면에서 개인의 행위를 이해한다.

그러나 주체에 대한 이와 같은 이해는 앞서 말한 것처럼, 개인은 단지 권력행위의 효과나 결과로 존재하지 않는다는 점에서, 많은 문제점을 가지고 있다. 개인은 권력의 효과로 존재하는 것이 아닐 뿐만 아니라 국가권력에 의해 단순히 만들어지는 존재도 아니다. 인간은 사회 수준의 상호교섭을 통하여 도덕 규칙을 스스로 규정하는 존재이며, 다양하고 복합성을 띤 상황에 대하여 스스로 판단하고 선택하는 존재이다.[37]

하버마스는 개인의 자율성과 가치의 문제를 문화정책 연구의 틀 안으로 끌어들인다. 그러나 개인의 자율성과 가치의 문제를 민주화된 토론 과정으로 대체한 데서 문제를 불러온다.[38] 토론 과정이 중요시되는 이유는 "갈등을 지니고 있는 사회관계 안에서의 대상들이 공공의 논증과 토의라는 과정을 통하여" 서로의 의견을 조정할 수 있다고 보았기 때문이다.[39] 그러나 이와 같은 전략은, 개인의 자율성을 강조함으로써 화해 불가능한 이해관계의 대립이라고 하는 문제를 극복하기 위한 것이었지만 그 방식에 있어서는 여전

---

37) Alan Wolfe, *Whose Keeper?* (Berkeley: University of California Press), 212-213쪽. 울프(Wolfe)는 "모든 도덕 이론은 결국 자아에 관한 이론"이라고 주장한다. 여기에서 도덕은 전통 의미에서의 도덕이 아니라 사회와 개인 사이의 상호 교섭 과정에 뿌리를 둔 것이다.

38) 이진우는 하버마스가 주체의 자율성을 지나치게 강조한다는 점에서 '주체 철학'을 비판하고 있다고 지적한다. 그러나 그 결과 하버마스는 "현대 사회의 극단적 분화로 말미암아 야기되는 규범의 공동화 현상으로부터 출발하여 어떻게 하면 상대화된 개인들이 보편적 도덕규범을 획득할 수 있는가 하는 절차적 합리성만을 지나치게 강조하는 문제점을 드러낸다"고 밝힌다. 곧 현대의 병리 현상에 대해 '형식 보편주의'를 대안으로 제시함으로써 자신 역시 행위하고 선택하는 주체로서의 개인의 문제를 분명하게 드러내지 못하고 있다는 것이다. 이와 관련해서는 이진우(옮김), 「현대성의 철학적 담론」(문예출판사, 1996), 464쪽 볼 것. 원제는 Jürgen Habermas, Der *Philosophische Diskurs der Moderne*.

39) 한승완, 위 글, 44쪽.

히 자유주의의 방식, 곧 "정치영역에 있어서는 인간 존재에 대해 개인 마음속 깊은 곳에 있는 신념으로부터 물러서서, 정치 공동체의 모든 구성원들을 똑같이 고려하고 대우하는 결정들만을 지지"하는 방식을 그대로 활용하고 있다는 점에서 문제를 보인다.[40] 그 결과 하버마스의 이러한 전략은 행위 주체가 터한 자율성의 문제에 대하여 푸코의 인식보다 한 발 앞서 있기는 하지만, 그것을 토론 과정의 문제로 대체한다는 점에서 동일한 문제에 빠지고 있다.

개인의 자율성을 어떻게 이해하는지, 그리고 국가의 행위는 개인의 자율성과 어떤 관계 속에 놓이는지의 문제는 문화정책과 공공영역, 그리고 개인의 자율성의 문제를 밝히는 데 핵심이 된다. 문화정책 연구에서 나타난 푸코류와 하버마스류의 연구는 그러나 행위 주체로서의 개인의 문제보다는 제도나 권력의 문제에 초점을 맞춤으로써 국가와 공공영역의 관계에서 개인이 차지하는 위치를 분석하는 데에는 부족함을 보여준다.

2.2.4. 한국 사회와 문화정책 연구

문화정책 연구의 흐름은 문화정책의 영역 안에 행위 주체의 문제가 중요하게 부각되고 있음을 보여준다. 이것은 사사로운 영역에서 존재하던 개인이 공공의 영역으로 나오게 되었다는 사실을 전제한다. 따라서 문화정책과 행위 주체의 관계에 대한 문제는 자율성을 가진 개인이 비판 공중으로 자유로이 참여하는 공간으로서의

---

40) 김해성·조영달, 위 글, 346쪽.

공공영역에 대한 논의와 밀접히 닿아있고 나아가 공공영역과 국가의 관계에 대한 논의와도 관련을 맺는다. 특히 주목하여야 할 것은, 앞의 문화정책 연구 경향에 대한 검토를 통하여 지적하였듯이 행위 주체의 자율성이 문화정책 안에서는 어떻게 인식되고 있으며, 또 실제로 문화정책이 조성한 사회 환경을 이용하는 개인들은 이러한 환경을 어떻게 해석하고 활용하는지와 관련된 문제이다. 이것이 중요한 것은 행위 주체가 어떻게 주어진 환경을 해석하고 활용하는가에 따라 문화정책이 지향한 소기의 목적을 달성하는지 못하는지와 직접적으로 관련되기 때문이다. 문화정책 연구에서 나타난 다양한 쟁점들은 우리 사회의 문화정책을 검토하는데 다음의 몇 가지 영역에 대한 더욱 깊은 연구의 필요성을 제기한다.

2.2.4.1. 문예영역과 공공영역의 관계

하버마스에 따르면, 문예영역은 역사상 사사로운 영역에서 출발하여 공공의 권위영역과 사사로운 영역을 매개하는 부르주아 공공영역으로서의 역할을 수행하였다. 초기 문예 활동을 중심으로 이루어졌던 이 영역은 점차 공공의 권위영역에 대한 비판 또는 반대 공론 형성을 위한 정치의 공간으로 활용되면서 정치 공공영역으로 전환하게 된다.

하버마스의 공공영역에 대한 논의는 우리나라의 상황과 비교하여 많은 문제점을 제기해왔다. 그 중에서 가장 중요한 지적은 역사발전 과정의 차이이다. 서구와 같이 부르주아의 자생 발전을 거치지 못한 나라에서는 부르주아 자체가 공공의 권위영역에 대한 비판 또는 저항의 관계로 출발하였다기보다는 국가에 의해 지원, 형성되었다는 점에서 우리나라에서 공공영역의 출현은 서구와는 맥을 달리한다는 것이다.

그러나 부르주아 공공영역의 형성에 있어서 중요한 것은 부르주아의 형성 여부가 아니라 사사로운 개인이 공공의 영역으로 나타났다는 사실이다. 따라서 우리 사회의 공공영역의 형성과 관련한 문제도 역사상 사사로운 개인이 공공의 영역에 등장한 경험을 가지고 있는가의 문제에서부터 출발하여야 한다. 특히 하버마스가 주목했지만 크게 발전시키지는 않았던 부분, 곧 문예영역에 대한 검토를 통하여 우리 사회에서 초기 형태의 공공영역으로서 문예 공간이 어떠한 기능을 수행했는지를 살펴보는 것이 필요하다.

하버마스에 따르면 문예 공공영역은 사사로운 개인이 공공의 영역으로 나아가게 되는 매개 공간의 역할을 수행한다. 따라서 우리나라에서 문예영역이 사사로운 개인을 공공의 영역으로 이끌어 들이는 역할을 수행했는지, 그러한 역할을 수행했다면, 문예 공공영역이 정치 공공영역으로까지 확장되는 역사를 경험했는지, 그리고 그 과정에서 국가와는 어떤 관계를 가졌는지를 살펴볼 필요가 있다.

2.2.4.2. 자유주의와 행위 주체로서의 개인

공공영역의 발전에 대한 베넷의 이해는 하버마스의 이해와는 매우 다르다. 베넷에 따르면, 공공영역은 국가에 의해 더욱 확장되고 강화된 것으로 분석된다. 베넷은 근대에 들어서면서 공공영역의 비판 기능이 점차 사라지는 것처럼 보이고, 그럼으로써 공공영역 자체가 점차 축소되어 가는 것처럼 보이는 것은 공공영역을 공공의 권위영역과의 대립 관계로 이해했기 때문에 나온 것으로 매우 제한된 이해라고 지적한다.

사사로운 공간에 속해 있던 공공영역은 초기부터 비판 성격과 동시에 교육의 성격을 띠고 있었으며, 근대의 변화된 사회 환경에서 공공영역의 기능이 '비판'에서 '교육'으로 전환되었다는 주장은 '재봉건화'를 통한 공공영역의 쇠퇴를 주장한 하버마스의 인식과는 매우 큰 차이를 보인다.

앞서 살펴보았듯이, 이처럼 공공영역의 기능이 변화하게 된 배경에는 통치의 방식이 변화할 수밖에 없었던 정치 환경구조가 자리하고 있다. 곧 성장하는 부르주아적 계급과 크게 늘어가는 전체 인구를 통치하기 위해서는 이전처럼 군주의 개인능력에 기대거나 법에 의한 강력한 억압 기제를 통해서는 더 이상 불가능하게 되었다. 따라서 외부의 강제에 의한 통치가 아니라 국민 개개인의 자기 통제능력을 향상시킴으로써 사회를 효과 있게 관리하는 새로운 방식이 통치의 한 유형으로 새로이 등장하게 되었다. 이러한 새로운 통치 방식은, 이전까지 강제의 대상으로만 여겨져 왔던 국민들을 지원과 육성의 대상으로 인식하게 되었다는 통치 유형의 커다란 변화를 보여준다.

'자유주의'로 불려지는 이러한 새로운 통치 방식의 특징은 개인의 자유가 통치의 목적에 필수불가결한 요소가 되었다는 점에 있다. 곧 개인의 자유가 억압의 대상이 된 것이 아니라 보호하고 보장해야 할 통치의 대상으로 전환된다. '자유방임주의'로 규정된 자유주의 초기 유형의 핵심 주제는 따라서 통제 자체의 거부와 관련된 것이 아니라 통제가 필요한 것이고 매우 자연스러운 것으로 받아들여지도록 만드는 방식과 관련된 것이다. '복지 국가정책' 또한 개인의 자유와 권리를 보장함으로써 한 사회의 통치를 더욱 공고히 하는 자유주의의 한 유형으로 이해된다. 이전과 달리 개인의 자유와 권리를 보장함으로써 사회에 대한 통치를 더욱 확고히 하려는 이와 같은 자유주의에 기초한 지배의 출현은 통치대상으로서의 개인에 대한 정보와 이를 적절히 활용함으로써 더욱 효과 있게 권력을 행사하기 위한 정책 고려가 매우 핵심된 요소로 작용한다.

2.2.4.3. 행위 주체의 자율성

개인은 사회의 관계 속에 뿌리를 둔 존재로서 제도와 권력의 미시 그물망 가운데서 형성되고 존재한다는 점에서 행위 주체와 제도, 권력은 불가분의 관계에 있다고 할 수 있다. 푸코의 주장처럼 행위 주체는 종종 권력을 독점하고 있는 것으로 인식되는 국가로부터 일방으로 지배를 받는 것만이 아니라 그러한 권력을 통하여 국가에 대한 저항을 이루어낸다. 이러한 저항 자체가 자유주의에 기반한 통치의 필요조건이라고 보는 점에서 권력과 저항을 하나의 쌍으로 연결시키는 것은 현대의 정책 연구에 새로운 시각을 제공한다.

그러나 이러한 관점은 행위 주체의 자율성이 가지는 또 다른 측면을 보지 못하는 잘못을 범하고 있다. 곧 행위 주체의 자율성이 권력 행위의 결과라고 한다면, 그래서 그들로부터의 저항 또한 통치의 필요조건으로 존재하는 것이라면, 행위 주체가 조성된 환경을 스스로 해석하고 판단하고 평가하며 그러한 평가에 터하여 실천하는 모든 과정은 그러한 권력 행사를 위한 구성 요건으로만 이해될 뿐이다.

이것은 그러한 설명이 가지는 기능주의 성격과 '상대화된' 자율성의 '독립'영역에 대한 과소평가라는 점에서 문제를 가져온다. 기능주의 설명은 설명하고자 하는 대상 A를 A´에 의해 설명하는 구조를 가지고 있다. 다시 말해서, 권력 행사의 조건을 분석하는 데 있어서 권력 행사의 결과를 그 조건으로 제시하는 것이다. 국가의 통치 행위가 효과 있게 이루어지기 위해서는 자율성을 가진 개인의 존재가 필수인데 그러한 개인은 권력 행사의 결과로 만들어진다. 이러한 순환 구조는 그 구조 속에, 설명되어야 할 모든 변수들을 포함시킴으로써 결국 아무것도 설명되지 못하게 하는 결과를 가져온다. 곧 행위 주체의 자율성이나 권력에 대한 저항 자체가 권력의 필요조건으로 인식되면서 모든 것이 권력 안에 포함된 행위며 결과라는 점에서 설명의 분석력을 떨어뜨린다.

다른 하나는 행위 주체가 상황을 해석하고 판단하는 과정에서 행사하는 자율성이 권력행사 과정과 '완전히' 독립되어 있는 것은 아니라고 해도, 그렇다고 권력 행사의 결과로서만 존재하는 것은 아니라는 점이다. 여기에서 권력 행위의 결과로 존재한다는 것은 행위 주체의 자율성이 권력 행위에 의해 '결정된다'는 것을 암묵으로 의미한다. 그러나 개개인이 권력행사의 과정에 어떤 식으로든 참여한다면, 그것은 행위 양식이 이미 결정된 개인으로 참여하는 것이 아니라 다양한 선택 가능성과 결정 가능성을 가진 개인으로 참여하는 것이다. 이것은 권력 행사에 대한 저항이 자유주의에 터한 통치의 필요조건으로 존재한다는 측면에서는 맞지만, 권력 행위의 결과로 존재한다는 그래서 결국은 개인의 자율성은 권력에 의해 만들어진 것이라는 주장과는 맥을 달리하는 것이다.

이러한 관점은 문화정책 연구에서 매우 중요한 제한점을 초래한다. 곧 정책의 관심이 행위 주체의 문제를 중요하게 다루지 않고, 제도 환경을 조성하거나 권력행사 과정에 대해 초점을 맞추도록 한다. 이러한 상황의 이면에는 개인의 자율성이라는 것이 결국은 권력행위의 결과로 존재하는 것이기 때문이라는 인식이 자리하고 있다.

앞에서 살펴보았듯이 정책의 성패는 정책 자체의 의해 나타나는 경우도 있지만, 많은 경우 그러한 정책의 결과로 조성된 사회 환경을 수혜자인 개개인이 어떻게 해석하고 평가하며 받아들이는가에 따라 좌우된다는 점을 생각하면, 행위 주체와 관련된 문제를 더욱 중요한 문화정책 연구의 대상영역으로 포함시킬 필요성이 제기된다.

우리나라의 경우, 문화정책에 대한 논의 자체가 부재한 이유로 행위 주체의 문제가 논의되지 못한 것이 사실이다. 그럼에도 불구하고 모든 정책은 특정 정책의 수립 및 집행이 행위 주체에게 어떠한 영향을 미칠 것인가를 고려한 결과로 이루어지는 것이므로 우리나라의 문화정책에서 행위 주체의 문제를 어떻게 인식하고 있는지를 살펴보는 것은 정책 발전을 위해 매우 필요한 일이라고 할 수 있다.

2.3. 연구를 위한 분석 틀

2.3.1. 도서관과 공공영역

도서관과 공공영역의 관계를 살펴봄에 있어서 가장 처음 부딪히는 문제는 도서관이 공공영역을 구성하는 한 부분으로 볼 수 있느냐 하는 문제이다. 도서관과 공공영역의 관계는 공공도서관이 근대 독서 공중의 출현과 맥을 같이 하고 있다는 점에서 이미 검토된 바 있다.[41] 근대 서구의 발전 과정에서 귀족과 왕실로부터 분리된 공공도서관은 초기에 민간영역에서 자율성을 띠고 발생하였다가 후에 국가의 지원을 받는 형태로 발전하였다.[42] 이렇게 발생한 공공도서관과 달리, 후발 자본주의국가의 경우 공공도서관은 국가와 밀접한 관련 속에 있는 '공공문화'의 일부로 출현하였다는 점이 특징으로 지적된다.[43] 비록 경제 발전과 사회 통합, 그리고 이러한 목표를 위하여 개인들의 역량을 강화시켜야 하는 과제가 국가에 주어짐으로써 대다수의 교육, 문화 시설들이 국가에 의해 설립되었지만, 이렇게 출현한 도서관들 또한 공공영역의 기능을 수행하고 있다고 지적된다.

도서관은 독서 공중을 형성하고 이들을 통하여 사회 여론을 형

---

41) 한승완, 위 글, 126쪽.

42) 전명숙·정연경(옮김), 「서양 도서관사」(지문사, 1991). 원제는 Michael H. Harris, *History of Libraries in the Western World*.

43) Tony Bennett, 위 글(2000), 19쪽. 국가와의 밀접한 관계 속에서 공공의 목적을 위하여 이루어진 문화활동의 유형을 '공공문화'라고 한다.

성하는 중요한 매개 공간을 제공한다는 점에서 다양한 공공영역들 중의 하나로 분류될 수 있다. 그러나 오늘날 대부분의 도서관이 국가의 직·간접 개입을 통하여 설립·운영되고 있는 사실은 도서관과 공공영역의 관계를 직접 연결시키는 데 어려움을 가져온다. 이러한 어려움은 공공영역이 '국가권력으로부터 자유로운' 영역이라는 인식에서 비롯된다. 곧 공공영역은 국가의 영역에 속해 있지 않으면서 동시에 가족 공간과 같이 친밀한 사생활의 영역으로부터도 일정한 거리를 유지하고 있는 공간이다.[44] 따라서 국가에 의해 설립되었거나 운영되고 있는 도서관은 공공영역으로 볼 수 없다는 문제 제기가 가능한 것이다.

그러나 이러한 인식에 대하여 다음과 같은 두 가지 점에서 문제를 제기해 볼 수 있다. 하나는 오늘날 사회의 제반 영역에서 국가의 지원과 개입을 요구하는 경향이 크게 강해지고 있다는 점이다. 국가권력으로부터 벗어나기 위한 영역의 필요성이 강조되었던 근대 이전 시기와 달리, 오늘날 국가의 역할을 사회의 모든 영역에 큰 영향을 미치고 있다. 이러한 영향력은 국가가 시민사회의 영역을 식민화하기 위한 것이라기보다는 국가와 시민사회의 관계가 견제와 균형을 필요로 하는 사회 환경이 조성되었기 때문이다. 따라서 국가와 공공영역의 관계도 분리와 대립보다는 견제와 협력의 관계에 놓이게 되었다고 할 수 있다. 다른 하나는 후발 자본주의 사회에서 근대의 발전은 국가의 강력한 주도 아래 전개되었다는 역사의 특수성에 관련되어 있다. 이러한 사회에서는, 공공영역을

---

44) 하버마스는 부르주아 공공영역이 국가의 영역과는 구분된 사사로운 부문에 속해 있지만 동시에 가족 공간을 포함하는 사생활의 영역으로부터도 분리된 것으로 이해하였다. 한승완, 위 글, 98쪽.

국가와의 대립 관계 속에서만 규정할 경우 공공영역이 존재할 수 있는 공간 자체를 찾아보기 어렵다. 왜냐하면 시민사회의 발전 자체가 국가에 의해 이루어진 측면에 강하기 때문이다. 이런 이유로 단순히 국가와의 관계만으로 공공영역을 규정하는 것에 대해서는 많은 문제제기가 뒤따른다. 그러므로 공공영역에 대한 규정이 국가 및 시민사회와의 관계를 통하여서만이 아니라 공공영역을 구성하는 원리와 그것이 수행하는 기능을 중심으로 재규정될 필요가 있다.

공공영역은 무엇보다 사생활의 영역에서 불특정 다수로 존재하던 개인이 행위의 주체로써 사회의 전면에 등장하는 과정에서 나타난다. 이 영역은 개인들 사이의 자유로운 의사소통과 서로에 대한 이해 지향을 특징으로 하고 있으며, 한편으로 비판 담론의 형성과 다른 한편으로 공중으로의 성장을 위한 교육이 이루어지는 기능을 수행한다.[45] 이와 같이 공공영역이 수행하는 두 가지 기능 곧 교육 기능과 비판 기능은 시민사회와 국가의 관계가 대립이나 협력의 모습으로 나타나게 되는 배경을 이룬다. 특히 교육 기능은 국가권력으로부터 자유를 요구하는 민간영역에서 뿐만 아니라, 국민 국가를 형성해야 하는 국가에 의해서도 요구되는 기능으로서 국가와 시민사회가 서로 협력 관계를 맺게 되는 계기가 된다. 이

---

45) 사회구조는 가족이나 친구와 같이 혈연이나 사회관계 속에서의 친밀감을 중심으로 이루어지는 영역과 경제 활동을 중심으로 이루어지는 시장영역, 관료제에 터한 행정체계를 중심으로 이루어지는 국가영역, 그리고 친밀감의 영역과 시장 및 국가의 영역을 매개하는 공공영역으로 구성된다. 여기에서 공공영역은 서로에 대한 이해를 추구하는 의사소통의 관심이 중심이 된다는 점에서 친밀감의 영역과 함께 삶의 세계를 구성하지만, 사사로운 관심 세계를 넘어 공공의 이해관계에까지 관심과 실천의 영역을 확장한다는 점에서 친밀감의 영역과는 분명히 구분된다. 삶의 세계와 체계의 구분, 이와 관련된 의사소통 관심과 도구적 관심의 구분에 대해서는 박영신, "하버마스와 의사소통 행위의 사회학", 「현상과 인식」 통권 39호 (한국인문사회과학원, 1987), 32쪽 볼 것.

러한 필요성에 비추어 공공영역은 국가와의 더욱 밀접한 관련성 속에서 그 기능을 수행하게 된다.

공공영역이 수행하는 이와 같은 교육 기능은 국가와 공공영역의 관계가 대립 관계에만 있는 것이 아니라 협력 관계를 가지기도 한다는 것을 의미한다. 이러한 과정은 단순히 체계의 삶의 세계에 대한 식민화로만 규정될 수 있는 것이 아니라 국가와 삶의 세계가 서로를 필요로 함으로써 공공영역이 활성화되었다는 차원에서 살펴볼 수 있다. 교육 기능을 중심으로 발전해 온 도서관은 따라서 그것이 민간영역에서 자율로 설립된 이후 국가와의 직·간접 관계 속에 편입되고 나서도 여전히 공공영역으로서의 기능을 수행해 왔다고 할 수 있다.[46]

2.3.2. 도서관 공공영역의 구조와 기능

공공영역으로서 도서관이 수행하는 역할은 도서관에 관계하는 집단의 유형과 특성을 통하여 살펴볼 수 있다. 오늘날 많은 수의 도서관이 국가의 직·간접 지원 아래 설립·운영되고 있으며 그만큼 도서관의 활동에 대해 국가가 미치는 영향력이 매우 커져가고

---

46) 도서관이 수행하는 문예 공공영역으로서의 역할 또한 도서관을 공공영역의 하나로 보게 하는 중요한 이유가 된다. 하버마스는 공공영역을 문예 공공영역과 정치 공공영역으로 구분하는데, 여기에서 문예 공공영역은 사생활의 영역에 머물러 있는 개인을 비판 역량과 성찰능력을 가진 공중으로 성장시키는 데 중요한 역할을 담당한다. 개인의 공중으로의 변화에 초점을 맞춘 이러한 공공영역에 대한 인식은 공공도서관이 독서 공중을 형성시키는 데 수행했던 역할과 같은 것으로써 도서관과 공공영역의 관계를 연결짓는 데 더욱 중요한 배경으로 작용한다. 하버마스는 문예 공공영역을 정치 공공영역으로 성장하기 위한 준비 공간으로 이해하고 있는 데 비해 Johan Fornas는 문예 공공영역이 자체의 영역을 가지고 있는 것으로 보고 있다.

있다. 다른 한편으로 도서관 활동에서 중요한 역할을 수행하는 집단은 다양한 도서관 운동단체 및 기관들이다. 도서관에 종사하고 있거나 또는 도서관 관련 활동을 벌이고 있는 개인 및 단체를 중심으로 구성된 이 집단은 도서관의 외부에서 도서관 관련제도 및 환경을 개선하기 위한 다양한 활동을 전개한다. 국가나 도서관 운동단체들이 사회의 발전이라는 차원에서 도서관 문제에 접근한다면, 도서관 이용자들은 자기 자신의 발전을 위한 공간으로 도서관을 이용한다. 도서관에 관계하는 중요한 집단들을 이렇게 세 유형으로 크게 분류해 본다면, 도서관은 이러한 세 유형의 집단이 각자의 목적을 달성하기 위하여 참여하는 공간으로 이해할 수 있다.

도서관을 둘러싸고 각각의 집단들이 가지는 관심은 도구적 관심과 의사소통의 관심으로 구분해 볼 수 있다. 도구적 관심이란 행위의 결과에 초점을 맞춘 것으로, 특정 목적을 가장 효과 있게 달성하기 위한 수단을 선택하는 행위와 관련된 관심이다. 이에 비하여 의사소통의 관심은 결과보다는 과정에 초점을 맞추는 것으로 인간 사이의 관계에서 의사소통을 통하여 상대방에 대한 이해를 지향하는 행위와 관련된 관심이다. 개인이나 집단에 있어서 도구적 관심과 의사소통의 관심은 서로 명백하게 분리되는 것은 아니지만 상황에 따라 분리되어 나타나기도 한다. 도서관에 참여하는 집단과 이들의 관심 유형을 개인 - 사회와 도구적 관심 - 의사소통의 관심의 두 축을 기준으로 살펴보면 다음과 같다.

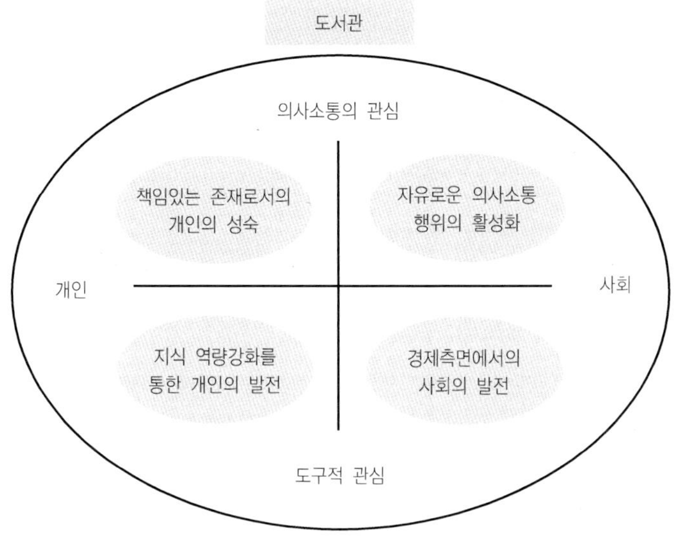

개인이 도서관을 이용하는 것은 보통 지식 역량을 축적하고 개발하기 위한 자기 자신의 발전에 대한 관심과, 독서를 통해 내면의 성숙을 추구함으로써 책임 있는 개인으로 성장하기 성찰성에 대한 관심에 의해 이루어진다고 할 수 있다. 이에 비해 국가와 민간단체들은 그 관심이 개인보다는 사회의 수준을 지향하고 있으며, 도서관을 통하여 사회의 발전이나 통합 또는 자유로운 의사소통 활동을 이끌어내고자 하는 데 두어진다. 도서관을 둘러싼 이와 같은 관심은 결과를 강조하는 도구적 관심과 참여자들 사이의 이해지향 행위 과정을 중시하는 의사소통의 관심으로 분류될 수 있다.

이러한 도서관의 구조를 공공영역이 수행하는 기능과 관련하여 살펴보면, 개인이나 사회의 발전과 관련하여 그 결과에 초점을 맞추고 이루어지는 활동은 도서관의 교육 기능과 관련 있으며,[47) 개인의 성숙이나 의사소통 행위의 활성화와 관련하여 이루어지는 활동은 도서관이 수행하는 비판 기능과 관계된다고 할 수 있다.[48]

2.3.3. 공공정책과 개인의 관계

국가와 공공영역의 관계를 행위 주체에 대한 문제를 중심으로 살펴본다는 것은 제도의 수준에서 이루어지는 사회 변화가 개인의 행위와 어떠한 관련을 맺고 있으며, 서로 어떠한 영향을 주고받는지를 분석하는 것이다.[49] 이와 같은 설명 방식은 거시 수준과 미시 수준, 구조와 행위와의 관련성을 드러내 줌으로써 사회 변화의 과정을 더욱 상세히 이해할 수 있게 해준다는 점에서 큰 장점을 가지고 있다. 또한 사회의 변화가 단지 제도나 구조의 변화를 통하여 이루어지는 것이 아니라 합리성에 기댄 개인의 선택 - 그것이 가치 합리성에 기대어 있든 도구 합리성에 기대어 있든 관계없이 - 을 통하여 이루어진다는 것을 밝힘으로써 사회 변화 과정에서 행위 주체가 차지하는 중요성을 보여준다.[50] 이러한 설명 방식을

---

47) 도서관의 교육 기능은 두 가지 방식으로 이루어진다. 하나는 양질의 도서를 제공함으로써 그 도서를 이용자들이 읽고 스스로 학습하게 하는 방식과 다른 하나는 강좌나 강습회, 문화 활동 등을 통하여 직접 이용자들에게 교육 서비스를 제공하는 방식이다.

48) 공공영역으로서 도서관이 수행하는 교육 기능과 비판 기능은 도구적 관심과 의사소통의 관심, 개인의 관심과 사회의 관심이 서로 통합될 때 나타난다. 그러나 그러한 관계가 깨어질 경우 도서관은 항상 유사 공공영역으로 전락할 위험성을 가지고 있다.

49) 사회 이론에서 이러한 관심은 구조와 행위의 관계라든지, 체계 통합과 사회 통합의 문제 등으로 줄곧 제기되어 왔다. Alex Callinicos, 위 글, 22 - 23쪽.

50) 김동노는 우리 사회 가족주의의 변화를 거시 수준의 사회 변동과 미시 수준의 행위 변화의 관계를 중심으로 분석한 바 있다. 이 연구에 따르면, 전통 가족주의가 유사 가족주의로 변화하게 된 것은 전통 사회에서 공동체를 지향한 협동에 기반한 개인 행위가 근대의 산업화 과정을 거치면서 가족을 지향하는, 경쟁에 기초한 개인 행위로 변화한 데서 비롯된 것이라

정책과 행위의 관계를 살피기 위한 분석틀로 재구성하면 다음과
같다.

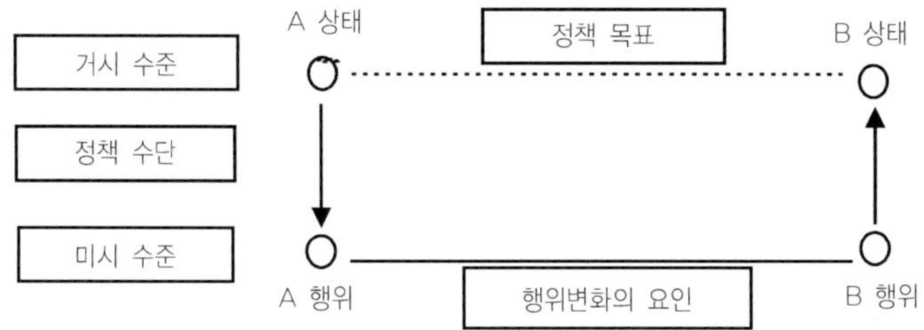

〈그림 2〉 거시수준의 변동과 미시수준의 행위 변화의 관계(정책과 행위의 관계)

공공정책은 국가가 지향하는 추상화된 목표를 사회제도나 구조
의 변화를 통하여 실현하고자 하는 집단화된 노력이다. 정책 수립
및 집행은 정책 목표를 수립한 후에 이를 추진할 정책 수단을 구
체화하는 방식으로 추진된다. 정책 목표는 특정한 정책을 수립하여
달성하고자 하는 바가 무엇인지를 구체화하는 과정을 통하여 설정
되며, 정책 수단은 정책 목표를 달성하기 위하여 활용 가능한 자
원, 곧 법이나 제도, 재정, 인력 등의 배분 방식과 관련되어 구체
화된다. 이런 과정을 통하여 수립된 정책은 사회제도나 조직 등에
영향을 미치는 방식으로 추진되지만 궁극에 영향을 미치고자 하는
것은 그러한 변화에 영향을 주거나 받는 개인을 향해 있다.

<그림 2>에서 국가가 정책 목표달성을 위하여 정책 수단을 선
택하여 개인의 행위 변화에 영향을 미치고자 하는 과정과 개인이

고 한다. Kim Dongno, "The Transformation of Familism in Modern Korean
Society: From Cooperation to Competition", *International Sociology*, 5권(1990),
409 - 425쪽.

그러한 환경을 해석하고 자신의 목적에 맞게 활용하는 부분을 세분화하여 살펴보면 다음과 같다.

<표 1> 정책의 기획 과정과 개인화 과정

구 분	목 표	수 단
거시(사회)	①	②
미시(개인)	④/④a	③/③a

<표 1>에 따르면, 국가는 정책 목표를 수립(①)한 후에 목표를 달성하기 위하여 정책 수단을 결정(②)한다. 이러한 수단을 통하여 국가는 개인에게 변화된 사회 환경을 조성하고, 이러한 환경이 국민 개개인의 발전을 위한 중요한 수단으로 받아들여져서(③) 개인을 통하여 국가가 추구하는 목표를 성취하려고 한다(④).

국가정책의 수립 및 집행 과정은 그러나 사회 환경의 변화를 접하고 그것을 자신의 목적에 맞게 활용하는 개인의 입장에서 보면, 다른 차이가 나타날 수 있다. 정책 추진과정에서 개인은 정책에 의해서 조성된 사회 환경을 자신의 목적에 맞게 이용한다. 개인은 정책에 의해 조성된 환경을 해석하고 평가하며 자신의 목적에 맞게 재구성하여 이용함으로서 자신이 의도하는 목표를 달성하고자 한다. 국가가 수립한 정책 목표와 채택한 정책 수단은 거시 수준에서 이루어지는 것이지만, 미시 수준에서 개인은 그러한 정책에 의해 새로이 조성된 환경이 자신에게 어떠한 기회를 제공하는지를 해석하며 평가하며(③a), 그러한 환경을 자신이 지향하는 목표(④a)를 위한 수단으로 활용한다. 여기에서 정책이 의도하거나 기대하는

개인의 태도와 개인이 새로 조성된 환경을 인식하고 활용하는 태도 사이에서 일치 또는 불일치가 발생한다. 이러한 일치 또는 불일치가 정책이 지향하는 목표를 달성하느냐 못하느냐에 중요한 영향을 미치게 된다.

위의 두 과정에서 알 수 있듯이, 국가가 정책을 수립하며 가정했던 개인의 행위 변화 유형과 실제로 개개인이 정책을 통하여 조성된 환경을 어떻게 활용하느냐 사이의 관계가 정(+)의 관계인지 부(−)의 관계인지에 따라 정책 목표의 달성은 큰 영향을 받게 된다. 곧 국가가 의도한 개인의 행위 변화(③→④)와 실제 개개인이 그러한 정책 환경을 해석하고, 활용함으로써 나타나는 변화(③a→④a)가 같은 방향으로 전개되느냐 그렇지 않느냐에 따라 정책의 성패가 결정된다.

이러한 분석 틀에 터하여 볼 때, 기존의 문화정책에 대한 연구는 국가 수준에서 수립되고 추진되는 정책의 내용에 대해서는 관심을 두지만, 정책에 의해 새롭게 조성된 사회 환경을 개인이 어떻게 해석하며 평가하고 그것을 자신의 목표 달성을 위한 수단으로 활용하는지(③a의 과정), 그리고 그러한 환경을 수단으로 활용하여 어떻게 자신이 설정한 목표를 추구하는지(④a의 과정)에 대해 적절한 설명을 제공하지 않는다는 약점을 가지고 있다. 결국 행위 주체에 대한 설명을 결여함으로써 기존의 문화정책 연구는 정책 과정 곧 목표 설정→수단 선택→목표 달성의 과정이 개인화되는 과정을 충분히 분석하지 못함으로써 정책의 성패에 대한 깊이 있는 분석을 결여하고 있다고 볼 수 있다.[51] 이와 같은 분석 틀을

---

51) 기존의 문화정책은 국가가 의도하는 개인의 행위 변화(③a)와 목표하는 개인상(④a)에 대하

통하여 이 연구는 도서관을 중심으로 이루어진 국가정책과 도서관
운동단체들의 활동, 그리고 도서관 이용자들의 행태를 살펴보고,
그 관계를 통하여 공공영역으로서의 도서관의 출현과 발전·변화
과정을 밝히고자 하였다.

여 간략한 그림을 그리고 있다. 그러나 개인이 그러한 상황을 어떻게 해석할 것인지, 그리
고 그러한 해석에 따라 개인들이 어떻게 행동할 것인지에 대해서는 고려하지 않고 있다.

제 3 장

구한말 · 일제시기의 도서관과 근대 개인의 출현

3.1. 근대 도서관 출현의 배경

3.1.1. 서구 근대 도서관의 출현

3.1.1.1. 공공도서관 이전의 도서관 형태들

17세기 이전까지 서구의 도서관은 주로 왕실이나 귀족, 사제 계층의 학문과 종교 의례, 통치를 돕는 도구로 존재하여 왔다. 그러다가 18세기 시민혁명과 산업혁명 이후 근대 시민사회의 출현과 함께 전통의 특권 계급을 대상으로 봉사하던 방식에서 벗어나 민중 교육기관으로 사회의 모든 구성원에게 봉사하는 방향으로 서비스가 변화되었다. 근대 공공도서관의 선구 역할을 담당했던, 반은 공공의 형태를 띤 도서관은 17세기 말부터 나타나기 시작하였는데 교구도서관, 회원제도서관, 아테네움, 기계공 도서관과 상업도서관, 학군도서관, YMCA 도서관, 대출도서관 등이 여기에 속한다.[52] 이러한 도서관 가운데 주목할 만한 것으로는 교구도서관, 회원제도서관, 대출도서관 등이 있다.[53]

교구도서관은 종교 목적에서 설립된 도서관으로, 목사와 교구민들의 훈련과 영성 강화에 목적을 둔 독서를 위하여 각 교구에[54] 설립된 도서관이다. 이 도서관은 영국의 토마스 브레이(Thomas Bray) 목사에 의해 17세기 말엽부터 설립되기 시작하였다. 동조자들과 함께 영국 전역 60개의 교구에 도서관을 건립한 브레이 목사는 1696년 당시 영국의 식민지였던 미국으로 발령을 받게 되면서 선교를 위해 미국에도 교구도서관을 설립하였다. 그는 자신이 목사로 활동했던 메릴랜드 주에만 30개의 교구도서관을 세웠으며, 보스턴에서부터 남캐롤라이나 주의 찰스턴에 이르기까지 모두 39개의 교구도서관을 설립하였다.[55]

교구도서관이 소장한 장서는 거의 전체가 신학에 관한 것이었으며 그 규모 또한 적은 것이었다. 이 도서관들은 주로 책을 사보기 힘든 지방 목사들에 의해 이용되었으며 이용률이 높은 편은 아니

---

52) 도서관의 역사는 문자의 역사와 시기를 같이 한다. 도서관의 초기 모습은 사원의 장서나 왕실의 문서, 상업 기록물이나 가문의 문고를 수집해 놓은 형태를 띠었으며, 교육 및 인쇄술의 발달과 함께 점차 그 형태 및 서비스 대상의 범위를 확장시켜 나갔다. 이와 관련하여 전명숙·정연경, 위 글, 15-18쪽 볼 것.

53) 이러한 유형의 도서관들은 영국을 중심으로 생겨나기 시작하였다. 프랑스는 영국보다 오래된 도서관 역사의 전통을 가지고 있지만 공공도서관의 발달은 영국보다 눈에 띄게 뒤떨어졌다.

54) 교구(Parish)란 처음에는 종교 행정의 지역 단위였지만 근대 국가가 형성되면서 일반 행정 조직 단위로 전환되었다.

55) 홍의균, 「근대 공공도서관 발전의 배경에 관한 연구」(이화여자대학교대학원 석사학위논문, 1986), 6쪽.

었다. 그러나 초기 주요 서비스 대상이 목사에 국한되었던 교구도
서관은 후기에는 지역 주민 곧 교구민 전체로 대상이 확대되면서
지역 공공도서관의 역할을 담당하게 되었다. 또한 찰스턴에 세워진
교구도서관은 1700년 미국에서 최초로 도서관에 관한 법률이 통과
되게 한 배경이 되기도 하였다.[56)

회원제도서관은 사회도서관(social library 또는 society Library)
의[57) 한 형태로 근대 공공도서관 출현에 가장 중요한 역할을 담당
하였다. 회원제도서관은 독서 활동에 관심이 있는 사람들을 중심으
로 모임을 구성하여 월 일정 회비를 걷어 도서를 구입하고 도서관
활동에 지출하는 방식으로 운영되었던 도서관이다.[58) 이 도서관은
주로 지식인 계층이나 중류층 이상의 사람들에 의해 설립·운영되
었으며, 각 도서관의 회원 취향에 따라 약간씩 성격을 달리하기는
하였지만 장서는 종교나 도덕성을 띤 것들로 구성되었다.

회원제도서관의 장서 수는 100권에서부터 10,000권이 넘기도 있
었으며, 회원 수는 대부분 25-50명 선에 머물렀다. 이 도서관은
초기에 회원을 위한 도서관으로 운영되었으나 점차 도서관 설립이
확산되면서 많은 민중들이 참여하고 이용하는 도서관으로 발전하

---

56) 이 법은 목사를 도서관의 책임자로 정하고 상세한 이용 규칙을 규정하였으며, 성직자뿐 아
 니라 원하는 사람은 누구나 도서관을 이용할 수 있게 하였다. 홍의균, 위 글, 7쪽.

57) 사회도서관이란, 자료를 나누어보고 그 값을 나누어 지불하기 위한 목적으로 설립된 것으로
 책 구입을 위해 사용되는 공동 기금에 돈을 투자한 개인들이 모인 자발성을 띤 단체이다.

58) 미국의 회원제도서관은 1731년 벤자민 프랭클린(Benjamin Franklin)의 '필라델피아 도서
 관 회사(Library Company of Philadelphia)'로부터 시작되었다. 이 도서관은 지역사회에
 서 어느 정도 여유를 가진 사람들을 중심으로 한 달에 일정 금액의 회비를 내고 운영되었
 으며 이렇게 마련된 기금은 장서 구입과 도서관 운영에 지출되었다. 초기에 이 도서관(회
 사)은 회비를 낸 회원만을 대상으로 운영되었으나 후기에 도서관의 내용이 충실해짐에 따라
 개관 시간에는 누구에게나 개방하여 실제로 공공도서관의 역할을 하게 되었다. 홍의균, 위
 글, 10쪽.

기 시작하였고, 19세기 중반까지 일반 민중의 생활 가까이에서 도서관 서비스를 제공하였다.59)

교구도서관과 회원제도서관이 비영리를 목적으로 설립·운영되었다면, 대출도서관은 도서 판매인들에 의해 영리 목적으로 설립되었다. 1725년 영국 에든버러에는 이미 대출도서관이 설립되어 있었으며, 1800년까지는 영국의 큰 도시 대부분에 임대 대출도서관이 존재하게 되었다.60) 이 유형의 도서관은 일반 민중에게 적은 돈을 받고 민중 소설을 대여해 준 시설로서 주로 여성층에 인기가 있었다.

대출도서관의 상업성은 주로 소장하고 있는 장서의 유형에서 나타난다. 장서는 거의 대부분 단일 종류의 읽을거리, 곧 민중 소설류만으로 구성되었으며, 가치 있는 도서들은 이용자가 적다는 이유로 제외되었다. 회원제도서관이 주로 중상류층 이상의 사람들을 대상으로 도서관 서비스를 제공하였다면, 대출도서관은 중하류 계층을 대상으로 하였으며 통속성을 띤 자료 구성 때문에 민중 도덕을 타락시킬 것을 염려한 보수 지식인 계층에 의해 많은 비판을 받기도 하였다.61)

17 - 18세기를 거치면서 유럽 전역에 확산된 이러한 유형의 도서관들은 소수 특권계층에 의해 독점되었던 지식 정보에 대한 접근권을 비록 제한된 형태이기는 하지만 다수 민중을 향해 확대하였으며, 모든 사람에게 동등하게 지식 정보에 대한 접근이 보장되

---

59) 이와 관련하여 전명숙·정연경, 위 글, 181쪽과 홍의균, 위 글, 13 - 14쪽 볼 것.

60) 미국에서도 19세기 초에는 대부분의 지역사회에 최소한 1개 이상의 대출도서관을 가지고 있었다. 홍의균, 위 글, 30쪽.

61) 전명숙·정연경, 위 글, 180쪽.

어야 한다는 인식을 널리 확산시킴으로써 공공도서관이 출현할 수 있는 여건을 조성하였다. 특히 회원제도서관이나 교구도서관과 같이 비영리성을 띠고 사회 및 개인의 발전을 위한 중요한 자원으로 활용되었던 도서관들의 경영 악화는 공공도서관, 곧 공공의 재원에 의해 설립되고, 모든 사람에게 무료로 서비스가 제공되며, 세금으로 지원·운영되는 도서관의 설립 필요성이 제기되게 하는 배경으로 작용하였다.[62]

3.1.1.2. 공공도서관의 등장과 발전

다양한 형태의 반 공공도서관들이 설립·운영되기 시작한 18세기는 영국의 경우 근대 자본주의의 발전 속에서 봉건제도를 극복하는 운동이 전개되어 절대 군주에 의한 통치에서 국민에 의한 통치로 전환되고 선거법을 개정하여 참정권이 확대되며, 노예법 폐지, 차티스트운동 등으로 민주주의를 발전시키는 노력이 기울여진 시기이다. 뒤이은 19세기는 공교육 개념의 도입과[63] 이로 인한 공립학교의 발달, 성인교육에 대한 사회의 관심이 증가한 시기였으며, 동시에 국가가 도서관 봉사를 공공의 재원에 의해 지원하여야 한다는 필요성에 대한 폭넓은 공감대를 형성한 시기이기도 하였다. 이러한 공감대는 근대 국가의 건설에 요구되는 지식과 도덕성을 갖춘 국민을 형성하여야 할 사회의 필요성에 기초한 것으로써 공

---

62) 위 글, 222쪽.

63) 공교육에 대한 개념은 19세기에 들어와서 성립되기 시작하였다. 18세기까지 교육이란 선택된 계층에게만 필요한 것으로 생각되었다. 미국의 경우, 1852년이 되어서야 매사추세츠 주에서 최초의 의무교육법이 통과되었고, 영국에서는 1870년에 교육법이 통과되었다. 홍의균, 위 글, 37쪽.

공도서관 설립의 토대가 되었다.[64]

근대 공공도서관은 19세기 중반 미국과 영국을 중심으로 가장 크게 발전하였다.[65] 곧 19세기 중반을 전후하여 미국과 영국에서는 법을 통하여 도서관 건립과 운영을 지원하는 체제가 구축되었다. 미국의 경우 지역 주민에게 무료로 도서관 서비스를 제공하거나 행정기관으로부터 재정 지원을 받은 근대 형태의 도서관은 17세기 중반에도 존재하였지만, 위에서 살펴본 의미에서의 공공도서관은 1800년대 중반을 전후하여 나타나기 시작하였다.[66] 1848년에는 도서관에 대한 시 행정 지원의 원칙을 주정부가 인정하는 최초의 법률이 통과되었는데, 이에 기반하여 근대의 의미를 가진 최초의 공공도서관인 보스턴도서관이 1854년 문을 열게 되었다. 뉴햄프셔 주 또한 1849년 공공도서관 설립을 위한 법(Act Providing for the Establishing of Public Library)을 제정함으로써 도서관의 건립과 운영을 위한 공공재정의 지원을 제도화하였다.[67] 이렇게 시작된

---

64) 공공도서관은 공개성, 무료운영, 공비성이라는 세 가지 특징으로 규정된다. 공개성(公開性)이라 함은 모든 시민에게 차별 없이 이용될 수 있도록 열려 있어야 한다는 의미이며, 무료성(無料性)은 공개성을 실제로 담보할 수 있게 하기 위한 것으로 민주 시민에 필요한 지식 정보에 접근할 수 있도록 필요한 경비를 사회가 부담한다는 철학이고, 공비성(公費性)이란 도서관의 운영에 필요한 경비의 전부 또는 일부를 주민의 세금으로 유지하는 것을 의미한다.

65) 1876년 미국 교육성(United States Bureau of Education)에 제출한 푸우의 보고서에 따르면 공공도서관은 "주법에 의해 설립된 기관으로 지방세나 자선기금으로 유지되며 공공관리위원회가 관리하고, 그 도시나 마을의 모든 주민이 동등하게 도서관의 대출과 참고봉사를 받을 수 있는 곳"으로 규정된다.

66) 모든 지역 주민에게 무료로 도서관 서비스를 제공한 것은 1655-56년 사이에 로버트 키인이 설립하여 보스톤시에 기증한 도서관을 최초로 볼 수 있으며, 행정기관으로부터 실제 유효한 재정 지원을 받은 것은 1803년 빙검 청소년도서관을 꼽을 수 있다. 이처럼 19세기 중반 이전에도 도서관 무료 운영이나 행정기관의 재정 지원 사례는 간혹 있었으나, 공개성과 무료운영, 공비성의 특징을 모두 갖춘 도서관은 1800년대 중반을 전후하여 생겨나기 시작하였다. 홍의균, 위 글, 49-52쪽.

67) 공공도서관의 설립과 운영에 관한 이러한 법들은 1830년대 뉴욕 주와 매사추세츠 주가 중심이 되어 제정한 학군도서관법의 영향을 많이 받았다. 학군도서관 법은 무료 도서관 봉사

도서관 설립 및 운영에 관련한 법률은 1880년 경에는 미국의 모든 주에서 제정되게 되었으며, 1875년에는 11개 주에서 총 188개의 무료 공공도서관이 설립되는 결실을 보게 되었다.[68]

같은 시기에 영국에서도 공공도서관 설립을 위한 법률이 제정되기 시작하였다. 17세기까지 영국에는 도서관이 일반 민중에게 봉사하여야 한다는 인식이 널리 퍼져 있지 않았으며, 18세기 교구도서관, 회원제도서관, 대출도서관 등이 전성기를 이루게 되면서 비로소 근대 공공도서관의 필요성이 점차 생겨나기 시작하였다. 그러다가 19세기 중반에 접어들면서 공공기금으로 지원되는 도서관 서비스가 사회의 관심으로 등장하게 되었다.

영국에서 공공도서관 설립 및 운영과 관련한 최초의 법은 1850년 제정되었다. 이 법은 인구 1만 명 이상의 시의회에 일반 민중이 무료로 이용할 수 있는 도서관이나 박물관의 설립 및 유지와 이를 위한 목적으로 지방세를 부과할 수 있는 권한을 부여하였으며,[69] 이 법에 기초하여 1852년 영국 최초의 공공도서관인 맨체스

를 위한 과세, 도서관을 위한 주정부의 지원 등 근대 공공도서관의 기초를 이루고 있는 주요한 원칙들을 제시하였다. 홍의균, 위 글, 60쪽.

68) 위 글, 71쪽 - 73쪽. 20세기 초에는 대부분의 유럽 지역에서 국가가 도서관을 지원할 필요가 있다는 공감대가 다음과 같은 몇 가지 이유에서 널리 확산되었다. 첫째 민중을 위하여 무해한 오락의 형태를 제공할 필요성, 둘째 국민에게 유용한 정보의 원천을 통제하기 위한 필요성, 셋째 민주공화국이 적절히 기능하기 위하여 필요한 정보에 자유스럽게 접근하기 위한 필요성, 넷째 대출 도서관의 불건전한 소설의 많은 대출을 효과적으로 경쟁시킬 필요성 등이다. 전명숙·정연경, 위 글, 187쪽.

69) 보통 도서관법은 두 가지 성격을 동시에 가지고 있다. 한편으로는 도서관 설립 및 운영이 세금 및 공공기금을 통해 지원될 수 있도록 법이 보장함으로써 안정된 성장의 기반이 마련되지만, 다른 한편으로 도서관 관련 세부 사항들을 법에 규정함으로써 그러한 규정을 벗어난 활동에 대해서는 지원이 제한되는 결과를 가져온다. 영국 도서관법의 경우, 세금을 통한 공공도서관 설립 및 유지를 규정하고 있으면서 동시에 이러한 설립이 인구 1만 명 이상의 인구를 가진 도시에서 이루어지고, 장서 구입에 대해서는 경비의 지출을 허락하지 않는 사항 등을 규정함으로써 공공도서관의 확대와 발전을 지원함과 동시에 장애 요인을 제공하기

터 공공도서관이 건립되었다.[70] 이렇게 설립되기 시작한 영국의
공공도서관은 19세기 후반 크게 증가하였는데, 1847년부터 1886년
사이 연 평균 도서관 설립이 3－4곳에 그친 데 비해, 1887년부터
1900년 사이에는 연평균 16－17곳의 공공도서관이 개관하였다.[71]

　　영국과 미국을 중심으로 한 이와 같은 공공도서관의 발전은 강
제와 지배의 대상으로서의 민중이 근대 국가 건설과정에서 그 자
율성이 인정되고 역량이 강화되어야 할 중요한 인력 자원으로 인
식되면서, 지식의 측면에서는 계몽되어야 하고 도덕의 측면에서는
스스로 자신을 통제할 수 있는 능력을 배양해야 할 대상으로 받아
들여지게 된 사회 환경과 직접 관련되었다. 이런 점에서 19세기
도입된 공교육제도는 소수 특권계층에게 한정되었던 교육의 혜택
이 모든 국민에게 동등하게 주어져야 한다는 이념에 기반하여 교
육을 통한 민중의 계몽을 목표로 삼았다. 이러한 공교육의 이념은
학교에서의 공립학교 체계의 도입뿐만 아니라 학교 이후의 교육,
곧 성인교육의 영역으로까지 확대되면서 졸업 이후에도 지속해서
교육이 이루어져야 한다는 차원에서 성인교육에 대한 강조를 불러
일으켰다.[72]

도 하였다.

70) 맨체스터 공공도서관은 "도서관 서비스는 각 지역사회의 책임으로 이를 이용하고자 하는
　　모든 국민에게 무료로 개방되어야 하며, 비용은 도서관 이용 여부에 관계없이 누구나 내야
　　하는 세금으로 충당한다"고 하는 원칙에 따라 운영되었다.

71) 홍의균, 위 글, 83쪽.

72) 미국에서 성인교육을 활성화시키기 위한 노력은 리세움 운동과 샤토쿠아 운동으로 전개되
　　었다. 리세움은 강연과 음악회 등을 통하여 민중을 계몽·지도할 목적으로 조직된 협회로
　　1826년 매사추세츠 주에서 최초로 시작하여 전미 리세움(The National American
　　Lyceum)이라는 조직으로 발전하였다. 샤토쿠아라는 조직은 남북전쟁 후 리세움 운동의 뒤
　　를 이어 음악회, 강연회 등을 통한 민중 계몽 활동을 전개하였으며 1886년에는 50개 이
　　상의 지방 조직을 가질 정도로 성장하였다. 위 글, 38쪽.

일반 민중이 도덕성에 터하여 자기 통제능력을 갖추어야 할 것에 대한 필요성은 18 - 19세기를 앞뒤로 급속하게 전개된 도시화 및 산업화와 직접 관련되었다.[73] 급속한 도시화와 산업화로 인하여 범죄와 음주, 비행과 같은 사회 현상들이 매우 빠르게 증가하였으며, 빈민층의 사회로부터의 이탈은 많은 사회문제들을 불러 일으켰다. 이러한 상황에서 공공도서관은 도덕의 타락을 막고 범죄를 방지하며 사회 및 문화 차이에의 부적응을 교정하는 역할을 부여받게 되었다.[74]

민중에 대한 계몽의 필요성과 도덕의 향상을 통한 빈민 계층의 계도 필요성은 공공도서관의 프로그램 운영과 장서 선정에 잘 나타났다. 공공도서관들이 설립된 초기에는 대부분의 이용자들이 노동자나 하층계급 사람들이었으며 공공도서관은 주로 근로 계층을 위해 필요한 시설이라는 인식이 사회에 널리 확산되었다. 그러나 점차 공공도서관이 교육체계의 한 부분으로 인식되면서 다양한 프로그램, 곧 공공강연회나 과학 및 예술 분야의 강좌들을 개설함으로써 성인교육기관으로서의 역할을 수행해 나가기 시작하였으며, 각 지방의 문화활동 활성화에서도 중요한 역할을 담당하게 되었다.[75]

장서 선정 또한 분명하게 의도된 기준에 따라 이루어졌다. 초기

---

73) 미국의 경우 도시의 인구 집중 현상은 1860년 16%에 불과하던 도시 인구 비율이 1900년 32%로 늘어난 데서 분명하게 드러나며, 이 중에는 인구 25만을 넘는 도시도 18개에 이르는 것으로 나타난다.

74) 미국에서 안식일에는 쉬어야 한다는 보수주의자들의 격렬한 반대에도 불구하고 보스턴 공공도서관이 일요일에 개방할 수 있었던 것에는 그 당시 가장 중요한 사회문제로 떠오른 빈민층 젊은이들의 음주를 막아야 한다는 사회의 공감대가 형성되어 있었기 때문이었다. 마찬가지로 영국에서 도서관법이 제정되었을 때, 도서관에 대한 기대는 노동계층 사람들에게 만연되어 있는 알코올 중독과 같은 행위에서 이들을 구제해 줄 수 있으리라는 것이었다.

75) 홍의균, 위 글, 88 - 89쪽.

의 공공도서관들은 독서 자료의 통제를 통하여 민중의 도덕성을 향상시키는 것을 도서관의 임무로 생각하였다. 이러한 인식에서 푸울은 부도덕하고 옳지 못한 책을 서가에서 제외시키는 것이 사서의 의무라고 규정하기도 하였다. 그 결과 공공도서관 장서는 그 내용이 사색케 하는 것이거나 유익한 것이었으며 깊이 있고 학문의 탐구를 추구하게 하는 것이 대부분을 이루었다. 이에 비해 통속성을 띤 소설은 극히 일부에 지나지 않았다.

이처럼 공공도서관이 일반 민중의 지식 역량을 강화하고 도덕에 기초한 자기 통제능력을 배양하기 위한 시설로 운영되었다고 하는 것은 근대 이후 사사로운 관심의 영역에 머물러 있던 일반 민중이 점차 공공의 관심영역으로 등장하게 되었다는 것을 보여준다. 다시 말해서, 민중은 강제와 억압을 통하여 사사로운 영역에 머물게 하여야 할 대상이 아니라 그 역량과 자율성을 보호하고 강화시킴으로써 공공의 영역에 나아오게 해야 할 대상으로 접근되었다. 공공도서관이라는 시설에 부여된 계몽과 도덕의 계도라고 하는 사명은 따라서 지배 대상인 민중이 공공의 영역에서 자신의 권리와 의무를 충실히 수행할 수 있도록 하기 위한 것이라는 차원에서 이해할 수 있다.[76)]

---

76) 영국의 공공도서관법이 일반 민중의 권리 강화 및 이들의 정치참여 기회를 확대한 일련의 사회 개혁 법안들, 곧 시민계급에게 참정권을 부여한 선거법 개정안, 영국 국교도 이외에 구교도들도 정치에 참여할 수 있게 한 가톨릭 광복법, 노예폐지법, 소년 노동자를 보호하기 위한 공장법, 시민 대표가 참여할 수 있도록 한 시정개혁안, 민중교육을 위한 교육법과 함께 통과되었다는 사실은, 공공도서관이 일반 민중의 정치 공중으로의 형성 과정에 밀접히 연계되어 있음을 보여준다. 위 글, 77쪽.

3.1.2. 개화기의 사회 상황

우리나라 역사에서 근대 도서관이 처음 소개된 것은 19세기 말이었다.[77] 근대 도서관의 출현을 전후한 시기에 조선 사회는 안팎으로 많은 시련을 겪고 있었다. 구한말의 서구 세력과 일본 제국주의의 침략은 당시 뜻있는 조선 사람들로 하여금 하루 빨리 새로운 문물과 사상을 도입하여 조선 사회를 근대화시키고자 하는 노력을 기울이도록 만들었다. 그 방법 가운데서 가장 많은 노력이 기울여졌던 것이 교육을 진흥시키는 부분이었다. 당시에 가장 흔히 이야기되었던 '아는 것이 힘'이니, '교육이 일어나지 않으면 생존할 수 없다'느니, 또는 '교육의 힘으로 민족적 단결심을 발휘시키자'는 여론은 교육을 통하여 혼란에 빠진 조선 사회를 구하자고 하는 의지를 표현한 것이었다.[78]

이러한 필요성에 따라 19세기 후반 근대화된 형태의 사회교육이 개화사상가들에 의해 민중 계몽운동의 형태로 시작되었다.[79] 어려움에 빠진 조선을 구하기 위해서는 무엇보다 먼저 민중의 사회를 보는 눈이 깨우쳐져야 하고 이를 위해서는 지식의 확장이 긴급히

---

77) 근대 도서관이 우리나라에 처음 소개된 것은 1895년 출간된 유길준의 「서유견문」을 통해서였다. 그 이전에는 동양에서 도서관은 일정한 명칭이 없고 책을 간직하는 곳의 고유명사 끝에 府, 庫, 閣, 館, 院, 觀, 樓, 堂, 齊, 등을 붙여 사용되었다. 그러나 19세기 중엽부터 서구 문명의 영향을 받아 書籍院, 書籍館, 集書院, 書籍庫, 書庫, 文庫, 書籍縱覽所 등으로 불리기 시작하였다. 오한석, 「한국근대도서관 설립운동의 사적고찰」(서울: 한양대학교 출판부, 1987), 8쪽.

78) 위 글, 2쪽.

79) 여기에서 '사회교육'은 학교 이외에서 이루어지는 교육 형태를 말한다. 구한말을 전후하여 근대의 교육체계를 갖춘 여러 학교들이 설립되기 시작하였지만 이러한 시설을 이용할 수 있는 사람의 수는 매우 적었다. 당시 활발하게 전개되었던 애국 계몽운동은 공식 교육기관에서 교육을 받지 못하는 사람들을 대상으로 여러 시설과 매체를 통하여 이루어졌다.

요구된다는 사실에 직면하여 당시 개화사상가와 뜻있는 지식인들은 아직 사사로운 개인의 영역에 머물러 있던 민중을 계몽하기 위해 다방면의 운동을 전개하였다. 개화자강파 계통의 지식인들이 중심이 되어 '대한자강회', '신민회', '서북학회', '대한협회' 등의 각종 단체를 설립하고, 이 단체를 통하여 「대한매일신보」, 「소년」, 「조양」, 「대한자강회월보」, 「대한협회월보」 등과 같은 신문·잡지가 발간된 것은 이러한 노력의 일환이다.[80]

민중의 지식을 계발함으로써 국력을 키워야겠다는 생각은 교육 분야에 대한 강조를 통하여 분명히 나타나고 있다. 당시의 박영효 상소문은 이러한 사회 상황을 보여준다.

「朴泳孝上疏文」[81]

— . 小·中學校를 설립하여 6세 이상의 남녀로 하여금 모두 入校하여 受學하도록 할 것.
— . 壯年校를 설립하여, 학문 혹은 언문으로써 정치, 재정, 내외법률, 역사, 지리 및 산술, 理化學大意 등의 書를 譯하여 少壯의 官人을 가르치고, 혹은 8도에서 壯年의 士를 徵募하여 이들을 가르친다.
— . 먼저 인민을 가르침에 國史 및 國語·國文으로써 할 것.
— . 활자를 주조하고, 종이를 만들고, 인쇄소를 많이 설립하여 서적을 많이 간행할 것

박영효는 근대 조선이 당면한 과제가 민중을 교육시키는 일이라는 것을 일찍이 염두에 두고, 교육의 중요성을 강조하는 상소문을 올렸다. 이처럼 근대 개화기에 조선 사회에서 민중의 교육이 중요

---

80) 오한석, 위 글, 18쪽.
81) 위 글, 31쪽.

한 주제로 떠오른 것은 서구 열강과 일본의 제국주의 침략이 가시
화되고 있는 상황에서 이전의 지배 체제와 같은 통치 방식으로는
더 이상 당시 사회 상황을 극복할 수 없다고 하는 현실 인식을 배
경으로 하고 있다.

개화기를 전후하여 널리 퍼진 개화사상과 교육을 통한 계몽운동
은 이러한 인식에서부터 출발한 사회운동이다. 1880년 2차 수신사,
1881년 62명의 신사유람단이 일본에 파견된 것은 당시 개화파들에
의해 주도된 것으로 하루라도 빨리 개항한 일본의 상황을 알아보
기 위한 것이었다. 신사유람단에 파견된 사람들은 일본의 각종 시
설을 시찰하기 위한 전문가들로 약 70일간 일본 각지를 돌아다니
면서 행정기관을 비롯하여 산업, 군사, 교육 등의 상황을 상세히
살펴보았다. 특히 교육기관을 농업학교, 여학교, 외국어학교, 사범
학교, 기관학교, 호산(戶山)학교, 해군병학교, 사관학교, 대학 등을
시찰하였다.[82]

3.1.3. 행위 주체로서의 개인에 대한 관심

다수 민중이 하루 빨리 계몽되어야 하겠다는 인식은 외세의 침
략이 잦아지고 국권이 흔들리고 있던 당시 조선 사회에 매우 광범
위하게 퍼져 있었다. 이러한 필요성은 민중에 대한 교육의 필요성

---

82) 「서유견문」으로 근대 공공도서관을 당시 조선사회에 처음 소개한 유길준 또한 이 시기 신
    사유람단의 일원으로 일본에 건너갔다가 돌아오지 않고 남아 공부를 계속한 인물이다. 이처
    럼 개화기의 조선사회는 한편으로 일본과 서구 열강의 침략이 가시화되면서 다른 한편으로
    이러한 현실을 극복하고자 사회의 다방면에서 계몽과 교육에 대한 관심이 크게 증가하기
    시작하는 모습을 보여주었다. 이와 관련하여 위 글, 12쪽－13쪽 볼 것.

과 직접 연결되었으며, 당시의 사회 상황과 맞물리면서 개화운동과 애국 계몽운동이라는 차원에서 접근되었다.

그런데 이러한 사상, 곧 민중의 역량을 강화함으로써 국가의 안위를 확보하겠다는 생각은 국가의 지배와 지배의 대상으로서의 개인의 관계에 대한 새로운 변화를 의미한다. 곧 개화사상과 애국 계몽사상에서 교육되고 계몽되어야 할 대상으로 중요하게 이야기되는 무지한 민중은 그 이전까지는 주로 통치와 강제의 대상으로서만 인식되었으며, 이들의 역량을 강화하여야 하겠다는 생각은 사회의 관심에서 멀리 떨어져 있었다. 따라서 서구와 일본의 제국주의 침략에 즈음하여 국권을 지키고 부국강병을 이루어야하겠다는 개화사상이나 민중 계몽운동이 활발히 전개되기 이전까지는 민중은 언제나 사사로운 영역에 머물러 있는 개인으로 인식되었고 또 그렇게 존재하였다. 이러한 상황에서 개인은 사사로운 관심의 영역을 벗어나 공공의 문제에 대한 관심을 키워나가거나, 사사로운 관심을 공공의 문제와 연계하여 생각하는 데까지 성장하지는 못하였다.

그러나 제국주의의 확장에 기댄 서구 및 일제의 침입은 이러한 지배 방식의 새로운 전환을 모색하지 않으면 안 되는 환경을 조성하였다. 서구 열강의 틈바구니에서 생존의 전략을 모색하여야 했던 구한말 우리 사회는 왕을 중심으로 한 지배 세력의 힘만으로는 그러한 제국주의의 침략을 막아내기에는 역부족이었다. 이러한 가운데 민중 개개인의 역량을 강화해야 할 필요성이 강력하게 제기되었고 이에 따라 민중에 대한 교육이 강조되었다.

민중 개개인의 역량을 강화함으로써 사회의 역량을 강화하고 이를 통하여 사회를 새로운 방식으로 이끌어가야 하겠다는 생각은

1907년 유길준이 민중의 지식과 도덕을 향상시켜 사회 발전을 도
모하고자 설립했던 흥사단의 설립 취지문에 잘 나타나 있다.83) 신
사유람단의 일원으로 일본에 건너가고 경응의숙(慶應義塾)에 입학
하여 최초의 일본 유학생이 되어 우리나라에 새 교육을 전하는 데
앞장을 섰던 유길준은 흥사단을 통하여 다수 민중의 지식을 일깨
움으로써 국가부강의 기초를 삼고자 하였다. 한 개인의 힘보다는
다수 민중의 마음을 모아야 더욱 큰 힘을 발휘할 수 있고, 이를
위해서는 교육을 통하여 무지한 민중을 계몽하는 것이 급선무라고
하는 그의 사회 인식은 사사로운 영역에 존재하던 개인을 공공의
영역으로 이끌어 냄으로써 이들의 역량을 통하여 사회를 효과 있
게 통치하여야 한다는 당시 사회의 인식을 보여주고 있다.

　도서관의 출현은 이러한 사회 상황을 배경으로 하고 있다. 곧
도서관은 서적을 통하여 개화된 선진 국가들의 문물과 기술을 습
득케 하고 또 이를 통하여 부국강병을 이룰 수 있도록, 민중의 계
몽과 지식 개발을 위한 시설로 받아들여졌다. 이것은 다른 측면에
서 보면, 도서관이라는 시설을 통하여 그 동안 사사로운 영역에
머물러 있는 개인이 공공의 영역으로 나올 수 있도록 하여야 한다
는 사회의 인식을 보여주는 것이다.

---

83) 興士團趣旨書,「兪吉濬全書 Ⅱ」(서울: 一潮閣, 1971).

3.2. 근대 초기 도서관의 출현과 발전

3.2.1. 도서관에 대한 사회의 인식

근대 도서관에 대한 최초의 이해는 1895년 출판된 유길준의 「서
유견문」에서 나타난다. 이 책의 '서적고(書籍庫)'란 부분에서 그는
도서관을 "書籍庫ᄂᆞᆫ 政府의 設施ᄒᆞᆫ者도 有ᄒᆞ고 政府와 人民이
合力ᄒᆞ야 建實ᄒᆞᆫ 者도 有ᄒᆞᆫ지라 …… 如何ᄒᆞᆫ 人이든지 書籍을
閱覽코져 ᄒᆞᄂᆞᆫ 者ᄂᆞᆫ 書籍庫에 進ᄒᆞ야 任意로 何書든지 披考ᄒᆞ기
許ᄒᆞᆫ대 ……"라고 소개하고 있다. 그는 도서관의 설립 주체가 정
부이기도 하고 정부와 민간의 합작이기도 하며, 도서관의 자료는
각 분야의 학문 서적은 물론 소설과 신문 등 모든 종류를 망라하
고 있고, 자료의 수집에 있어서 서적을 출간하는 사람은 각 한 권
씩을 도서관에 보낸다는 사실까지 파악하였다. 뿐만 아니라 서구에
는 대도시마다 도서관이 하나씩 설립되어 있으며, 서적을 열람하고
자 하면 누구나 도서관을 이용할 수 있고, 서적을 대출하고자 하
는 사람은 일정한 돈을 내고 빌릴 수 있다는 사항들을 부각시킴으
로써 도서관이 서구인의 삶에 가까이 있고 모두에게 개방되어 있
음을 보여주었으며, 이를 통하여 민중을 계몽하고 교육하는 데 도
서관이 매우 중요한 역할을 하고 있음을 강조하였다.

개화기를 앞뒤로 이처럼 조선 사회에 소개되기 시작한 도서관에
대한 인식은 당시의 신문을 통하여, 그리고 그리한 인식의 결과
나타난 민립도서관을 통하여 더욱 널리 확산되었다. 한 보기로,

1906년 평양에 설립된 우리나라 최초의 민립도서관인 '대동서관'의 설립 취지문은 도서관을 통한 민중의 계몽에 대한 열망을 강하게 표현하고 있다.[84] 이 취지문은 "국가의 발전은 이를 이끌어갈 인재의 유무에 있고 인재의 양성은 학문을 통하여 되니 학문에 가장 중요한 자료는 서적이므로 이를 수집하고 일반에게 열람케 함으로써 인재의 육성과 국가의 발전을 도모하여야 함"을 밝히고 있다. 이것은 당시의 사회 인식이 도서관을 민중의 지식을 개발하는 도구로 이해하였음을 보여주는 것이며, 이런 맥락에서 도서관은 교육 시설, 특히 학교 외 교육을 담당해 줄 시설로 규정되고 있었음을 나타내준다.[85]

3.2.2. 도서관의 발전과 도서관 사상의 전개

3.2.2.1. 근대 도서관의 발전

우리나라의 근대 도서관은 을사보호조약을 앞뒤로 조선 안에 거주하는 일본인의 교육을 위해 일제가 설립하기 시작한 도서관과,

---

84) 도서관은 설립 주체에 따라 크게 공립과 사립으로 구분할 수 있다. 그러나 이러한 구분을 일제시대에도 그대로 적용하는 데에는 문제가 있다. 왜냐하면 광복 이후의 공립, 사립은 단순히 설립 주체에 따른 구분인 데 비해, 식민지시기의 공립, 사립은 지배와 저항의 관계 속에서 나타난 것으로 설립 주체 이상의 의미를 담기 때문이다. 이런 의미에서 이 글에서는 식민지시기에 일제에 의해 설립된 도서관은 관립, 조선인에 의해 설립된 도서관은 민립으로 구분하였다. 광복 이후의 도서관을 구분할 때는 오늘날처럼 공립과 사립의 구분을 따랐다.

85) 또한 1906년 2월 15일자 황성신문의 논설에서는, "국력의 발달이 민중의 지식을 계발함으로써만 이루어지며, 민중의 지식을 계발하기 위해서는 교육 이외에는 다른 길이 없음"을 지적하고 있다. 교육에서 가장 중요한 역할을 담당하는 것이 서적이고, 학교에서는 수업을 통하여 서적을 접할 수 있지만, 졸업한 이후에는 마땅히 서적을 접하기가 어려우므로 서구 여러 나라와 같이 도서관을 설립하여 이러한 문제를 풀어나가야 한다고 역설하고 있다. 이와 관련하여 오한석, 위 글, 58-59쪽과 63-64쪽 볼 것.

일제에 대항하는 사회교육 시설로서 조선인의 민중 계몽운동 일환으로 설립한 도서관의 경쟁 관계 속에서 출현하였다.[86] 일본이 조선에 거주하는 자국민을 위하여 사회교육 시설로서 도서관을 설립하기 시작한 것은 1901년의 일이었다. 1901년 부산에 공공도서관을 설립한 것을 비롯하여 1905년 경성문고, 1907년 강원문고, 대포도서관구락부 등을 설립함으로써 당시 조선의 근대 도서관의 효시가 되었다. 이러한 도서관이 일본인에 의해 건립된 것이었다면, 조선인에 의한 도서관은 이보다 뒤인 1906년부터 건립되기 시작하였다.[87] 1906년 설립을 위한 준비 작업에 들어갔던 대한도서관은 1910년 한일합방과 함께 그 설립을 보지 못하고 노력은 무위로 끝나게 되었다. 대한도서관의 설립이 추진되던 같은 시기에 평양에서는 우리나라 최초의 민립도서관인 대동서관(1906)이 설립되었고, 연이어 서적종람소(1908), 동지문예관(1909) 등의 근대 도서관들이 생겨나기 시작하였다. 그 결과 1910년부터 1919년 3월 사이에 전국에서 총 24개의 도서관이 설립되었는데 이 가운데 일본인에 의해 설립된 도서관은 18개(75%), 조선인에 의한 것은 6개(25%)였다.

〈표 2〉 도서관 수(1910 - 1919. 3)

구 분	일본인에 의한 도서관	조선인에 의한 도서관	계
수	18(75%)	6(25%)	24

※ 출처: 김남석. 「일제하 공공도서관의 사회교육활동」(대구: 계명대학교출판부. 1991) 58쪽 재구성

---

86) 김남석, 위 글.

87) 1906년 2월 2일자 「황성신문」에는 '대한도서관'이란 제목으로 당시 도서관의 설립 추진에 대한 상황을 기술하였는데, 이 기사는 그동안 조선인에 의해 설립된 도서관이 하나도 없었으며 최초의 도서관 설립을 위한 준비 작업이 몇몇 조선인에 의해 추진되고 있음을 밝히고 있다.

한일합방 이후인 1910년부터 1919년까지는 일제가 조선 사회를 강압 수단에 의해 지배하려고 시도했던 시기이다. 일제는 1911년 제1차 조선교육령을 제정·공포하면서 교육의 목적을 "교육에 관한 칙어(勅語)의 취지에 따라 충량한 국민을 육성하는 것"에 두었다.[88] 이것은 일제의 교육정책이 조선인을 일본인화하는 방향으로 전개되었음을 보여주는 것으로, 이러한 교육정책의 기조에 따라 식민지 통치 기간동안 전국에 걸쳐 다양한 형태의 '교화사업'이 사회 교육 사업의 일환으로 실시되었다.[89]

이 시기에 도서관 활동은 크게 활성화되지 않았는데 그 이유는 일제가 조선을 병합한 이후 강압 수단에 의해 동화 사업을 전개하였기 때문이었다. 적으나마 도서관 관련 활동은 조선에 거주하는 일본인들을 중심으로 사립도서관 설립이라는 형태로 전개되었으며, 한일합방 이전에 크게 고조되었던 조선인에 의한 도서관 활동은 큰 폭으로 위축되었다.

한편 문화통치 시기는 일제에 의해서나 조선인에 의해서 모두 활발한 도서관 활동이 전개된 시기였다. 이 시기에 일제는 도서관을 사회교화 시설로 본격화하여 공공도서관을 부단위에서 읍 단위까지 확대·보급하였고, 일본어와 일본 관계 서적을 통하여 동화 정책을 매우 활발하게 전개하였다. 조선총독부는 1923년 조선도서관 행정의 중심이 될 조선 최초의 관립도서관인 조선총독부도서관(현 국립중앙도서관의 전신)을 건립함으로써 도서관 영역에 대한

---

88) 김남석, 위 글, 20쪽.
89) 1912년 5월부터 사회교육 사업이 조선총독부의 정책 사업으로 설정되면서 순회강화회(巡迴講話會), 강연회 및 각종 회합의 형식으로 다양한 교화사업이 실시되었다. 이 시기에 실시된 교화사업의 내용은 내선 융화, 민풍 개량, 근검저축, 民力 배양, 생활개선 등이었다.

정책 개입을 본격화하였다. 총독부는 이 도서관을 전 조선에 산재해 있는 도서관들을 대표하는 정책 입안 도서관으로 활용하면서 조선도서관 행정을 펼쳐 나갔다.

이렇게 도서관 수가 급격하게 증가한 데에는 1922년부터 도 지방비에 의한 사회교화사업 시설로서 도서관과 순회문고를 설치한 것이 중요한 이유로 작용하였다. 관립도서관은 인구가 밀집된 부(附)·도(道)·군(郡)·읍(邑) 등의 순으로 일관성 있게 설치되었으며 조선총독부도서관과 직접 연계되면서 일관된 사회교육정책을 수행하였다. 일제는 또한 이 시기에 조선의 교육 재산으로 사용되었던 향교 재산과 유림의 시설을, 교화를 위한 공공도서관 설립과 그 운용 기금으로 활용함으로써 향교 재산에 의한 민족 교육을 저지하고 예산과 시설에 구애받음 없이 일본의 교화를 위한 목적으로 공공도서관을 활용하였다. 1920년대 일제는 향교 재산관리 규칙을 개정하여 향교 재산을 사회교화사업의 시설에 사용하도록 하였으며, 재산에 대한 관리는 군수가 하도록 하였다. 이에 따라 도서관은 사회교화사업 시설의 하나로 향교 재산의 보조를 받을 수 있는 시설로 자리 잡게 되었다. 이러한 조치로 인하여 1921년부터 각 지방에 향교 재산을 예산으로 한 공공도서관이 주로 군수에 의해 설립되기 시작하였다.[90]

당시의 통계에 따르면, 1921년 처음 향교 재산으로 도서관이 설립되기 시작하면서부터 1939년까지 19년 동안에 48개 관의 도서

---

90) 문화통치 시기 설립된 많은 관립도서관들로 인해 1930년 이후에는 그 전까지 다수를 차지하였던 민립도서관이 감소하면서 관립도서관의 역할이 증대되었다. 일제는 또한 도서관을 사회교화 시설로서 더욱 공고히 하기 위해 1933년 개정 도서관령 및 공공도서관직원령을 공포하였다.

관이 향교 재산으로 설립되었는데, 이는 같은 기간에 설립된 188개의 도서관 가운데 25.5%를 차지하는 것이었다. 향교 재산에 의해 설립된 도서관은, 군수가 설립한 것은 말할 것도 없고 향교나 유림, 지방유지에 의해 설립된 것이라고 할지라도 군수의 영향 아래 놓일 수밖에 없었는데 이는 군수가 향교의 재산을 관리하였기 때문이다. 아래 표는 1920년부터 1937년까지 일본인에 의해 설립된 도서관과 조선인에 의해 설립된 도서관 수를 비교한 것인데, 이러한 현황은 이전 시기에 비해 조선인에 의해 설립된 도서관 수가 크게 증가하였음을 보여준다.

〈표 3〉 도서관 수(1920 - 1937)

구 분	일본인에 의한 도서관	조선인에 의한 도서관	미확인	계
수	101(54.3%)	84(45.2%)	1(0.5%)	186

※ 출처: 김남석, 「일제하 공공도서관의 사회교육활동」(대구: 계명대학교출판부, 1991) 58쪽 재구성

이 시기가 일제에 의해 활발한 도서관 정책이 수립·시행되었던 시기라고 한다면, 다른 한편으로는 조선인에 의한 공공도서관 운동 또한 매우 활발하게 전개되었던 시기라고 할 수 있다. 조선인의 도서관 설립운동의 시작은 개화기 대한도서관과 대동서관에까지 올라가지만 직접 동인은 1920년 경성도서관을 시작으로 볼 수 있다. 이 도서관이 설립된 이후 도서관 설립운동이 활성화되면서 도서관이 민족 교육을 위한 시설로 나타나기 시작하였다. 경성도서관은 3·1운동 이후 조선인에 의해 설립된 최초의 민립 공공도서관이다. 일제의 식민지 아래에서 관립도서관은 모두 일본인에 의해 지어진 것으로서 조선인에 의한 도서관은 모두 민립도서관의 유형

을 취하였다.

1935년부터 1937년 사이에는 특히 농촌문고 활동이 매우 활발하게 전개되었다. 농촌문고 설립운동은 1932년부터 일제가 실시한 농촌 진흥운동과 맥을 같이 하고 있다. 당시의 총독은 사회주의 세력의 발호를 막기 위한 수단으로서 '사회정책 시설'이 필요함을 강조하였는데, 이 시설이란 바로 일제의 식민지화를 강화하기 위해 지배 이데올로기를 교육시키기 위한 사회교육 시설을 지칭하는 것이었다. 이러한 일제의 의도는 농·산·어촌 지역 주민들을 역량을 강화하여야 하겠다는 당시 조선 지식인들의 필요성과 맞아 떨어지면서 전국으로 활발하게 추진되었다.[91]

1937년 이후 일제는 황민화와 전쟁 수행을 위하여 이전 문화통치 시기의 지배 방식을 완전히 바꾸었다. 일제의 통치 방식이 어떻게 변화하였는지는 1938년 공포된 제3차 조선교육령에 잘 나타나 있다. 이 교육령의 중요 사항으로는 첫째, 학교의 이름을 변경하고 둘째, 교육 목적을 뒷받침하는 교육 내용으로 일본어, 일본역사, 수신(修身), 체육 등의 교과가 강화되었으며 셋째, 조선어 사용을 금지하였고 넷째는, 민립중학교 설립을 허용하지 않았다. 이러한 교육에 대한 탄압은 도서관에도 영향을 미쳐서 1938년 이후에 도서관은 총 21개만이 설립되었으며 그 활동 또한 이전 시기와

---

91) 당시 이재욱은 농촌문고운동에 대하여 다음과 같이 언급하였다. "조선 농·산·어촌의 진흥운동은 去益積極化하여 가는 셈이며, 그 운동의 효과가 거익현저하여 가는 것은 우리 농촌을 위하여 경하할 바임은 물론이요, 도시인 역시 충분히 관심할 바이다. …… 그러면 다 각기 관심하여야 할 농촌 진흥운동의 원동력은 무엇이며 그 지도의 중임을 담당할 자가 누구일가. 그 원동력은 문맹 타파인 것이요, 그 지도의 역할을 担當할 자는 지방유지 제씨이다. 그러면 이 문제의 해결책은 무엇일가. 그것은 전 조선적으로 농촌 도서관 운동을 고무하여 일반에게 특히 농촌 도서관의 가지는 바 사명을 충분히 인식시켜 그 건설 발전을 촉진함에 있다고 하겠다". 김남석, 위 글, 163쪽에서 다시 따옴.

는 달리 매우 제한된 범위 안에서 이루어졌다. 아래 표는 1938년부터 1944년 사이의 도서관 설립 현황을 나타낸 것으로 문화통치 시기와 비교하여 도서관 설립의 수가 급격히 감소하였음을 보여준다.

<표 4> 도서관 수(1938 - 1944)

구 분	일본인에 의한 도서관	조선인에 의한 도서관	계
수	7(33.4%)	14(66.6%)	21

※ 출처: 김남석, 「일제하 공공도서관의 사회교육활동」(대구: 계명대학교출판부, 1991) 58쪽 재구성

이러한 상황에서 일제는 1938년 '국민정신총동원조선연맹'을 결성하고 이 기구를 중심으로 조선인의 교화사업을 강력하게 전개하였으며, '전조선사립도서관진흥계획'을 수립·발표하였다. 그 내용으로는 기본 양서의 배부, 순회문고의 확충, 도서관 용품의 규격 통일, 도서관원의 역량 개선을 위한 강습회 개최, 관청 간행물의 원활한 배포 등이 포함되었다. 이 계획에 따라 몇 개의 부립도서관과 문고 등이 설립되었다.

3.2.2.2. 계몽 시설로서의 도서관

개화기를 거쳐 일제시대로 연결되는 역사 속에서 근대 공공도서관은 조선인에 의해 설립된 도서관과 일제에 의해 설립된 도서관이라고 하는 전혀 상반된 배경과 목적을 가진 도서관으로 이원화되어 발전하였다. 조선인에 의해 설립된 도서관은, 도서관을 통해 일제의 식민 지배로부터 벗어나야겠다는 애국 계몽운동의 한 결과였다. 애국 계몽운동이 일어나게 된 배경에는 당시의 조선 상황이

민중의 무지로부터 비롯되었다고 하는 인식이 깊이 자리하고 있었다.[92] 특히 서구나 일제의 침략에 적극 대응하지 못했던 것은 세계의 사정에 대한 지식이 부족했음이고, 또한 세계의 사정을 안다고 할지라도 그러한 상황에 대비할만한 국가 역량이 부족했다는 인식은 민중을 교육시킴으로써 그러한 상황을 극복하여야 한다는 믿음을 더욱 강하게 하였다. 이런 상황에서 "교육을 통하여 국민을 계몽하되 민족의식을 고취하고 독립 정신을 일깨워 국권의 회복을 꾀하려는 교육 이념이 강력하고 확고하게" 나타났던 것이다.[93]

일제의 조선인에 대한 교육정책이 고급 인력을 키우는 데 있지 않고, 기술 인력이나 초등교육의 수준에 머물게 하는 우민화 정책으로 나아감으로써 당시 조선인들에 의한 교육운동은 애국운동의 차원으로 전개되었다. 식민지시기 일제가 어떻게 조선인에 대한 교육정책을 전개하였는가는 대한민국 임시정부가 1921년 11월 미국 워싱턴에서 열린 태평양회의에 제출한 요구서 '한국 불가불 독립의 이유' 중에서 '조선총독의 한인 교육책'이란 부분에 잘 나타나 있다.

朝鮮總督은 韓人에게 막대한 敎育費를 徵收하여 三十萬의 日本移植民을 위하여는 五萬人이상을 교육하고 優良한 中小學校 4백여교를 설치하였고 二千萬 韓人의 子弟를 위하여는 간신히 八萬人을 용납할만한 빈약한 시설의 보통학교 460교를 설치하였을 뿐이요. 또한 고등보통학교는 병설한 여자교육기관을 합하여 一千五百人을 수용하기도 부족한 6개소를 설치했을 뿐이며 그 외의 전문교육은 일본인 본위의 4개 직업전문학교에 특별과를 설치하여 韓國

---

92) 실제로 3·1운동 이후 교육열이 크게 고조되었음에도 불구하고, 여전히 제도권 학교 취학률은 매우 낮아 1925년 조선인의 국민학교 취학률이 15.3%였고 1936년에 가서도 25%에 불과하였다. 오한석, 위 글, 1쪽.

93) 김원희, 『한국의 개화교육사상』(재동문화사, 1979), 78−79쪽.

이러한 일제의 교육정책 아래서 조선인의 교육운동은 일제의 교
육령에 직접 지배를 받는 학교 교육보다는 학교 밖 교육으로서 도
서관을 통한 교육을 강조하게 되었다.

일제시대의 도서관, 특히 관립 공공도서관은 일제의 교화 정책
에 터하여 설립된 것이다. 물론 이러한 시설에 조선인이 일부 직
원으로 참여하여 도서관 운영에 관여하기는 하였지만, 상위 직급을
차지하지는 못하였다. 또한 제1차 조선교육령에서부터 제4차 교육
령이 공포되고, 조선총독부도서관이 일제시대 도서관 정책을 총괄
하면서, 관립 공공도서관은 더욱 일제의 조선인 교육이념인 '교화'
사업에 충실한 시설로 자리를 잡아 나갔다. 이런 상황에서 조선인
들은 개인이나 지방 유지, 청년 단체, 종교 단체 등이 중심이 되어
도서관을 설립하고 이를 모든 민중에게 개방함으로써 민립 공공도
서관으로 발전하였다.

조선인 개인에 의해 설립된 도서관 중에서 도서관 설립운동에
가장 큰 영향을 주었던 도서관은 경성도서관이다. 경성도서관은
1920년 일본인이 경영하던 경성문고를 조선인 여러 명의 발기로
다시 사서 그 규모를 확장하여 다시 개관한 것이다. 이 도서관의
설립은 발기인으로 참여한 여러 명의 조선인 이외에도 조선 전국
의 각계각층 유지들의 협력이 있었고, 개관을 할 때는 수천 명의
조선인이 참석하여 그 설립을 축하할 정도로 많은 기대를 모았다.

---

94) 오한석, 위 글, 71쪽.

경성도서관의 '설립상황보고서'는 당시 뜻있는 지식인들이 조선 사회를 어떻게 바라보고 있었는지를 보여준다. 이 보고서는, "조선 사회에 대한 인식이 조선 사회만을 알아서는 불가능하고 세계의 상황을 알아야 하며, 세계 상황에 대한 인식 없이는 한 가족의 가정생활 또한 충분히 경영될 수 없다"고 지적함으로써,[95] 개인과 사회의 관심 세계가 사사로운 영역을 넘어서는 범위까지 확장되지 않고서는 사회의 발전을 이룰 수 없다는 당시의 사회 인식을 반영하였다.

이렇게 설립된 경성도서관은 부녀자 층을 비롯한 많은 이용자들의 독서 공간이 되었을 뿐만 아니라 부대사업으로 다양한 교육 활동을 펼침으로써 사회교육 시설로서의 역할을 충실히 해나갔다. 곧 빈민 아동을 위하여 야학부를 설치하여 일본어, 한국어, 산수를 가르치고, 열람 아동을 위한 표본, 이·화학의 실험 기구를 비치하거나 동화회를 개최하였으며, 야간에는 부녀 강좌를 설치하여 학술·위생·가사 등을 강의하고, 영화 및 음악 감상회 등도 개최하는 등 다방면의 교육 활동을 통하여 조선 민중들의 역량을 강화하기 위한 노력을 기울였다.[96] 이처럼 일제 식민지시기 개인에 의한 민립도서관 운동의 일환으로 설립된 도서관은 금강도서관(1923), 진남포도서관(1924), 해주도서관(1925), 인정도서관(1931), 안악도서관(1938), 중경문고(1943) 등이 있었다.

한편에서 조선인 개인에 의한 도서관 설립운동이 1920년 이후 광복 직전까지 매우 활발하게 전개되었다면, 다른 한편에서는 지역

---

95) 위 글, 89쪽.
96) 김남석, 위 글, 180쪽.

유지나 청년 단체, 종교 단체 등에 의한 도서관 설립운동도 활발히 전개되었다. 지역 유지가 설립한 도서관의 경우, 대개 개인의 힘만으로 도서관을 건립한 것이 아니라 지역의 역량을 모아 함께 도서관 설립을 추진했다는 점에 특징이 있다. 이러한 설립운동은 당시까지만 해도 도서관에 대한 인식이 사회에 일반화되어 있지 않은 상태에서 전개된 것으로 설립 과정 자체가 지역 주민들의 지식을 깨우치는 역할을 담당하였다. 이러한 도서관들은 대부분 도서관 건립을 위한 건립위원회를 조직하거나 기금을 모금하기 위해 회원제 등을 활용하여 지역의 교육 시설로서 도서관 건립을 추진하였다. 당시의 신문에 나타난 기사 내용을 보면 이와 같은 도서관 건립 추진이 여러 사람의 노력으로 이루어졌음을 알 수 있다.

> …… 各郡有志諸氏가 該道人文이 未開함을 憂慮하야 馬山府舊馬山에 書籍縱覽館을 營建하난대 館員은 組合例로 每段金에 五圓式決定하야 一千段을 爲限募集함으로 各郡의 有志한 文學士와 財産家난 擧皆贊同한 고로 …… 發起人은 金秉先 …… 등 67인이라더라
>
> 全北益山郡에서 金仁洙, 李漢用, 金泰水 제씨의 發起로 礪山圖書縱覽會를 組織하고 ……97)

청년 단체들 또한 도서관 설립운동에 매우 적극성을 띠었다. 1920년대 문화통치 시기 일제가 조선 통치 정책을 바꾸면서 전국 각지에는 많은 수의 청년 단체들이 설립되었다. 이러한 청년 단체들은 강습회, 체육회, 음악회, 연극, 강연회 등을 실시하였고, 다른 한편으로 지역 주민들에게 교육의 기회를 마련하고자 야학을 설치

---

97) 위 글, 191쪽.

하였으며 도서를 통한 교육 시설로서 도서관을 설립하였다.[98]

1920년부터 1939년까지 청년 단체가 설립한 도서관은 25개 관이다. 이들 도서관의 설립 취지는 청년 단체가 어떠한 목적으로 도서관을 설립하려고 했는지를 보여준다.

> 昌原靑年會에서는 …… 無産靑年에게 何等의 敎育의 便宜가 無함을 甚히 遺憾으로 생각하여 오든 바 今年에는 敎育의 方針을 特別히 講究한 結果 爲先簡易圖書部를 設置하야 一般靑年에게 無視縱覽케 ……[99]

> 咸南新高山靑年會에서 …… 금반 民衆敎養을 위하야 同會館內에 圖書室을 新設키로 하였는데 ……[100]

위와 같은 청년 단체들의 도서관 설립운동은 주로 민중을 대상으로 하여 이들을 조직화하고자 했던 경향을 보여주고 있다. 당시 청년 단체들에 의한 도서관 설립운동을 기술한 신문 기사의 내용을 살펴보면, 이들 도서관들이 첫째, 무산 민중의 교육 시설로써 둘째, 민중의 교양을 위한 시설로써, 셋째, 지식을 보급하기 위한 시설로써 넷째, 현대 문명사회의 혜택을 입게 하고 민중 자체가 사회의 역군이 되게 하는 자기 교육 시설로서 활용하게 됨으로써 민족을 계몽하는 데 목적을 둔 교육 시설로 설립되었음을 보여준다.[101]

이들 도서관은 도서관으로서의 기능을 발휘할 만큼 충분한 장서를 갖지는 못했다. 장서의 대부분은 기증에 의존하였고, 구입에 의한 것은 정기 간행물이나 소수의 신서적에 불과하였으며, 이용 또

---

98) 위 글, 193-194쪽.
99) 동아일보 1926. 9. 21. 4면. "昌原에 簡易圖書館".
100) 동아일보 1925. 2. 21. 3면. "新高山圖書室: 民衆敎養이 目的".
101) 김남석, 위 글, 197쪽.

한 매우 낮았다. 그러나 청년 단체가 설립한 도서관은 이처럼 도서관의 규모나 이용 자체와 관련한 의미보다도 도서관을 세우는 과정에서 지역 주민들과 청년들이 모여 의논하고 토론하는 과정의 의미가 더욱 중요하다고 할 수 있다.

지역 유지나 청년 단체, 종교 단체[102] 등에 의해 설립된 도서관들은 부립이나 관립도서관들에 비해 자료나 시설 면에서 매우 부족한 것이 사실이었다. 그러나 그러한 상황에도 불구하고 도서관이라는 시설을 통하여 사회 각 계층 민중의 지식을 일깨우고자 했던 노력은 매우 활발한 것으로써 애국 계몽운동의 중요한 한 부분을 차지하였다.

3.2.2.3. 교화 시설로서의 도서관

조선인에 의해 설립된 도서관이 모두 민립 공공도서관이었으며 일제에 의해 설립된 도서관은 대부분 관립 공공도서관이었다는 점에서 우리 사회의 공공도서관은 등장과 발전 초기부터 서로 다른 두 가지 상반된 방향에서 운영되었다고 할 수 있다. 일제에 의해 설립된 관립 공공도서관은 조선인에 의해 설립된 민립 공공도서관에 비해 안정된 인력과 재원, 그리고 큰 규모로 운영되었다는 특징을 가지고 있다. 특히 일제에 의한 관립 공공도서관이 광복 이

---

102) 종교 단체에 의한 도서관 설립운동 또한 중요한 계몽 활동의 한 부분으로 전개되었다. 종교 단체가 설립한 도서관은 주로 전도나 포교를 위한 활동을 전제로 하였지만, 일반인에게도 공개하여 교육 시설로서의 기능을 담당하기도 하였다. 일제 36년 동안 종교 단체에 의해 설립된 도서관들은 모두 23개 관으로 이 가운데서 기독교 단체에 의해 설립된 도서관이 전체의 73.9%에 달하는 17개 관이었다. 이러한 시설들은 주로 종교 단체 내의 청년 모임들에 의해 주도되었는데, 이들은 지역의 청년 단체와 연계하여 도서관을 지역주민의 사회교육 시설로 설립하는 데 큰 비중을 두었다. 위 글, 199-201쪽.

후 큰 변화 없이 그대로 공공도서관 체제로 전환되면서 우리 사회의 공공도서관 운영체계는 일제의 영향을 크게 받게 되었다.[103]

일제의 도서관 정책은 조선인의 '교화'를 목적으로 한 교육정책의 일환으로 추진되었다. 일제의 식민지 정책에서 도서관이 어떠한 관점에서 다루어졌는지는 당시 조선을 통치하였던 일제가 당면한 가장 시급한 문제가 무엇이었는지를 살펴봄으로 알 수 있다. 일본이 조선을 통치하기 시작하면서 직면했던 가장 중요한 문제 가운데 하나는 조선인을 일본의 사상과 풍습에 동화되도록 만드는 것이었다. 1910년 10월 조선총독부 학무과장에 의해 작성된 '(秘)敎化意見書'는 "조선 민족을 일본 민족에 동화시키려면 그 언어, 풍속, 관습 등의 외적 모방에만 그치지 말고, 일본 민족의 특징인 충의심을 체득케 하는 것이 필요하다"고 언급함으로써 당시 일제의 긴급한 현안 과제가 조선 민족을 일본 민족에 동화시키는 것이었음을 보여주었다.[104]

이러한 목적을 달성하기 위한 수단의 하나로 교육과 도서관의 중요성이 강조되었다. 1910년 조선총독부가 펴낸 "朝鮮公立普通學校及官立諸學校整理案"은 조선에서의 교육이 지덕의 향상뿐만 아니라 민심의 융화와 일반 풍습을 개량하는 데에도 매우 중요한 역할을 담당함을 지적하였다. 이와 관련하여 도서관은 교육 기능뿐만 아니라 식민 지배에 대한 조선 민족의 반감을 감소시키고, 그 풍습을 일본의 것과 동일하게 개량하는 정책 목적을 달성하는 수

---

103) 이와 관련하여 김포옥, 「광복 이후 한국공공도서관사 연구」(성균관대학교대학원 박사학위 논문, 1990)를 참조할 것.

104) 김남석, 위 글, 24쪽.

단이라는 측면에서 접근되었다.[105]

　도서관이 일제의 식민지 정책에서 어떻게 다루어졌는지는 당시의 행정체계에 대한 분석을 통하여서도 살펴볼 수 있다. 1910년 조선총독부가 설치되면서 내무부 안에 학무국을 설치하여 학교, 유치원, 도서관, 기타 학제에 관한 사항을 관장케 함으로써 도서관은 학무국의 관장 아래 들어가게 되었다. 3·1운동이 있은 1919년에는 학무국을 세분화하여 국 안에 학무과와 편집과를 두고, 학무과에서 학교, 도서관, 유치원에 관한 사항을 포함한 사회교육을 관장케 하였다. 1921년에는 다시 내무국 안에 지방과와 사회과를 두고, 사회과 안에 교화계를 신설하여 사회교육을 관장케 하였다. 교화계의 관장 업무는 사상 선도, 지방 개량, 생활 개량, 청소년 단체, 청년 훈련소, 교화 교육, 체육, 향교 재산, 경학원, 명륜학원, 도서관, 교화 단체, 강습 강연 등이었다. 1932년 다시 학무국 안에 학무과, 사회과, 편집과를 두어 사회교육은 사회과에서 맡게 됨에 따라 도서관과 박물관에 관한 사항을 관장하게 되었다. 그러다가 1936년에 사회교육과가 학무국 안에 설치되면서 학무국 안에 속해 있던 사회사업에 관한 업무는 사회과와 함께 내무부로 이관되고 학무국 사회교육과는 사회교육과 교화사업만을 주관하게 되었다.[106] 이와 같은 도서관 담당 행정조직의 변화는 도서관이 '교화'를 목적으로 하는 사회교육의 관점에서 접근되었음을 보여준다.[107]

---

105) 이 "정리안"은 교육과 도서관의 역할을, "敎育이란 子弟의 知德上進 하나만을 目的으로 하는 것이 아니라 民心의 融化 및 一斑風習의 改良에 奉任하는 것임을 따로 말할 필요도 없다. 그러므로 學校以外에 圖書館을 設置하여 圖書, 其他 一般文獻을 蒐集保存하여 考古의 資料로 提供함과 同時에 公衆의 觀覽을 圖謀하니 이는 緊要한 設置의 하나이다"라고 규정하고 있다. 김남석, 위 글, 38쪽.

106) 위 글, 31－32쪽.

3.3. 도서관 공공영역의 형성 배경과 공중의 등장

일제 식민지 기간을 통하여 우리 사회의 근대 공공도서관은 계몽 시설로서의 역할과 교화 시설로서의 역할이라는 서로 다른 두 방향으로 발전하였다. 공공도서관 서비스는 조선인에 의해 설립된 소규모 민립 공공도서관보다는 주로 일제에 의해 관립의 형태로 설립된 공공도서관을 중심으로 더욱 폭넓게 이루어졌다. 민립도서관은 주로 개인, 향교재산, 학교 단체나 기독교 단체, 청년회, 언론기관 등에 의해 설립되었으며, 관립은 조선총독부나 부(府)·도(道)·읍(邑) 등의 지방자치단체에 의해 설립되었는데 1932년의 도서관 현황에 따르면, 관립 공공도서관은 19개로서 열람 인원 연 950,190명이었으며 민립 공공도서관은 34개 120,863명으로 관립 공공도서관의 이용률이 훨씬 높았음을 보여준다. 이 가운데 조선총독부에 의해 설립된 2개 도서관의 1일 평균 열람 인원이 548명, 그 외 일제에 의해 설립된 공공도서관의 1일 평균 열람 인원이 123명인 데 비해, 조선인에 의해 설립된 민립 공공도서관의 1일 평균 열람 인원은 14명으로 조선총독부가 설립한 도서관의 이용률이 가장 높았음을 알 수 있다.[108]

앞서 살펴본 바와 같이 관립 공공도서관은 조선인을 일제의 문

---

107) 도서관이 교화 시설로서 그리고 조선인의 사상 통제의 수단으로 활용되었음은 다음과 같은 조선 총독의 말을 통하여 분명히 알 수 있다. "최근 도서관에 있어서 이용자 경향이 다소 변하고, 읽고자 하는 서적에도 변화가 오고 있다. 불교와 사상 서적이 많이 읽혀지고 있으므로 도서관을 통해 실정을 조사하고 도서관을 사회교육의 도장으로써 현재 조선총독부에서 박차를 가하고 있는 精神作興運動에 활용하도록 지도하기 바란다". 조선총독부 정례 국장회의에서 총독의 발언. 이와 관련하여 위 글, 36쪽 볼 것.

108) 김포옥, 위 글(1978), 142쪽 표 재구성.

화에 동화시키고자 했던 '교화'라고 하는 일제의 통치 정책을 효과 있게 수행하는 중요한 시설로 발전하였다. 따라서 이 시설은 비록 많은 사람들로 하여금 공공의 공간에서 독서 활동을 향유할 수 있는 기회를 제공하기는 하였으나, 그 운영에 있어서 일제의 이데올로기 통제 기구로서의 성격이 강하게 나타났다.[109]

이데올로기 통제 기구로서의 관립 공공도서관의 성격은 크게 도서관에의 접근성과 지식 정보 자료에의 접근성이라는 측면에서 살펴볼 수 있다. 조선인에 의해 설립된 민립 공공도서관들은 도서관 입장료를 거의 받지 않았다. 이것은 도서관의 크기가 소규모였기 때문에 비롯된 측면도 없지 않았으나 그보다는 민립 공공도서관이 주로 조선인의 도서관 이용을 활성화시킴으로써 이들을 '계몽'시키고자 하는 의도에서 설립되었기 때문이다. 이러한 사실은 일제 아래 공공도서관 중에서 관립 공공도서관들이 주로 유료 열람제를 채택하였고 민립 공공도서관들은 대부분이 무료 열람제를 실시하였던 점에서 더욱 분명하게 나타난다.[110]

지식 정보 자료, 곧 도서관이 소장한 도서와 관련하여서도 관립 공공도서관에서 책을 선정하는 기준은 민립 공공도서관의 기준과 분명한 차이를 드러내었다. 1943년 인천부립도서관장이 행한 '도

---

109) 신용운, 「일제하 사상통제 기관으로서의 공공도서관」(경북대학교대학원위원회, 1988).

110) 이러한 사실은 1932년 당시 관립 공공도서관의 입장료 수입이 조선총독부 설립 2개 관 4,810전, 기타 관립 17개 관 4,039전인 데 비해, 민립의 경우 33개 관 737전에 불과하였다는 점에서도 나타난다. 이것은 1관당 기준으로 비교해 볼 때, 관립(조선총독부 설립) 2,405전, 공립(기타 지방자치단체 설립) 237전, 민립 22전으로 도서관에의 접근성이 관립과 관립의 경우에 일정한 제약을 두고 이루어졌음을 보여준다. 열람료의 징수 문제는 도서관의 열람 분위기 조성이라는 목적으로 실시된 측면이 크다. 그러나 열람료 수입은 도서관 운영에는 큰 도움을 주지 못하면서도 공공도서관을 이용하려는 일반의 심리를 저해시키며 특히 도서관에의 접근성이라는 측면에서 큰 제약 요인으로 작용한다. 이와 관련하여 김포옥, 위 글(1978), 103쪽과 135쪽을 볼 것.

서관 장서 수집의 목적'이라는 연설은 관립 공공도서관의 장서 수
집이 어떠한 목적으로 이루어졌는지를 보여준다.

1억 국민의 결전 태세를 강화하기 위하여 자기 개발을 강조하는 것이 전쟁의
근본이라고 믿고 생산의 확충, 저축의 증강 등 대동아 전쟁을 승리로 이끌기
위하여 국민의 책무는 아주 크다. 그 근본적 기조가 되는 것은 일본 정신의 앙
양과 발휘에 있다. 이 정신을 함양하는 데 여러 가지가 있다지만 우리들이 생
각하는 것은 먼저 독일에 의해서보다 많은 시국인식의 도를 높이고 건국의 대
정신을 알고 과학적 연찬을 닦아 전후에 처한 국민으로서의 책무를 다하는 것
이 바람직한 일이라고 생각한다. 그래서 도서관은 문화 교양적 시설로서 각 방
면으로 고찰하여 우량도서 수집에 노력한 결과, 도서의 이용자도 점차 늘고 있
는 경향을 보이는 것은 정말로 경사스러운 일이다. 우리들은 더 일층 우량도서
의 선정과 수집에 총력을 기울여 자기 수련의 길을 유감없이 발휘하는 동시에
나라의 요청에 보답함이 우리들이 바라마지않는 바이다.[111]

위의 글은 관립도서관의 도서 선정이 어떠한 기준에 의해 이루
어졌는지를 보여주고 있다. 일제 아래 관립도서관의 장서 구성은
내선일체와 황국신민화 정책에 기초하여 제국주의 정책을 수행하
기 위한 목적으로 이루어졌다. 특히 장서의 구성에 있어서 관립도
서관들은 주로 일본어로 발간된 책자가 중심이었으며 동양서나 서
양서와 같은 도서들의 비중은 매우 낮게 나타났다. 보기로, 부산부
립도서관의 경우, 1901년부터 1945년까지 일본서가 19,480권(87%),
서양서가 890권(4%)이었던 것에 비해, 동양서는 단 한 권도 비치
되지 않았다. 조선인에 의해 설립·운영된 경성도서관의 경우, 재
정난으로 부립으로 이관되기까지 일서부 76.8%, 고서부 19.5%, 양
서부 3.7%의 장서 비율을 보여주었으며, 부립으로 이관된 이후 일

---

111) 김포옥, 위 글(1978), 117쪽. 원본은 조선총독부, 「文南報國」 제4권 4호, 경성, 소화3년
    (1938), 7 - 12쪽.

본 책만을 대상으로 수집하여 일서 99.7%, 양서 0.3%의 수집 비율을 보여주었다. 이러한 사실들은 관립도서관을 운영하면서 일제는 식민지 정책을 기준으로 장서 선정의 기준을 설정함으로써 더욱 폭넓은 시각을 가질 수 있는 도서관 서비스를 제공하기보다는 사상의 통제 기구로서 역할을 매우 중요하게 강조하였음을 드러내준다.112)

이런 점에서 일제시기 관립 공공도서관은 모든 사람에게 무료로 개방되고 세금에 의해 운영된다고 하는 근대 공공도서관의 특징을 갖추었음에도 불구하고, 개인을 공중으로 성장시키는 공공의 영역으로 작용하지 못하였고 오히려 이데올로기 통제 기구로서 그 성격을 강화하여 나갔다고 볼 수 있다. 이러한 관립 공공도서관의 성격에 반대한 대다수 조선인들은 민간영역에서 민립 공공도서관 설립운동을 통하여 공공도서관의 새로운 모델을 구축하기 위한 노력을 기울였다.

일제 아래 근대 공공도서관의 발전 과정을 통하여 알 수 있는 것은, 개화기를 전후하여 당시 조선 사회에 널리 퍼졌던 근대 도서관 사상과 교육에 대한 강조가 주로 민립 공공도서관을 중심으로 전승되었으며 이러한 전통이 우리 사회 공공영역의 형성에 중요한 배경으로 작용하였다는 점이다. 일본인에 의해 주로 이용되고 교화사업을 위한 시설로서의 역할에 충실하였던 관립 공공도서관과는 달리, 민립 공공도서관은 도서관 활동을 통하여 사사로운 영역에 머물던 개인이 비판능력을 갖춘 독서 공중으로 성장할 수 있게 하는 데 초점을 맞추었다. 이러한 민립 공공도서관 운동은 개

---

112) 위 글, 120쪽.

인을 공중으로 전환시킴으로써 위기에 처한 사회상황을 극복해 나가야 하겠다는 집합화된 사회의식의 표현이었다.

3.3.1. 인쇄·출판의 발달

근대 도서관이 조선 사회에 출현하기 이전에는 지식과 정보에 대한 접근이 매우 제한된 계층에게만 허용되었다. 전문 지식이나 일반 지식이나 할 것 없이 지식은 사회의 특정 계층의 전유물이었으며, 지식을 이용하고 그러한 지식에 기초하여 '판단'과 '평가'를 내릴 수 있는 권한은 매우 제한된 소수에게 부여되었다. 개화기를 전후하여 근대 도서관에 대한 소개를 다룬 유길준의 「서유견문」이나 당시 신문 기사에 나타난 도서관에 대한 이해를 살펴보아도, 서적에 대하여 모든 사람이 평등하게 접근할 수 있다는 내용은 매우 놀라운 것으로 받아들여졌음을 알 수 있다.

일반 민중이 그 성별이나 연령, 경제 지위의 높고 낮음에 관계 없이 모두 도서관을 이용할 수 있다는 사실은 당시에는 그 자체로서 매우 눈에 띠는 변화였다. 앞에서 살펴본 「황성신문」 논설이 밝히고 있듯이, 근대 공공도서관에 대한 소개가 있기 이전에는 도서관의 기능을 담당하던 시설에 대하여 일반 백성의 접근이 금지되었는데, 그러한 시설은 개인의 소유물로써 부의 상징을 과시하는 목적에 활용되었다.[113] 그러나 근대 공공도서관이 등장하면서 특정

---

113) 근대 이전에는 지식 정보에 대한 일반 민중의 접근이 허락되지 않았던 사실이 다음의 글에 잘 나타나 있다. "우리 한국에는 일찍부터 규장각(奎章閣), 홍문관(弘文館), 융문루(隆文樓) 등의 장서소(藏書之所)가 있었는데 이는 제실(帝室)의 도서(圖書)와 사적(史籍)을

계층에게 독점되었던 지식은 비로소 모든 백성에게 개방되기 시작
하였다.

공공도서관에 대한 인식이 널리 확장된 데에는 근대 도서관 사
상과 그러한 도서관을 설립할 수 있도록 만든 사회 환경의 성숙이
배경이 되었다. 도서관의 발전은 서적 출판의 발전과 밀접한 관련
을 가지고 있다. 개화기 당시 계몽을 통하여 사회의 역량을 강화
하여야 하겠다는 인식은 일찍이 인쇄와 출판과 같은 영역에 관심
을 돌리게 하였다. 앞에서 살펴본 박영효의 상소문은 이러한 당시
의 인식을 잘 반영하고 있다. 박영효의 상소문에는 교육을 진흥하
기 위해서는 "활자를 주조하고, 종이를 만들고, 인쇄소를 많이 설
립하여 서적을 많이 간행"하여야 한다는 점이 분명하게 강조되고
있다.[114] 조선 사회의 교육 활동을 진흥시키기 위하여 서적을 출판
하는 인쇄소와 출판사가 많아야 한다는 인식은 당시 「독립신문」의
사설을 통하여도 나타나고 있다.

남의 나라에서는 책 만드는 사람이 국중에 몇 천 명씩이요, 책 회사들이 여러
백 개라. 책이 그리 많이 있어도 달마다 새 책을 몇 백 권씩 만들어 이 회사

저장하던 곳이며 한각(翰閣) 또는 경연관(經筵官)이 아니면 거기에 저장한 서적은 볼 수
없고, 이외에 일반 세종거실(世宗鉅室)과 부호가(富豪家)에 많은 서적을 장치하고 있으나
이 또한 庫樓之中에 貯藏하여 먼지와 虫食되고 백년을 보지 않고 두더라도 빌려 주는
일이 없는 惡習이 고질화되어 간혹 빌려 보기를 원하는 자가 있다 해도 허락하는 일이
없다. 이러한 형편에 어찌 민중의 우매함을 어떻게 계발(啓發)할 수 있으리오". 오한석,
위 글, 61쪽.

114) 상업화된 체계를 통하여 서적이 출판된다는 것은 단지 서적의 양이 많아지게 되었다는 사
실을 의미하는 것만은 아니다. 이것은 개인들이 접할 수 있는 정보가 다양하게 되며, 그
가운데는 소식이나 알림, 소개와 같은 단순한 정보들만이 아니라 교육 성격을 띤 가르침
과 사회 비평, 서평과 같이 비판 시각으로 사회를 보게 하는 유형의 정보들도 포함된다는
것을 의미한다. 하버마스가 서구 유럽에서 17세기 후반에 신문이 잡지로 대체되었다는 점
을 강조했을 때 강조하고자 했던 바가 바로 이것이다. 한승완, 위 글, 91쪽.

이 글은 사회 각 영역의 민중의 지식을 계발하기 위해서는 서적
이 매우 중요하며, 이러한 서적을 만들어낼 수 있도록 인쇄소와
출판사가 하루 빨리 만들어져야 함을 강조하는 것이다. 이러한 당
시의 사회 인식을 배경으로 하면서, 1883년에는 근대화된 서양 인
쇄기기가 조선에 처음으로 들어오게 되었다. 이때는 박영효의 건의
에 따라 통리아문에 박문국이 설치된 시기였으며, 박문국은 이 시
기에 한성순보를 발간하였다. 이 시기는 또한 최초의 민간 인쇄사
인 '광인사'의 설립을 본 때였다. 이후 1886년 아펜젤러에 의해 배
재학당 인쇄소가 설립되고 1895년에 학부(예조)에 편집국을 두어
많은 개화사상가들이 참여하여 자주독립의 목적 아래 근대 교과서
를 출간하였다. 이러한 노력에 따라 1895년부터 1910년 사이에 출
판된 교과용 도서는 50종에 달하는 것으로 나타난다.116)

인쇄기의 도입 및 출판사의 출현과 더불어 서점의 활동은 지식
의 민중화에 큰 영향을 미쳤다. 이러한 환경에서 1895년에「턴로
력뎡」이 번역된 이래 많은 외서가 번역되기 시작하였으며, 1911년
에 이르기까지 각종 민간 출판사와 인쇄소가 설립되면서 민간의
도서 출판 사업이 활기를 띠게 되었다. 이처럼 서양 인쇄기의 도
입과 더불어 출판사의 등장은 당시의 도서 유통 구조를 크게 바꾸
어 놓았다. 곧 책거간들에 의한 소규모 유통 구조에서 벗어나 출
판사를 통해 간행된 많은 서양 신서들을 서고를 통하여 직접 접할

---

115) 1896년 6월 2일자「독립신문」논설.
116) 오한석, 위 글, 33쪽.

수 있게 되었으며, 종래의 세책가(貰冊家)를 통하여 책을 접하던 사람들이 도서관을 통하여 접할 수 있게 하는 사회 환경들을 조성하였다.

이처럼 인쇄기의 도입과 출판사의 설립으로 서적의 이용이 이전 시기에 비해 훨씬 쉬워졌다는 사실은 지식, 정보에 대한 접근이 점차 특권계층으로부터 전 사회 구성원에게 확대되었다는 것을 의미한다. 지식과 정보의 확대는, 적어도 원칙에 있어서는 더욱 많은 사람들이 사사로운 영역에 대한 관심을 뛰어 넘어 더 넓은 세계에로 관심의 영역을 확장시킬 수 있는 여건이 마련되었음을 의미한다. 곧 사생활의 영역에서 친밀한 인간관계 안에서만 자신의 존재를 체험했던 개인들이 점차 사회라고 하는 공공의 영역에 발을 내디디게 되었다는 것을 뜻하며, 나아가 평등한 개인으로 자신의 의견을 가질 수 있는 공공의 개인으로 성장함을 의미한다.

3.3.2 사사로운 개인에서 독서 공중으로의 전환

근대 도서관이라고 하는 공간은 당시 조선 사람들에게는 매우 생소한 공간이었다. 이 도서관은 이전의 서적원이나 서적고와는 달리 누구에게나 개방되어 있었으며, 원칙상으로는 도서관 이용에 참여하는 모든 이용자가 신분이나 성별, 경제 계층에 관계없이 동등한 자격을 갖는 것으로 이해되었다. 이처럼 근대 도서관이 주는 느낌은 매우 생소한 것이었지만 책을 읽는 행위 자체는 생소한 것이 아니었으며, 오히려 사생활의 영역과 매우 가까이에 존재하였다. 당시 부녀자들의 독서는 세대업자들로부터 책을 빌려 읽는 방식으로 이루어졌다. 당시의 사회 환경은 부녀자들이 책을 읽는 것을 달가워하지 않았으므로 부녀자들은 "자연적으로 숨어서 독서하는 방법으로서 貰冊에 의존"하였다. 세대업은 주로 부녀자들을 대상으로 돈을 받고 책을 빌려주는 것으로, 이와 같은 부녀자의 독서 행위에 대하여 당시 사회에서는 "가무를 돌보지 않으며, 새전을 주고 대본하여 가산을 탕진한다"는 식으로 받아들임으로써 좋은 점보다는 나쁜 점이 강조되어 인식되었다.[117]

부녀자 계층의 독서에 대한 이러한 기술은 당시의 사회 상황과 관련하여 두 가지를 보여준다. 첫째는 당시 부녀자 층을 중심으로 하여 상당히 광범위한 독서 활동이 있었다는 점이다. 위의 설명은 책을 읽는 일에 깊이 빠져서 집안일을 돌보지 않는 부녀자가 있다거나, 책을 빌리는 데 돈을 많이 써서 가산을 탕진하였다거나, 독서하는 일에 대한 간섭을 피하여 숨어서 책을 읽을 정도로 부녀자들의 독서 열기가 대단하였음을 보여준다. 이러한 기술은 곧 책을 읽는 활동이 부녀자들의 사생활의 영역에 깊이 뿌리내리고 있음을 의미한다.

이러한 기술이 보여주는 두 번째 사항은 부녀자들의 독서 활동에 대한 당시의 사회 인식이 아직도 여전히 좋지 않은 것이었다는 점이다. 신문의 논조는 부녀자가 책을 읽는 데 있어서 나타나는 문제점을 지적하면서 "사회는 부녀자들의 독서를 달가워하지 않았다"고 명시하여 표현하고 있다. 이것은 부녀자의 독서 행위가 널리 퍼져나가고는 있었지만 그렇다고 사회에서 공식으로 인정된 것까

117) 위 글, 38-39쪽.

지는 아니라는 점을 보여준다.

이러한 사회 상황은 근대 공공도서관의 출현과 더불어 크게 변화하였다. 당시 이용자의 현황을 소개한 동아일보 1921년 2월 25일자 신문에는 "요사이 경성도서관에는 부인 독서자도 많이 찾는데, 도서관이 없는 도시는 책 한 권이 없는 집안과 같아서 가히 그 도시의 지식 정도를 헤아릴 수 있을 것이다 ……"고 기술하고 있다. 이처럼 부녀자 층이 도서관에 모습을 많이 드러내 보였다는 점은 이들이 더욱 공공연하게 공공의 영역에 나타나고 있음을 보여준다. 곧 부녀자들은 도서관을 통하여 이전처럼 숨어서 독서 활동을 즐기는 것이 아니라 공공의 공간에서 자신을 드러내고 독서 활동을 향유하게 되었다. 이와 같이 근대 공공도서관의 출현은 부녀자를 포함한 여성 계층이 더욱 공공연하게 공공의 영역에 나타나고, 사사로운 개인에서 '독서 공중'으로서 점차 사회 안의 위치를 차지해가게 되었음을 보여준다.

부녀자 계층이 도서관 이용을 통하여 독서 공중으로 성장해 가는 한편, 학생들과 농업, 공업, 상업에 종사하는 계층 또한 독서 공중을 형성하는 중요한 부분을 차지하였다. 이러한 사실은 경성도서관의 1923년도 사업 보고서에 나타나 있다. 이 통계에 따르면 당시 경성도서관의 1일 평균 이용자는 257명으로 나타난다. 이 가운데 학생 계층이 40,279명으로 도서관 이용자의 절대 다수를 차지하고 그 다음으로 농·공·상업 종사자가 1,823명으로 그 다음을 차지하는 것으로 나타났다.[118] 이처럼 다양한 계층이 이용한 당

---

118) 일제시대 도서관은 경성과 경기도, 평안남도 지방의 시설이 잘 갖추어진 관립도서관을 중심으로 활발하게 이용되었다. 이와 관련하여 김포옥, 위 글(1978), 145-148쪽 볼 것.

시의 도서관에 대한 열기는 매우 높은 것이었다. 1931년 12월 설립된 평양의 인정(仁貞)도서관의 이용 현황에 대하여 1931년 12월 15일자 「동아일보」 기사는 "매일 만원이기 때문에 입관치 못하고 섭섭히 돌아간 독서자가 매일 100여 명씩 일주일 동안에 700여 명이 넘는다"고 적고 있다.

도서관이 부녀자 층에게나 학생, 농·공·상업 종사자, 전문직, 무직자, 관리 등 모든 사람들에게 개방되었다고 하는 것은 이전 시기까지 일부 계층에만 독점되었던 지식에 대한 접근권이 모든 사람에게 확대되었다는 것을 의미한다. 이것은 또한 원칙에 있어서는 도서관이 교육 정도, 빈부 격차, 연령이나 성별에 구분 없이 모두에게 공개되어 있음을 보여줌으로써 모든 사람이 한 명의 동등한 인간의 자격으로 공공의 영역에 참여하게 됨을 의미한다.[119]

사사로운 개인이 비판능력을 갖춘 공중으로 성장하는 과정에는 반드시 사사로운 개인이 자기의 주체성을 경험하는 과정이 있어야 한다. 왜냐하면 그러한 주체성의 체험이야말로 비판의 진정한 토대가 되기 때문이다. 비판능력은 비단 자신의 외부에 존재하는 것에 대해 비판할 수 있는 능력만을 의미하는 것은 아니다. 그보다 먼저 자기 자신과 대화할 수 있는 능력을 통하여 자신을 '주체'로 인

---

119) 도서관이 모든 사람에게 개방된 것으로 인식되고 이용되었다는 것과 독서 공중으로 참여하는 개인이 도서관에서 자연스럽게 비판능력을 갖추게 되었다는 것은 구분하여 인식되어야 한다. 당시 도서관, 특히 일제에 의해 설립된 관립 공공도서관의 장서는 대부분이 일본어로 된 것이었으며 가장 많은 독서율을 보여주고 있는 어학, 문학 분야의 장서는 모두 일본어와 일본 문학으로 이루어진 것이었다. 또한 도서관을 가장 많이 이용하는 것으로 나타난 학생 계층이 활용한 도서는 참고서들이 주종을 이루었다. 이런 점에서 방문객들이 도서관을 이용함으로써 자연스럽게 비판능력을 갖춘 독서 공중으로 성장하였을 것이라고 추론하기는 어렵다. 다만 폭넓은 지식 정보에의 접근은 사사로운 개인이 비판 공중으로 성장하기 위한 중요한 기초가 된다는 점에서 제한되게나마 그 의미를 찾아볼 수 있다.

식하고 그러한 인식의 바탕 위에서 비판의 능력을 키워갈 수 있는 것이다.[120] 독서라는 행위가 의미하는 바는 다양한 지식에의 접근이라는 측면이외에도 이처럼 독서 행위를 통하여 자신의 주체성을 더욱 강화해나간다는 측면을 지적할 수 있다. 다양한 문학 서적을 통하여서나 사회과학, 자연과학 서적을 통하여 사사로운 개인이 접하게 되는 세계는, 비록 인식 속의 과정으로 나타나는 것이기는 하지만, 사생활의 영역을 뛰어넘어 무한히 넓은 공간으로 확장된 세계이며, 자신이 생각의 주체이며 동시에 대화의 대상으로 존재하는 세계이다. 이러한 세계에 대한 체험을 통하여 사사로운 개인은 비로소 자신의 사생활의 영역을 뛰어넘으며 자기 자신과의 의사소통을 기초로 비판에 터한 성찰능력을 키우게 된다.

따라서 도서관을 얼마나 많이 이용하였는지, 그리고 얼마나 많은 또는 다양한 장서를 접하였는지 등의 문제는 따라서 단순히 이용률이나 장서율로서 통계상의 의미를 뛰어 넘어, 더 넓은 세계에 대해 생각하고, 자신을 주체로 인식하게 하며, 그러한 과정을 통해서 진정한 주체성을 경험하게 되는 환경을 그만큼 많이 접하게 되었다는 측면에서 생각해볼 수 있다. 다시 말해서, 비록 도서관 이용 인구의 증가가 곧바로 사회에 대한 비판능력을 갖춘 인구의 증가를 의미하지는 않는다고 해도, 적어도 비판의 토대가 되는 기반 곧 자기 자신 및 세계와의 의사소통을 통하여 비판 공중으로 성장할 수 있는 배경을 마련해 주었다고는 볼 수 있다. 이런 점에서

---

120) 하버마스가 독서 클럽, 독서회, 공공도서관의 출현을 '독서 공중'과 연계시키는 것은 이러한 영역에서 자기 자신에 대해 자신과 의사소통하는 능력이 키워진다고 보았기 때문이다. 그는 이것을 '자기 자신과의 의사소통능력'이라고 표현하였으며 그러한 능력의 배양이 문예 공공영역을 통하여 일어난다고 보았다. 한승완, 위 글, 127쪽.

도서관 이용률의 변화나 도서관 장서별 이용 분포는 '독서 공중'의 형성과 관련한 환경이 얼마나 조성되었는가를 보여준다.

<표 5> 도서관 이용률(인천부립도서관)

구 분	연도별 이용자 비율		
	계	조선인	일본인
1923. 9	366(100.0%)	106(29.0%)	260(71.1%)
1924. 9	946(100.0%)	314(33.2%)	632(66.8%)
1928. 9	975(100.0%)	460(47.2%)	515(52.8%)
1930. 9	1,549(100.0%)	813(52.5%)	736(47.5%)
1933.10	963(100.0%)	613(65.5%)	332(34.5%)

※ 출처: 김남석. 위 글. 86쪽에서 다시 따옴.

<표 6> 장서 유형별 이용 분석

區 分	朝鮮總督府圖書館				宣川圖書總攬所		忠北圖書館	
	1926. 6	%	1936. 2	%	1936. 3	%	1927	%
哲學 宗敎	493	3.3			66	8.4	321	8.6
敎育 社會	1,059	7.1	1,650	6.9			189	5.1
法律 政治	502	3.4	2,936	12.4	27	3.4	178	4.8
經濟 統計	536	3.6	2,020	8.5	11	1.4	217	5.8
語學 文學	4,805	32.3	4,254	17.9	219	27.8	1,677	44.8
歷史 地理	1,446	9.7			33	4.2	334	9.2
理學 醫學	2,538	17.1	5,237	22.1	46	5.8	85	2.3
工學 軍事	316	2.1					34	0.9
産業 藝術	956	6.4	2,306	9.7	38	4.8	109	2.9
全書 雜纂	1,835	12.3	3,794	16.0	349	44.2	132	3.5
其 他	396	2.7	1,551	6.5			456	12.2
計	14,882	100.0	23,748	100.0	789	100.0	3,742	100.0

※ 출처: 김남석. 위 글. 85쪽에서 다시 따옴.

<표 5>는 1923년부터 1933년까지 조선인의 인천부립도서관 이용률의 변화를 보여주는 것으로 조선인의 도서관 이용이 계속하여 증가하였음을 보여준다. <표 6>은 또한 일제가 설립한 도서관이나 조선인에 의해 설립된 도서관이나 구분 없이 모두에서 어학과 문학 분야의 서적들이 가장 많이 이용되었음을 나타낸다. 서적 이용에서 특징으로 나타나는 것은 어학과 문학의 이용률이 점차 줄어들고 다양한 영역의 자료 이용률이 증가하고 있다는 점이다. 특히 조선인에 의해 설립된 선천도서종람소의 경우 전서나 잡지류의 이용률이 다른 도서관에 비해 월등히 높게 나타나고 있다.[121] 이와 같은 도서관 이용률의 증가와 다양한 장서에 대한 독서율 증가는 사사로운 관심의 영역에 머물렀던 개인이 그 관심의 깊이를 더하고, 나아가 더욱 넓은 공공의 세계로 관심을 넓혀가게 되었다는 것을 보여준다.

3.3.3. 도서관의 발전과 공공영역의 형성

3.3.3.1. 개인에 대한 인식의 변화

개화기와 일제 식민지 통치 기간을 거치면서 통제의 대상으로서만 인식되었던 개인은 사회적으로 새롭게 주목받기 시작하였다. 이러한 인식의 변화는 조선 사회에 교육을 통한 민중 계몽의 필요성

---

121) 이처럼 장서 이용률이 다양한 분야로 넓혀진 데에는 다양한 분야의 장서들이 구비되었다는 것과 일본어 해독률이 증가하여 다양한 영역의 장서들을 읽을 수 있게 되었다는 점이 배경으로 작용한다.

이 무엇보다 시급한 과제로 요구되었던 시기에 근대 도서관 사상이 소개되고 공공도서관이 처음으로 출현한 것과 밀접한 관련을 가지고 있다.

이전까지 사회에서 주목받지 못했던 개인들에 대하여 교육과 계몽의 필요성이 크게 강조되기 시작하였다는 것은 개개인이 공공의 관심영역으로 등장하게 되었다는 것을 의미한다. 이것은 달리 말하면, 통제와 억압의 대상이었던 개인이 이제는 행위의 주체로서 그 역량이 보호되고 육성되어야 할 존재로 공공의 영역에 새롭게 모습을 드러내었음을 뜻한다. 이러한 인식 변화는 개인의 자율성을 보호하고 그 역량을 강화하기 위한 다양한 근대 제도들이 출현하는 배경으로 작용하며, 나아가 당시 조선 사회에 개인의 권리와 자유를 사회 통치를 위한 중요한 방법이자 수단으로 활용하는 자유주의 이념이 등장하기 시작하였음을 보여준다.

일제시기를 통하여 나타난 근대 공공도서관은 이러한 다양한 사회제도 가운데 하나였다. 개인의 평등성에 기초하여 많은 사람들이 지식 정보에 자유롭게 접근할 수 있도록 하고, 사사로운 영역에 머물던 개인을 공공의 영역으로 이끌어냄으로서 관심의 영역을 확장하게 하는 기능을 담당했던 도서관은 무엇보다도 개개인의 능력과 역량이 강화되어야 한다는 지배 대상에 대한 변화된 인식에 기반하고 있다.

개인의 역량과 주체성에 대한 이와 같은 관심은 사사로운 개인이 비판능력을 갖춘 공중으로 성장하는 데 필요한 사회 환경을 조성한다. 왜냐하면 다수의 구분되지 않은 민중으로 인식되었던 개인이 각자의 역량과 동등한 권리를 가진 존재로 인식됨으로써 이들이 공공의 영역, 곧 동등한 한 명의 인간으로 각자의 주체성에 따라 자유롭게 의사소통 행위에 참여할 수 있는 조건을 마련해주기 때문이다.

일제시기 애국 계몽운동의 일환으로 설립된 많은 민립 공공도서관들은 바로 이러한 배경에 기반하고 있다. 일제에 의해 빼앗긴 국권을 되찾기 위해 개발되지 않은 개개인의 능력을 공공의 영역으로 이끌어내고 이들의 역량을 육성·강화함으로써 사회의 역량을 강화하여야 한다는 인식이 사회 저변에 널리 퍼져 있었다. 따라서 교육과 계몽에의 요구는 단순히 문맹 퇴치나 사회 적응을 위한 정신 계몽 등과 같은 영역에 그치는 것이 아니라, 그러한 계몽을 통하여 자신의 주체성을 충분히 자각하고 그러한 기반 위에서 애국운동의 한 주체로 당당히 사회에 참여할 수 있게 하는 것에까지 확장되었다. 이처럼 개인을 통제와 억압의 대상이 아니라 그 역량을 보호하고 육성해야 할 존재로 인식하게 되고 그러한 역할을 수행하는 핵심 시설로 많은 수의 민립 공공도서관들이 설립된 것은 우리 사회에 행위 주체로서의 개인을 중심으로 한 공공의 영역이 서서히 성장해 가고 있었음을 보여주는 것이다.

3.3.3.2. 도서관과 공중의 성장

조선 사회에 처음 근대 도서관으로 소개한 시설은 사실 모든 사람들에게 개방된 도서관은 아니었다. 이 도서관은 학술 연구를 위한 도서관으로 전문 지식을 습득하기 위한 연구자를 위하여 설립된 도서관이었다. 비록 실제에 있어서 제한된 모습을 보였다고는 하지만, 원칙에 있어서 도서관이라는 시설은 모든 사람에게 개방되는 것이었으며, 이러한 시설을 통하여 사사로운 개인이 공공의 공간으로 나올 수 있는 환경이 마련되었다는 점에서 근대의 특징을 가진 중요한 시설로 인식된다.

근대 도서관이 일제를 전후하여 처음 조선 사회에 등장하던 때에 도서관이 가지는 개방성은 당시로서는 매우 새로운 것이었다. 지식 정보에 누구나 자유롭게 접근할 수 있다는 사실만으로도 도서관은 구질서와 비견되는 새로운 질서를 나타내는 공간이었으며, 독서를 통하여 사사로운 개인의 관심 세계가 더욱 폭넓게 확장될 수 있는 계기를 제공하였다는 점에서 근대의 공간으로 인식되기에 충분하였다.

근대 도서관의 출현과 발전 배경에 개인에 대한 인식의 변화가 자리하고 있다면, 도서관은 그러한 변화된 인식을 도서관 서비스라고 하는 활동을 통하여 구현하고자 하였다. 도서관은 많은 지식 정보 자료들을 수집·정리·분류·제공하는 공간으로써 양질의 자료를 수집하여 그것을 이용자에게 제공하는 시설이다. 애국 계몽 운동으로서 출발한 도서관 설립운동은 이러한 도서관의 기본 기능에 도서관 이용자들로 하여금 지식과 도덕성을 고양하고 이에 기초하여 비판 역량을 강화시키는 역할을 추가로 부여하였다.

다양한 도서 자료를 이용자에게 제공함으로써 이용자의 학습 활동을 돕는 것은 도서관의 가장 중심이 되는 활동이다. 그런데 도서관 이용은 이용자 스스로의 욕구에서부터 출발하는 것이므로 도서관이 이용자들의 역량을 강화시키는 것은 주로 간접 방법, 곧 도서관에의 접근성을 향상시키거나 양질의 자료를 비치하는 것, 또는 다양한 참고봉사 서비스를 통하여 도서관 이용자의 이용을 돕는 방식으로 전개될 수밖에 없다. 조선인에 의해 설립된 많은 민립 공공도서관들에서 무료 열람제를 채택하고 장서 구성에 있어서 다양한 유형의 도서를 비치하고자 했던 노력들은 이러한 이용자들의 이용을 돕기 위한 것이었다.

이와 달리 더욱 직접성을 띤 방식으로 도서관 이용자들의 역량을 강화시키는 활동은 도서관이 실시하였던 다양한 교육 활동을 통한 것이다. 도서관이 민중의 지식과 비판능력을 강화시키기 위해서는 많은 민중들의 도서관 이용이 필수로 요구되었다. 그러나 일제 식민지시기 조선인의 높은 문맹률은 도서관 활동에 큰 장애 요인으로 작용하였다.

〈표 7〉 학력별 남조선 인구 일람표(1944년 5월 1일 현재)

구 분	조 선 인		
	남 자	여 자	계 (%)
대 졸	5,050	78	5,128(0.03)
전문 졸	12,210	2,330	14,540(0.09)
중 졸	104,477	25,240	129,717(0.84)
초고 졸	24,008	5,591	29,599(0.19)
초등 졸	777,771	229,573	1,001,344(6.46)
초등 퇴	110,206	401,159	511,365(3.29)
서당 수료	464,283	63,110	527,393(3.40)
미취학	5,757,311	7,524,113	13,281,424(85.7)
합 계	7,249,316	8,251,194	15,500,510(100.0)

※ 출처: 김용일, 「미군정하의 교육정책 연구」(고대민족문화 연구원, 1999), 41쪽

<표 7>은 1944년 현재 남조선 인구를 교육 수준별로 조사한 것으로, 이 통계에 따르면 남조선 전체 인구의 85% 이상이 초등

학교나 서당과 같은 기초 수준의 교육조차 받지 못한 것으로 나타난다. 독서 공간으로써 도서관은 글을 읽을 줄 모르는 사람에게는 접근의 기회 자체를 부여하지 못한다는 의미에서 이와 같은 높은 문맹률의 극복은 애국 계몽운동이 역점을 두고 추진해야 할 과제였다.

이러한 상황에서 도서관은 무엇보다 높은 문맹률을 낮추고 다양한 활동들을 통하여 민중들의 관심 세계를 넓게 확장시키는 역할을 담당하였다. 경성도서관에서 아동과 부녀자들을 위한 야학과 부녀자 강좌 등을 개설하고 이를 도서관 활동의 주요한 부분으로 포함시키게 된 것은 도서관이 단순히 도서관련 서비스만 제공한 것이 아니라 다양한 사회교육 프로그램을 통하여 민중들을 교육하고자 하였음을 보여준다. 특히 청년 단체나 종교 단체들에 의해 설립된 도서관의 경우, 비록 장서나 예산, 도서관 규모 등은 매우 왜소했지만 강습회나 강연회, 야학 등 다양한 프로그램들을 통하여 민중 교육에 큰 강조점을 부여했다는 점에서 교육과 계몽 시설로서의 도서관의 역할을 담당해 나갔다.

이처럼 도서관에 부여되었던 교육 기능은 개개인이 공중으로 성장하는 과정에서 필수로 수행되어야 할 과제였다. 특히 조선의 국권을 되찾기 위해 애국 계몽운동의 일환으로 설립된 도서관들에서는 무지한 민중이 교육받은 개인으로 성장하는 것뿐만 아니라 그러한 개인이 관심을 사회와 세계로 넓혀 비판 공중으로 성장할 수 있게 되기까지를 목표로 하였으므로 교육을 통한 민중의 계몽은 도서관의 매우 핵심 과제로 인식되었다.

이러한 계몽운동은 개인의 지식에 대한 호기심을 자극하고 충족시킴으로써 궁극에 있어서는 이들을 비판능력을 갖춘 개인으로 성장시키는 데 목적을 두었다. 도서관은 이러한 목적을 위하여 글을 읽을 줄 모르는 사람들에게는 다양한 사회교육 활동들을 제공하여 자연스럽게 개인의 관심을 사사로운 영역에서 공공의 영역으로 확장시킴으로써 비판능력을 갖춘 공중으로 성장하게 하였고, 글을 읽을 줄 아는 사람들에게는 이들이 전문 식견을 갖추는 것을 도움으로써 조선 사회가 전문성을 갖춘 인력을 확보할 수 있도록 하였다.

3.3.3.3. 공공영역의 형성

공공영역의 형성은 사사로운 영역에 머물러 있던 개인이 공공의 영역으로 자신의 관심 세계를 넓히는 것에서부터 나타나기 시작한다. 일제 식민지 지배 아래 있던 조선 사회에서 도서관이라고 하는 시설은 일반인들의 접근이 금지되었던 서적고와는 달리 누구나 자유롭게 이용할 수 있는 공간으로, 많은 민중들의 지적 욕구를 충족시키는 장소로 출현하였다.

도서관은 무엇보다도 자유로운 분위기로 일반 민중들에게 다가왔다. 비록 도서관의 이용이 실제로는 지식인이나 학생 계층을 중심으로 이용되었기는 하지만, 그것이 일반인들의 접근이 허락되지 않았음을 뜻하지는 않는다. 신분이나 직업에 관계없이 누구라도 도서관을 이용할 있었으며 영역에 관계없이 다양한 장르의 도서들을 접할 수 있었다. 이처럼 도서관의 개방성은 신분 질서가 여전히 존재하였던 당시 조선 사회에서 개인이 독립된 주체이며 동등한 권리를 가진 존재로써 공공의 영역에 등장하게 하는 환경을 제공하였다.

특히 독서 공간이나 여가 공간 혹은 자기 발전의 공간 등 다양한 목적으로 이용되었던 도서관은 독서라는 활동을 통하여 자기 자신과의 대화가 이루어질 수 있는 여건을 조성하고, 사사로운 의견들이 공공의 공간을 통하여 서로 교환됨으로써 공론을 형성하는 장으로 기능하는 등 의사소통을 목적으로 하는 활동들이 이루어지는 공간으로 작용하였다.

이런 점에서 우리 사회에서 근대 공공도서관은 '독서'라고 하는 활동을 매개로 개인들이 비판 공중으로 성장하는 초기 형태의 공공영역을 형성하였다고 할 수 있다.[122) 곧 도서관에서의 독서 활동을 통하여 사사로운 영역에 머물러 있던 개인들은 자연스럽게 공공의 영역으로 나아오게 되었고, 그러한 활동을 통하여 지적 관심의 세계를 확장함으로서 독서하는 공중이라고 하는 새로운 계층을 형성하게 되었다.

그런데 여기에서 주목할 것은 도서관이라고 하는 공간이 도서관 이용자들에 의해 자연스럽게 만들어진 공간이 아니라는 점이다. 도서관이 개인들의 자유로운 행위 공간으로 등장하게 된 데에는 도서관을 이용할 수 있는 사람들뿐만 아니라 도서관을 이용할 수 없는 사람들 곧 수많은 문맹자들을 계몽시켜야 한다는 사회의 인식이 자리하고 있었다. 도서관은 무지한 민중들을 교육시켜야 하는

---

122) 문예 공공영역은 사사로운 영역에 머물던 개인이 공공의 영역에 출현하게 되는 초기 형태의 공간으로써 문화·예술 분야를 중심으로 공중이 형성되는 영역을 말한다. 하버마스는 공공영역의 제도 기준으로 누구나 평등하게 참여할 수 있고, 이 영역 안에서는 모든 사안이 논의의 대상이 될 수 있으며, 적어도 원칙상으로는 모두에게 개방된 비폐쇄성 공간이란 점을 들고 있다. 한승완, 위 글, 107 - 108쪽.

공간이었으며, 그러한 활동을 통하여 개인들을 공공의 영역으로 끌어 내와야 하는 공간이었다. 곧 특정한 목적을 위하여 사회의 수준에서 의도되고 기획된 공간이라는 것이다. 따라서 도서관을 이용하는 개인들은 도서관에서의 자유로운 독서 행위를 통하여 자신과 사회에 대한 관심의 영역을 넓혀가지만 이러한 활동은 고도로 계획되고 의도된 환경 가운데서 이루어졌다.

이것은 도서관이 개개인의 자기 발전 및 지식에 대한 욕구를 충족시키기 위한 공간임과 동시에 사회의 수준에서는 의도한 목표를 달성하기 위한 공간으로 출현했음을 나타내준다. 다시 말해서 도서관은 사사로운 영역에서 개인들의 욕구가 발현되는 것과 연장선상에 있으면서 동시에 사사로운 영역을 넘어서서 공공의 영역으로 확장되는 한 가운데 위치한다는 것이다. 일제 식민지 아래 조선 사회에서 민립 공공도서관 운동은 개인의 지식과 도덕의 발전을 사회의 발전 곧 사회 내부 역량 강화와 밖으로는 식민 지배로부터 해방의 과제와 연계시키면서, 개인에 대한 교육 기능과 사회에 대한 비판 기능을 동시에 수행하는 역할을 담당하였다. 이러한 역할이 안으로는 사사로운 관심 세계에 갇혀 있던 민중들을 계몽시킴으로써 공공의 영역에 참여하게 하는 교육 기능과 밖으로는 교육을 통하여 개인과 사회에 대한 성찰능력을 갖춤으로써 자유로운 비판 기능을 수행하는 모습으로 나타나게 되었다.

<표 8> 도서관을 둘러싼 관심과 기능

기능 \ 관심 수준	개 인	사 회
교 육	개인 역량의 강화	사회발전을 위한 인력자원 확보
비 판	자신에 대한 성찰	사회에 대한 성찰

이렇게 형성된 공공영역으로서의 도서관은 안으로는 교육 기능과 밖으로는 비판 기능을 수행하면서, 개인 차원에서는 개개인의 잠재 역량을 강화하고 이를 바탕으로 자신에 대한 성찰의 태도를 견지하게 하면서 다른 한편으로는 그러한 개인의 역량과 성찰이 사회의 발전과 권력에 대한 비판 기능을 수행하는 공간으로 자리 잡았다.

일제 아래 조선 사회에 출현했던 도서관은 이처럼 교육 기능과 비판 기능의 통합을 특징으로 하고 있었다. 교육 기능의 강조는 그것이 개인의 수준에 국한된다면 자신의 사사로운 관심을 위해 개개인의 역량을 강화하는 것에 머무를 수 있는 가능성을 항상 가지고 있다. 그러나 일제시대 도서관에 대한 이러한 교육 기능의 강조는 애국 계몽이라는 차원에서 일제의 식민지 지배 권력에 대한 비판 기능의 수행과 직접 연관되면서 그 관심의 범위가 사사로운 영역을 넘어 공공의 영역으로 확장되었다는 데에 특징이 있다. 이처럼 교육 기능이 비판 기능과 밀접한 관련을 맺으면서 개인 차원에서 교육은 단지 개인의 역량을 강화하는 것에만 국한되는 것이 아니라 자신에 대한 성찰의 태도를 함양하는 것으로까지 확장되었고, 사회의 수준에서는 풍부한 인력 자원의 확보가 식민 지배에 저항하는 비판 세력으로 성장하는 통합된 연결체계를 가질 수 있게 되었다.

일제 식민시 시기 조선인에 의한 도서관 설립운동이 이처럼 대외로는 비판 기능과 대내로는 교육 기능을 동시에 수행할 수 있었던 것은 일제 식민지 지배 아래 놓여 있었던 조선 사회의 특수한 사회 상황이 중요한 배경을 이룬다. 일제시대 전국에 도서관 설립운동이 일어난 것은 당시 조선 사회를 교육을 통하여 바꾸고자 하는 사회 각 계층의 의지가 나타난 것이다. 이미 국권을 일본에 빼앗긴 조선 사회는 이전 시대와 같이 지배 계층과 피지배 계층의 구분이 무의미해졌으며, 조선 시대의 지배 계층들도 동일하게 식민지의 피지배 계층으로 전락한 상황에서 당시 조선 사회는 지배와 피지배의 구분을 떠나 '교육'과 '계몽'을 통하여 민중 개개인의 역량을 강화하는 방식으로 사회의 유지·존속을 확보해 나갈 수밖에 없었다. 이러한 상황에서 교육과 계몽의 기능을 담당해 줄 시설로서 도서관은 개인을 비판능력을 갖춘 공중으로 성장시킴으로써 식민 지배 권력에 대한 비판 기능까지 담당해 줄 수 있는 중요한 공간으로 받아들여졌다. 그 결과 민립 공공도서관 설립운동을 중심으로 교육과 비판 기능이 동시에 수행되면서 두 기능의 밀접한 관련 속에서 우리 사회에 공공영역의 기초가 마련되게 되었다.

제**4**장

산업화시대 국가 개입과 도서관 영역의 제도화

4.1. 광복 이후 도서관 현실과 국가의 개입

근대의 새로운 제도로 나타난 공공도서관을 통하여 이전까지 사사로운 영역에 머물러 있던 많은 개인들은 '독서'라는 활동을 매개로 공공의 영역으로 나아올 수 있었다. 서구 근대 도서관의 소개는 민중의 역량을 강화하여야 하겠다는 인식이 확산되던 당시 조선 사회에 행위 주체로서의 '개인'에 대한 관심과 교육 및 계몽에 대한 한층 강화된 강조를 불러 일으켰다. 뿐만 아니라 도서관을 중심으로 당시 조선인들의 무지한 상태와 식민 지배의 불법성을 비판 시각으로 성찰하는 공공담론이 활성화됨으로써, 도서관은 한편으로 민중에 대한 교육 기능과 다른 한편으로 개인 및 사회에 대한 성찰 기능을 담당하는 근대 공간으로 성장하였다. 도서관의 이와 같은 교육 기능과 비판 기능은 당시 조선 사회에 공공의 영역, 곧 의사소통 합리성에 기반하여 원칙에 있어서는 모든 사람이 평등하게 참여할 수 있는 영역을 형성하는 구심점의 역할을 하였다.

광복 이후 공공도서관은 식민지시기를 거치면서 일제에 의해 교화 시설로써 설립·운영된 관립 공공도서관과 조선인에 의해 애국 계몽 시설로써 설립·운영된 민립 공공도서관의 이원화된 체계를 극복하고 하나의 공공도서관체계에 편입되게 되었다. 행정 구역의 개편에 따라 대부분의 관립 공공도서관들은 시립 등 공립 공공도서관으로 전환되었으며 많은 비율의 민립 공공도서관들도 공립 공공도서관체계 안에 편입되었다. 이 시기에 특징적으로 나타난 사항은 사회 모든 영역에 걸쳐 국가의 강력한 개입이 이루어졌다는 점이다. 식민 지배로부터 벗어난 이후 한국전쟁을 경험하기까지 혼란스러운 사회 상황이 전개되기는 하였지만 이후 '근대화'라고 하는 목표 아래 국가의 강력한 통제를 통하여 사회의 발전이 이루어지게 되었다.

이러한 상황에서 도서관 또한 국가의 영향력 아래 놓이게 되었으며, 도서관 자체는 이러한 영향력을 발전을 위한 기회와 수단으로 활용함으로써 국가와 도서관이 서로 의존하는 관계를 형성하게 되었다. 이 장에서는 도서관 영역에 대한 국가의 개입과 국가와 도서관의 의존관계가 어떻게 전개되었는지를 밝혀보고 이 과정에서 공공의 영역으로 성장·발전하였던 도서관이 어떠한 변화를 겪게 되었는지를 살펴본다.

4.1.1. 광복 이후 도서관의 현실

4.1.1.1. 도서관을 둘러싼 환경

일제의 식민지 지배로부터 벗어난 이후 한국 사회는 독립된 국가를 건설하기 위해 국가의 모든 역량을 집중하였다. 한국전쟁과 4·19 의거, 5·16 쿠데타 등의 급변하는 역사를 거치면서 한국 사회는 정치에 있어서나 사회 문화의 측면에 있어서 극심한 혼란을 경험한 것은 물론 경제의 빈곤, 이데올로기의 갈등 등으로 매우 불안정한 모습을 띄게 되었다. 이러한 상황은 도서관을 둘러싼 환경에도 중요한 영향을 미쳤다. 「종로도서관 60년사」는 광복 직후 남한의 도서관 모습을 다음과 같이 적고 있다.

> 광복 직후 남한에는 국립도서관과 교통도서관을 제외하고 14개의 관립·민립 공공도서관이 있었다. 그러나 제2차세계대전이 종전에 가까워지면서 명목만의 도서관이었으며 거의 폐관상태에 있었고 개관하고 있었던 곳이 몇 곳 있기는 하였지만 이용자도 별로 없었다. 그리하여 개관을 하지 못하고 있다가 광복을 맞이한 도서관들은 그대로 문을 닫고 있었으며 혼란 속에서 세월을 보내고 있었다.[123]

광복 직후 공공도서관은 수에 있어서나 시설에 있어서나 매우 부족한 형편에 처해 있었으며, 한국전쟁으로 인하여 그나마 존재하던 도서관들이 많은 파손을 입고, 장서 또한 소실되면서 기본 업무를 수행하기에도 어려웠다. 그러나 이러한 혼란의 소용돌이 속에

---

123) 서울특별시립종로도서관, 「종로도서관 60년사」(서울특별시립종로도서관, 1980), 191 – 192쪽.

서도 일제의 교화 시설로서 운영되었던 도서관들을 우리의 도서관으로 바꾸기 위한 노력들은 매우 활발하게 이루어졌다.

이러한 노력의 일환으로 추진되었던 것이, 광복 직후 식민지시기 도서관 정책을 입안하고 도서관 행정을 총괄했던 조선총독부도서관을 일본으로부터 인수하는 일이었다. 조선총독부도서관의 운영권을 넘겨받기 위한 이러한 활동은 총독부도서관에 남아있는 한국인 직원들을 중심으로 이루어졌으며 최우선으로 장서를 접수하는 일부터 시작하였다.[124] 이와는 별도로 전국에 흩어져 있는 도서 관계 종사자들의 역량을 하나로 결집하고자 1945년 8월 '조선도서관협회결성준비위원회'를 출범하고, 1947년에 정식 발족한 것을 비롯하여,[125] 1946년 4월 도서관을 운영할 전문 인력으로서 사서를 양성할 목적으로 '국립조선도서관학교'를 국립도서관 내에 설립하고 '도서관사업강습회'를 실시하는 등 한국인에 의한 도서관 운영을 도모할 목적의 많은 활동들이 전개되었다.

특히 한국전쟁 이후인 1955년에는 이러한 도서 관계의 노력이 대학 및 정부와 연계되기 시작하면서, 같은 해부터 대학에 도서관학 강좌가 개설되는 등 점차 도서관을 둘러싼 사회의 관심이 확대되기 시작하였다.[126] 1955년 정부가 제정한 대학설치기준령은 도서관 문제에 대한 더욱 적극성을 띤 국가 개입의 한 형태를 보여주었다. 전쟁 이후 고등교육의 활성화를 위하여 정부가 마련한 대

---

124) 이런 목적으로 만들어진 조직이 '도서관 수호문헌수집위원회'이다.

125) 조선도서관협회는 1948년 대한민국 정부 수립과 함께 '한국도서관협회'로 이름을 바꾸었다.

126) 도서관에 대한 사회의 관심이 증가하기 시작하였다고는 하지만, 그것은 광복 및 전쟁 직후의 상황과 비교하여 그렇다는 것이다. 광복으로부터 한국전쟁이 끝난 직후 시기까지 도서관 활동은 매우 미흡하였다.

학설치기준령은 대학을 설립하고자 할 경우 준수해야 될 많은 기준들을 제시하였다. 그 가운데 하나로 대학도서관의 설치가 명문화되었는데 이 규정을 통하여 대학도서관뿐만 아니라 전체 도서관 발전의 중요한 계기가 마련되었다. 뿐만 아니라 고등교육에서 대학도서관이 차지하는 중요성이 강조되면서 대학 안에 도서관 관련 학과 및 강좌가 개설됨으로써 이후 도서관 발전이나 전문 인력 양성에 큰 영향을 미치게 되었다.[127]

광복 이후 정부는 도서관법을 제정하고 도서관 건립을 지원하기 시작함으로써 도서관 영역에 대한 국가의 개입을 본격화하였다. 이 시기 도서관 조직에서 나타나는 특징은 일제 식민지 기간동안 관립과 민립, 일제에 의한 도서관과 조선인에 의한 도서관으로 구분되어 운영되어 오던 공공도서관이 대부분 공립 공공도서관체계로 통합되기 시작하였다는 점이다. 그 결과 지배를 위한 도서관과 저항을 위한 도서관이라고 하는 분명한 경계선이 무너지고 이전까지는 민간영역에서 활동하였던 뜻있는 지식인들이 국립 또는 공립의 국가 도서관체계 안으로 들어감으로써 국가와 민간영역의 상호 통합 현상이 나타나게 되었다. 이런 상황에서 도서관의 발전을 위한 다양한 활동들은 국가영역에 속한 국립도서관과 민간영역에 속한

---

127) '대학설치기준령' 제11조는 대학 내에 도서관을 설치할 것과 관련해 다음과 같이 규정하고 있다. "대학에는 학생 1인에 대하여 30권 이상의 도서를 비치하되 1학과당 5천 권 이상이 되어야 한다. 단 초급대학(의예과를 포함한다)과 2년제 사법대학에 있어서는 각기 3분지2로 한다. 교사(校舍)에는 교실, 사무실, 교원실, 연구실, 도서관(실) 이외에 강당, 회의실, 영화설비 등과 의무실, 식당 등 학생의 보건후생을 위한 설비를 하여야 한다". 이 기준령에 따르면, 대학에서의 도서관 설치가 강제 규정으로 되어 있고 비치할 책 수까지도 규정되어 있어 각 대학은 도서관을 정비하게 되었는데 장서가 늘어감에 따라 도서관을 신축하지 않으면 안 되게 되었다. 그리하여 1957년에는 이화여자대학교와 연세대학교가 도서관을 신축하였으며 이어서 여러 대학이 대규모 도서관을 신축하게 되었다.

한국도서관협회의 협력 활동을 통하여 전개되었다.

이 시기 도서관 발전을 위한 노력들은 크게 '공공도서관 건립운동'과 '마을문고운동'이라는 형태로 나타났다. 이 가운데서 문맹퇴치와 지식 보급을 목적으로 각 지방에 하나씩의 도서관을 건립하자는 운동이 '일군일관(一郡一館)'이라는 이름으로 전개되었다.[128] 하나의 군에 한 개의 도서관을 설립하자는 이 운동은 광복 이후 독립 국가를 건설하기 위해 개개인의 역량을 강화하는 것이 얼마나 시급하게 요구되었는지를 보여주고 있다. 마을문고운동은 공공도서관의 열악한 조건을 극복하기 위해 민간 차원에서 자율로 전개된 운동이다. 이 운동은 농어촌 마을 단위에 문고를 설치하고 주민이 공동의 힘으로 관리·운영하여 농어촌 지역주민이 독서 생활을 영위할 수 있도록 벌여나간 민간도서관 운동으로 1960-70년대 공공도서관 운동의 주요한 흐름을 형성하였다.[129]

당시 도서관 지도자들은 "도서관이 일반 민중에게 지식을 잘 보급시키느냐 못시키느냐에 따라 그 국가의 문화수준의 향상이 결정"[130]된다고 판단하고 "지식의 보급과 확산을 통해 국가의 문화 향상을 도모하려는 의도"에서 전국에 걸쳐 독서운동을 전개하였다. 당시 농촌은 "독서기관의 설비가 거의 없고", "독서열 또한 극히 희박"한 현실에 처해 있었기 때문에 "농촌사람이 새 국가건설에 동참하고 새 국가의 국민이 되기 위해서는 사회 물정에 대한 비판 안"을 키울 것이 무엇보다 시급히 요구되었다. 이러한 이유로 독서

---

128) 박봉석, "一郡一館", 「文苑」 12호(국립중앙도서관, 1947년 3월).
129) 이 운동은 1950년대 전개되었던 '농어촌 책보내기운동'의 연장선 위에 있었다.
130) "서적과 도서관의 사명", 「文苑」 14호(국립도서관, 1947년 4월).

운동은 지식의 보급에서 우선순위에 뒤쳐질 수밖에 없는 농촌을 대상으로 전개되었으며, 독서 공간인 도서관을 농촌 곳곳에 세워나가는 방식으로 진행되었다.[131]

이와 같은 농촌 책보내기운동은 한국전쟁 전에는 제한된 지역을 중심으로 진행되었으나 전쟁 이후 중앙정부가 적극 가담하면서 본격화되었고, 사회단체나 개인 차원의 참여도 증가하게 되었다. 정부는 1950년대 중반부터 '헌책수집 운동'이나 '농촌문고 설치 사업' 등의 형태로 농어촌 책보내기운동에 참여하였다. 이러한 농어촌 책보내기운동은 전쟁 이후 전개된 민간도서관 운동인 마을문고 운동의 모태가 되었다.

그러나 책보내기운동이 실제 독서 활동을 하여야 하는 농어촌 주민의 입장에서부터 출발하지 않고 외지인에 의해 일방으로 책을 보내는 방식으로 전개됨으로써 실패하였다는 자체 평가에 터하여, 마을문고운동은 "일방으로 책을 보내는 운동이 아니라 정규도서관을 축소한 개념에 따라 전개되어야 하며, 그 설치 대상 지역은 주민이 쉽고 가까이 접근할 수 있는 마을 단위로 하되, 자율·자조적인 방법으로 관리·운영되어야 한다"[132]는 원칙을 중심으로 전개되었다.[133] 그러나 이와 같이 광복 이후 도서관 지도자들에 의한

---

131) 이재욱, "농촌과 독서", 「文苑」 19호(국립도서관, 1949년 9월).

132) 새마을문고운동 40년사 편찬위원회, 「새마을문고운동 40년사: 1960 – 2000」, 새마을운동중앙회, 2001, 45쪽.

133) 엄대섭은 1950년대 전개되었던 '책보내기 농촌문고운동'이 실패한 이유는 그것이 기반한 이념이 부재했기 때문이라고 지적한다. 곧 책은 필요한 사람이 스스로 선택해서 읽어야 그 진정한 의미가 살아나는 것이므로 외부에 의해 강제된 독서운동은 실패할 수밖에 없었다는 것이다. 이런 점에서 그는 "농어촌이 발전하려면 행정의 일방적인 하향식 힘"에 의해서가 아니라 "아래로부터의 자발적인 의욕에 기초하여 자주단합을 통해 농어민 스스로가 모든 문제를 생각하고 행동에 옮기는 능력"이 길러져야 한다고 주장했다. 엄대섭, 위글, 338쪽.

도서관 설립운동을 비롯하여 다양한 활동을 통해 지식 보급과 확산을 위한 운동이 크게 펼쳐졌음에도 불구하고 사회 저변으로까지 도서관 활동이 확대되지는 못하였다.

4.1.1.2 도서관 현황

1945년 광복 당시의 공공도서관 현황은 국립도서관을 비롯하여 부산부립도서관, 대구부립도서관, 광주부립도서관 등 14개의 관립 공공도서관이 존재하였고, 민립 공공도서관은 안성도서관과 중경문고 두 개의 도서관만이 존재하였다. 이후 도서관 건립이 조금씩 증가하여 광복 이후부터 6·25 이전까지 남한에 설립되어 있던 도서관은 국립도서관을 비롯하여 19개의 공립 공공도서관과 15개의 사립 공공도서관을 합해 모두 34개로 확인된다. 그러나 도서관 건립에 있어서는 공립 공공도서관의 경우 광복 이전 일제시대 때 설립된 것이 대부분이고 광복 직후 세워진 것은 5개 관에 지나지 않았다. 이에 비해 사립 공공도서관의 설립이 다소 활발했던 것으로 나타나는데, 이는 광복 직후 도서관이 없는 지방을 중심으로 지역 문화발전을 위해 사립 공공도서관을 설립하려는 사람들이 크게 증가하던 당시의 사회 분위기에서 비롯되었다고 할 수 있다.[134]

1960년대 이후 도서관 영역에 대한 국가의 개입은 이전보다 활성화된 모습을 띄었다. 1955년 대학설치기준령[135]에 따라 대학도

---

[134] 한국도서관협회 30년사 편찬위원회, 「한국도서관협회 30년사」(한국도서관협회, 1997), 41쪽.

[135] 1955년 정부는 '대학설치기준령'을 제정·공포하여 대학교 설립에 필요한 요건들을 상세히 규정함으로써 고등교육의 조건을 강화하였다. '설치령' 11조는, "대학에는 학생 1인에 대하여 30권 이상의 도서를 구비하되 1학과당 5,000권 이상이 되어야 한다"고 규정하고 있다. '대학설치기준령'이 공포되기 이전에도 정부는 1953년 '국립학교설치령'을 통하여

서관의 수가 크게 늘어나게 된 것을 시작으로 하여 1963년에는 도
서관법을 제정, 도서관에 대한 국가의 지원이 법을 통하여 규정되
었다. 1964년 교육자치제의 실시로 또 한번 공공도서관의 수가 크
게 늘어났고, 1967년에는 '공공도서관설치 5개년 계획'이 수립되어
최초의 도서관 발전 계획이 발표되기도 하였다.

〈표 9〉 공공도서관 현황(1960 - 1979)

연 도	도서관 수	직원 수	장서 수	예산(단위: 원)
1960	18	143	576,260	
1962	21	211	604,231	
1963	27	237	634,268	
1964	48	341	691,898	7,166,714
1965	49	412	694,515	9,106,936
1966	53	455	772,619	77,967,314
1967	57	456	820,954	132,335,700
1968	59	463	864,402	124,434,572
1969	61	556	927,684	183,125,555
1971	64	643	1,039,103	367,476,000
1973	69	742	1,271,444	531,339,473
1974	101	828	1,136,363	538,428,316
1975	109	962	1,498,336	807,508,000
1977	107	1,117	1,584,706	2,005,829,000
1979	119	1,228	1,851,384	3,849,550,000

※ 출처: 한국도서관협회. 연도별 「한국도서관통계」.

　　1960년대와 1970년대의 공공도서관 수는 이전 시기와 비교하여
매우 큰 폭의 증가를 보여주었다. 그 가운데 특히 1964년과 1974

국립대학(교)에는 소속도서관과 소속박물관 등 연구 시설을 두도록 규정하였다. 김규숙,
"우리나라의 고등교육과 대학도서관", 「도서관」 통권 103호(국립중앙도서관, 1966년 3
월), 119쪽.

년의 증가율이 두드러지게 나타난다. 1964년에 공공도서관이 크게
증가한 것은 같은 해 실시된 교육자치제에 따른 결과였다. 경기도
에서 '1군 1도서관제'를 강력하게 추진한 결과 내무부 소속의 군
립도서관 12개 관이 건립됨으로써 공공도서관이 경기도 지역을 중
심으로 크게 증가하게 되었다.[136] 1974년의 증가는 '공공도서관설
치 5개년 계획'에 따른 성과라고 할 수 있다. 1967년 정부가 발표
한 '공공도서관설치 5개년 계획'은 1968년부터 1972년까지 연차별
로 공공도서관을 늘리겠다는 것으로, 1974년 도서관 설립에 대한
국가의 보조가 중단되기까지 도서관 설립의 기본 정책 틀로 작용
하였다.[137] 그 결과 1974년에는 바로 전해에 비해 32개의 도서관
이 증가한 것으로 나타난다.

4.1.2. 도서관 활동에 대한 국가의 개입

광복 이후 도서관과 국가의 관계는 서로 의존하는 형태로 전개
되었다. 식민지시기 일제에 국권을 빼앗긴 조선 사회로서는 도서관
에 대해 직접 관여할 수 있는 어떠한 행정제도상의 수단도 가지고
있지 못하였다. 따라서 이 시기에는 뜻있는 지식인들을 중심으로
한 '사회운동' 차원의 민립 공공도서관 설립운동이 있었을 뿐이었

---

136) 김포옥, 위 글(1990), 30쪽.

137) 도서관의 발전은 대학도서관의 수에서도 나타난다. 1965년 한국도서관협회가 발간한 「한
    국의 도서관」이라는 책자에 따르면, 1955년 전국에 43개의 도서관, 207명의 직원,
    1,297,034권의 장서를 갖추고 있던 대학도서관이 10년 후인 1965년에는 도서관 109
    개, 직원 수 838명, 장서 수 3,951,379권으로 규모에 있어서 2배 이상 증가하였다는 점
    을 보여준다. 박희영, "한국고등교육기관도서관약사", 「도서관」 통권 103호(국립중앙도서
    관, 1966년 3월), 136쪽.

다. 다른 한편으로 관립 공공도서관은 일제에 의해 설립되었으나 식민지 교화 정책을 담당하는 이데올로기 통제 기구로 활용되면서 일제 당국의 직접 통제 아래서 운영되었다. 그러나 광복 이후 민립 공공도서관과 관립 공공도서관이 하나의 공립 공공도서관 운영 체계 안에 편입되면서 국가와 도서관의 관계는 비로소 통일된 국민 국가의 체계 안에 자리 잡게 되었다.

4.1.2.1. 국가 지원에 대한 요구

일제시대 계몽과 비판의 공간으로 도서관을 활용하고자 했던 노력이 조선인에 의해 설립된 다양한 형태의 민립 공공도서관을 중심으로 전개되었다면, 광복 이후 도서관 운동의 초점은 한국인의 손에 의해 운영되는 공립 공공도서관에 맞추어졌다. 도서관 발전을 위한 노력들이 공립 공공도서관을 중심으로 이루어지게 된 데에는 광복 이후 많은 수의 관립 공공도서관들이 공립 공공도서관으로 전환되었으며, 새로 설립되는 도서관에 있어서도 사립보다 공립 공공도서관들이 훨씬 많았다는 점이 중요한 배경으로 작용하였다. 또한 사립 공공도서관의 예산, 장서, 인력 규모보다 공립 공공도서관의 규모가 훨씬 큼으로 해서 도서관 서비스가 미치는 영향력이 사립의 경우보다 훨씬 크게 나타났다는 것도 중요한 원인이다. 이런 이유로 일제시대 민간영역에서 도서관 운동을 전개하였던 많은 전문 인력들이 광복 이후 공립 공공도서관 운영에 참여하게 되었다. 이에 비하여 민간영역에서의 도서관 운동은 마을문고나 작은도서관 운동과 같이 작은 규모이면서 국민들의 생활 가까이에 접근하고자 하는 형태로 전개되었다.

광복 이후 공공도서관의 운영 환경은 매우 열악한 것이었다. 대부분의 민립 공공도서관들은 운영난으로 인하여 폐쇄된 곳이 많았으며 일제로부터 인수받은 관립 공공도서관의 운영에 참여할 전문 인력의 부족 문제 또한 심각한 것이었다. 뿐만 아니라 전쟁 속에서 불타 소실되어 버린 수많은 도서관 시설이나 장서들은 도서관 서비스 자체가 이루어지기 어렵게 하는 환경을 조성하였다. 이런 상황에서 시설, 인력, 장서, 재정 등 모든 분야에 걸쳐 도서관은 국가의 지원을 절실히 필요하게 되었고 이것은 도서관 영역에 대한 국가 개입의 한 배경을 형성하였다. 1963년 당시 도서관법 제정 실무에 참여한 문교부 관계자의 다음과 같은 언급은 도서관법이 어떻게 이와 같은 도서 관계의 요구에 의해 추진되었는지를 보여준다.[138]

> 내가 이 법을 취급하면서 처음 느낀 것은 법 제정에 있어서의 과정입니다. 대개 법이란 어떤 동기에 원인하여 만들어지는데 과거 제정된 대부분의 법은 관청내부의 사람들의 필요성을 느껴 제정하였습니다. 그러나 금번 도서관법을 제정하면서 주무과장이 세 분이나 바뀌었습니다. 그러면서도 '사무 보는 사람들 자체는 직접 이 도서관법에 대한 절실한 요망을 느끼지' 못한 것을 실제적인 일을 맡고 계신 분들의 열성 있는 건의와 추진으로 결국은 행정하는 사람들을 이끌어 성공시켰다고 봅니다.[139]

---

138) '도서 관계'는 도서관 관련 업무에 종사하는 사람들이 자신들을 지칭하며 주로 사용하는 용어이다. 이 용어는 도서관에 종사하는 사람으로부터 도서관 관련 학계 종사자, 학생, 일반인 등 도서관과 관련된 모든 유형의 개인 및 단체들을 포함하는 포괄성을 띤 개념이다. 우리나라 도서관의 대부분이 공립 공공도서관, 대학도서관, 학교도서관들이며 여기에서 종사하는 사람들이 도서 관계에 포함됨으로써, 도서 관계는 비록 형식에 있어서는 국가에 소속된 기구는 아니지만 내용으로는 국가로부터 완전히 독립된 기구도 아닌 제3의 영역을 구성한다.

139) "도서관법좌담회 회의록", 「도협월보」 4호(한국도서관협회, 1963년 9월), 13쪽.

　이것은 도서관법의 제정이 국가에 의해 제정되고 공포된 것이기는 하지만 국가가 자체의 필요성과 목적에 따라 스스로 추진한 것이 아니라는 점을 보여주고 있다. 곧 도서 관계의 수년간의 노력이 국가정책 당국을 움직여 결국 도서관법이 제정되도록 이끌어낸 것이다. 이 법이 제정되기 이전에도 정부는 비록 광범위한 분야에 걸친 것은 아니지만, 도서관 및 독서진흥 활동에 있어서 어느 정도의 지원을 해 오고는 있었다. 미약하기는 하지만 이와 같은 정부의 지원이 이루어지고 있었음에도 불구하고 도서관법의 제정 요구가 거세게 일어났던 것은 광복 이후 정부의 뒷받침이 없이는 도서관의 설립과 운영이 용이하지 않았음을 보여준다.[140]

　도서관법이 제정되었다는 사실은 도서관에 대한 지원이 국가의 공식 의무 사항으로 규정되었다는 것을 의미하며 이를 통하여 국가와 도서관의 관계가 제도화되었다는 것을 가리킨다. 이 법률의 제정 과정은 한국도서관협회에 의해 주도되었다. 1955년 4월 한국도서관협회 총회에서 도서관법의 필요성을 강조하고 법 제정을 추진키로 결의한 이래, 1956년 1차 초안, 1957년 2차 초안, 1959년 3차 초안을 작성하여 1963년 도서관법(안)을 국가재건최고회의에 상정함으로써 같은 해 도서관법이 제정 공포되는 결과를 맞게 되었다. 이처럼 도서관 영역에 대한 국가의 개입은 한국도서관협회를 중심으로 적극 요구되었고, 국가는 이러한 요구들을 수용하면서 사회를 관리하기 위한 자체의 목적을 수행하는 방식으로 이루어졌다.

---

140) 이에 대해 이연옥은 다음과 같이 적고 있다. "광복 이후 도서 관계를 중심으로 이루어졌던 다양한 도서관 설립 및 확산운동에도 불구하고 공공도서관의 설립 확대는 쉽지 않았는데 이는 공공도서관 건립이 정부와 사회의 지원이 없이는 해결이 어려운 과제였기 때문이다". 이연옥, 위 글, 37쪽.

4.1.2.2. 도서관 지원을 통한 지배 환경의 조성

도서관 영역에 대한 국가의 개입이 한편으로 도서 관계 내부의 필요성에 의해 국가에 요구된 측면이 있었다면 다른 한편으로 국가 스스로도 도서관 영역에 개입함으로써 사회통치를 더욱 효과 있게 수행하려는 배경에서 진행된 측면도 중요하게 지적되어야 한다. 다시 말하면 국가 또한 도서관 영역을 활용할 필요성에 따라 도서관에 대한 지원에 나서게 되었다는 것이다. 국가로서는 근대화의 추진에 필요한 인력 자원을 확보하기 위하여 당시 매우 높은 수준에 있었던 문맹률을 떨어뜨려야 했으며, 낮은 교육 수준의 국민들이 새로운 국가 건설에 이바지할 시민으로서의 자질을 갖출 수 있도록 만드는 데 노력을 기울여야 했다. 근대 국가의 건설은 통치의 제반 자원이나 역량이 부족했던 당시 국가의 힘만으로는 어려운 것이었으며 국민들의 강제 동원 방식으로는 더더욱 불가능한 것이었다. 국민 개개인을 교육하고 계몽하여 그 역량을 육성할 필요성은 이러한 배경에서 나타난 것이었다.

도서관에 대한 국가의 개입이 공식화된 것은 도서관법을 제정한 1960년대부터라고 할 수 있다. 도서관 법 제7조 '국가 등에 대한 공공도서관설치의 권장' 부분에 따르면, "국가 또는 지방자치단체는 공중의 사회교육 및 문화의 향상을 위하여 예산의 범위 안에서 공공도서관의 설치, 육성에 노력하여야 한다"고 규정함으로써 국가가 공공의 목적을 위하여 도서관을 설치하여야 함을 밝히고 있다. 대학설치기준령을 통하여 대학도서관의 설립을 활성화한 것이나 교육 자치제를 도입하여 경기도 지역을 중심으로 12개의 군립도서관을 설립하는 환경을 조성하였던 것, '공공도서관설치계획'을 통하여 전국에 도서관의 설립을 장려하였던 것은 도서관 영역이 국가의 정책 관심 사항으로 점차 부각되고 있음을 보여준다.

이처럼 국가가 도서관을 설립하고 운영하는 일에 직접 관여하게 된 데에는 당시의 정치, 경제 상황이 중요한 배경으로 작용하였다. 5·16쿠데타를 통해 권력의 기반을 마련한 제3공화국은 미흡한 정권의 정통성을 보완하기 위해 근대화와 경제 건설을 국가의 목표로 설정하고 정부 주도의 산업화 정책을 적극 실시하였다. 이러한 상황에서 다수 국민을 근대화의 노정에 참여시키기 위한 대규모 생활·의식·환경 개선운동이 '새마을운동'이라는 이름으로 전개되었다. 1970년대 문교부가 사회교육정책의 중점을 지역사회 개발이나 정신 계몽교육으로서의 새마을 교육에 맞추고, 이 교육의 목표와 방침을 새마을운동을 효과 있게 추진하는 데 필요한 지식, 기능, 태도를 배양하는 데 둔 것은 당시 정부의 정책 방향이 정신 및 생활 계몽운동을 통해 국민을 근대화 과정에 동원하려고 했던 것과 동일한 연장선 위에 있는 것이었다.[141]

국민 개개인의 역량을 강화하여야 하겠다는 인식은 이미 개화기부터 우리 사회 전반에 널리 퍼져 있었다. 곧 민중의 지식을 계몽하여야만 당시의 서구 및 일본의 침략으로부터 벗어날 수 있다는 생각이 당시 조선 사회에 널리 확산되어 있었으며, 일제시대에는

---

141) 국립도서관의 기관지는 이러한 인식을 잘 보여주고 있다. 여기에 나타난 글에 따르면, "농촌 사람이 새 국가 건설에 동참하고 새 국가의 국민이 되기 위해서는 사회물정에 대한 비판안이 있어야 하기에 독서는 필수적이다"거나 "참다운 근대화는 물질 자원의 개발과 지식 자원의 개발이 동시에 균형 있게 이루어지지 않고는 불가능하다"고 적음으로써 새로운 국가를 건설하는 일에 개인의 역량이 얼마나 요구되었는지를 보여준다.

민중의 지식을 계몽함으로써 일제 식민지를 벗어나고자 했던 애국 계몽운동이 도서관 설립운동의 형태로 나타나기도 하였다. 그러나 광복 이후, 특히 새마을운동기를 전후하여 사회에서 널리 확산되었던 개인의 역량 강화에 대한 관심과 강조는 이전 시기와 달리 일제 식민지를 벗어나고 주권국가를 회복하기 위한 목적에서가 아니라 근대 국민 국가를 건설하는 과정에서 지배의 안정성을 추구하기 위한 필요성에서부터 출발하고 있다는 점에서 차이를 드러낸다.[142]

발전을 위한 사회의 기초 토대가 미약하고 활용 가능한 물질과 인력 자원이 충분하지 못한 현실에서 효과 있는 통치를 수행하기 위해서는 국민 개개인의 역량 강화가 필수로 요구되었다. 근대의 통치는 지배 대상인 개인을 억압하고 강제함으로써 달성될 수 있는 것이 아니라 지배 대상으로서의 개인이 교육되고 또 그 역량이 강화됨으로써 이루어질 수 있는 것이었다. 이러한 통치에 대한 새로운 인식이 광복 이후 공공도서관의 설립과 운영을 국가가 지원하게 된 배경을 이루고 있었다. 지배의 대상인 개인에 대한 인식 변화와 이에 따른 통치 방식의 변화는 국가로 하여금 국민 개개인의 역량 강화에 관심을 쏟게 하는 환경을 조성하였고 교육영역에 대한 국가 지원의 필요성이 강조되는 배경으로 작용하였다. 국가가 도서관법 제정을 통하여 도서관 설립을 장려하고 전국에 의무교육을 실시하며, 중앙정부와 지방자치단체로 하여금 도서관 설립과 활

---

142) 그러나 계몽된 국민에 대한 이러한 국가의 관심은 한편으로는 교육을 통하여 개인의 역량을 강화시키고자 하면서, 다른 한편으로는 언론과 인권, 집회와 결사의 자유 등을 억압함으로써 개인의 비판 역량은 약화시키고자 하는 이중적인 모습으로 표현되었다. 당시 정부는 도서관법을 제정함으로써 도서관 발전에의 의지를 보이면서도 한편으로는 '출판사 등록에 관한 규정'(1961)을 공포하는 등 출판에 대한 통제를 강화하였다.

동을 지원하게 한 것은 이러한 필요성에서부터 비롯된 것이다.

이처럼 도서관의 발전을 위해 국가의 지원을 절실히 필요로 했던 도서관 내부의 요구와, 근대 국가의 건설을 위해 교육받은 개인의 존재가 긴급히 요구되었던 국가의 필요성에 의해 광복 이후 국가와 도서관의 의존관계가 발전하였다.

4.2. 도서관 정책과 도서관 영역의 제도화

광복 이후 도서관의 발전과 관련하여 중요한 변화는 도서관의 설립·운영과 관련한 제반 사항이 국가의 관리 체제로 들어갔다는 점과 국가와 도서관의 사이에 도서 관계라고 하는 제3의 영역이 활성화되었다는 점, 그리고 도서관에 대한 관심이 점차 행위 주체인 개인에게서 도서관제도의 문제로 옮겨졌다는 점 등을 들 수 있다.

4.2.1. 국가와 도서관 관계의 변화

일제 식민지시기 국가가 설립한 부립(附立) 공공도서관들은 광복 이후 한국의 정부조직 내에서 시립이나 군립도서관으로 이름이 바뀌었다. 이렇게 부립에서 시립으로 이름이 바뀐 도서관으로는 인천시립도서관, 안성시립도서관, 대전시립도서관, 군산시립도서관, 전주시립도서관, 광주시립도서관, 목포시립도서관, 대구시립도서관,

마산시립도서관, 진주시립도서관 등 총 10개 관에 달한다.[143]

행정 구역의 개편에 따라 식민지시기 부립 공공도서관이 시립도서관으로 이름을 바꾼 데 이어, 일제시대부터 존재했던 일부 민립 공공도서관들(강릉도서관, 원주청년도서관, 춘천도서관, 진주도서관 등) 또한 6·25전쟁 이후 시립 또는 군립으로 소속이 변경되었다.[144] 이러한 명칭 및 소속의 변화는 도서관 영역이 점차 국가와의 직접 관리체계 안으로 포함되기 시작하였다는 것을 의미한다. 특히 한국전쟁의 휴전 성립 이후 1963년까지의 도서관 설립 현황을 살펴보면, 총 43개의 도서관 가운데 32.5%인 14개만이 사립도서관으로 설립되었고, 나머지인 29개(67.5%)가 공립도서관으로 설립되어 도서관 설립과 운영에 있어서 국가의 역할이 점차 커져가고 있음을 알 수 있다.

국·공립도서관뿐만 아니라 사립도서관에 대한 국가의 개입 또한 증가되었다. 사립도서관에 대한 국가 개입의 공식화는 1963년 공포된 도서관법을 통하여 이루어졌다. 이 법에 따르면, 사립 공공도서관은 1차 시·군 교육장, 2차 도 교육위원회, 3차 문교부장관에게 지도·감독을 받도록 규정하고 있으며, 시설 및 운영에 관하여 법령을 위반한 경우에는 시정 명령을, 미풍양속과 시설 기준 및 명령을 위반한 경우에는 정관 명령을 국가로부터 받도록 되어 있다.

사립도서관에 대한 국가의 개입은 사립도서관의 안정된 운영을

---

143) 김포옥, 위 글(1990), 60쪽.

144) 권영찬, 「광복 이후 통치시기별 도서관 정책과 공공도서관 발전에 관한 연구」(계명대학교 대학원 석사학위논문, 2000), 46쪽.

목표로 한 것이었으나 실제에 있어서는 도서관 설립이 활성화되는 결과를 가져오기보다는 오히려 감소시키는 경향을 초래하였다. 이 것은 사립 공공도서관의 설립 시기를 도서관법 공포 이전과 이후로 구분하여 살펴본 것에서 분명하게 나타난다. 도서관법 공포 이전에는 매년 3개 관에서 5개 관씩의 사립 공공도서관이 설립된 것에 비해, 법 공포 이후에는 오히려 1년에 1 - 2개 관을 넘지 못하였다.145)

식민지시기 설립된 부립 공공도서관들이 광복 이후 시립 공공도서관으로 변경되고, 사립 공공도서관보다 공립 공공도서관의 설립이 크게 증가하였으며, 사립 공공도서관 또한 도서관법의 체계 안에 포함되면서 국가로부터의 통제를 받게 된 사실은 도서관 영역 전반이 국가의 관리 체제 안으로 들어오게 되었음을 의미한다.

4.2.2. 도서관 정책과 관련 단체의 발전

4.2.2.1. 광복 이후 도서관 행정

도서관 영역이 국가의 관리 체제 안으로 편입됨에 따라 도서관 정책을 담당할 국가 조직 안에 행정 부처가 필요하게 되었다. 그러나 광복 이후 혼란스러운 정부조직체계 안에서 도서관 영역이 차지하는 비중은 매우 적은 것이었으며, 도서관 관련 정책이라는 것도 특별하게 수립되지 못한 상황에서 도서관 관련 행정 활동만

---

145) 김포옥, 위 글(1990), 71쪽.

이 산발되게 이루어졌다.

광복 이후 도서관 행정은 일제 식민지시기의 관립 공공도서관 행정체계를 그대로 이어 받았다. 일제 식민지시기 도서관은 학무국 안의 사회교육과에서 담당하였으며, 광복이 되던 1945년 이 업무는 미 군정청 학무국 안의 문화과로 이관되었다. 같은 해 문화과는 부서를 더욱 세분화하여 예술계와 종교계로 구분하고 예술계에서 도서관 업무를 담당하게 하였다가 1946년 1월 기존의 두 계에 박물관·도서 관계와 오락계를 추가로 설치하면서 도서관 업무를 계 수준에서 전담할 수 있는 구조로 만들었다.

정부 수립 이후 기존의 학무국은 문교부로 승격되었고, 도서관 관련 업무는 문교부 내 문화국 성인교육과에서 담당하게 되었다.[146] 문교부는 교육 행정을 여러 차례 수정해가면서 교육자치제를 준비하였다. 1964년 교육자치제의 실시 이전까지 공공도서관은 시·군·구청 등 내무부에 소속되어 있었다. 그러다가 교육자치제에 따라 내무부 소속 공공도서관들이 점차 문교부로 이관됨으로써 도서관 행정의 이원화가 시작되었다. 곧 내무부 소속 공공도서관의 일부가 문교부로 이관되었지만, 내무부 자체에서는 시·군·구청 등의 자치 단체를 통해 새로운 도서관 설립 활동을 계속함으로써 내무부 소속 공공도서관과 문교부 소속 공공도서관의 이원화가 이루어졌다.[147]

---

146) 이 시기에 문교부는 일반 초·중등 교육의 정상화를 위해 의무교육 완성 6개년 계획 (1954－59)과 5차 문맹 퇴치 계획을 수립하였다. 권영찬, 위 글, 51쪽.

147) 중앙정부 차원에서 도서관 업무는 문교부가 담당하였다. 그러나 구조에 있어서 공공도서관 은 시·군·구청 등 각 자치 단체에 소속되어 있었기 때문에 그 운영 및 지원과 관련하 여 내무부의 영향을 더욱 많이 받았다고 할 수 있다. 교육자치제의 실시로 비록 일부 도 서관의 소속이 시·군·구청에서 문교부나 교육청으로 바뀌기는 하였지만, 이것은 도서관

도서관 관련 행정을 내무부로부터 이관 받은 문교부는 1970년대 사회교육정책을 지역사회 개발, 정신 계몽교육으로서의 새마을 교육과 인력 양성을 위한 사회교육으로서의 각종 직업 기술 훈련에 중점을 두었다. 그리고 도서관은 이러한 교육정책의 기본 방향에 기초하여 운영되었다.

4.2.2.2. 도서관 정책의 발전

도서관 분야에 대한 정부의 정책이 본격화된 것은 1963년 도서관법이 최초로 제정되면서부터이다. 도서관법의 제정은 국가가 법이라는 제도를 통하여 도서관의 활동에 직접 관여하게 된다는 사실을 의미한다. 이전까지 정부의 도서관 활동 지원 정책이 법의 근거를 가지고 이루어지지 않았으므로 단순히 임의의 수준에 그쳤던 데 비해, 법이 제정되면서부터는 도서관에 대한 지원이 국가의 의무로 규정됨으로써 국가의 도서관에 대한 관계가 직접성을 띠면서 도서관 영역 전반에 걸쳐 이루어지는 것으로 전환되었다.[148]

이 법의 제정 취지는 법 1장1조에 다음과 같이 나타나 있다. "이 법은 도서관의 설치 및 운영에 관하여 필요한 사항을 규정하여 도서관의 건전한 발전을 도모함으로써 국민의 교육과 문화의 발전에 기여함을 목적으로 한다". 이러한 목적에 따라 도서관법은

관련 업무의 일원화가 아니라 이원화를 초래하였다.

148) 도서관법이 제정되게 된 배경에는 한국도서관협회를 중심으로 한 도서 관계의 노력이 크게 작용하였다. 1955년 이 법의 필요성이 한국도서관협회 창립총회에서 제기된 이래, 도서 관계는 1955년 문교부에, 그리고 1961년 국가재건최고회의에 법 제정을 위한 건의서를 제출하였다. 그러나 정부에 의해 법 제정의 필요성을 인정받아 오지 못하다가 1963년 도서관법안이 국가재건최고회의에 재상정되면서 같은 해 10월 법률 제1424호로 공포되기에 이르렀다.

직원과 시설, 장서 등 도서관 운영요소에 대한 기준을 규정하고 도서관 감독의 의무를 문교부장관과 지방자치단체, 도 교육위원회, 시·군 교육장에게 부여하였다.

　도서관의 설립·운영에 국가가 개입하게 된 또 다른 중요한 배경 가운데 하나는 교육자치제의 실시이다. 교육자치제는 광복 이후인 1952년부터 실시되었으나 1962년에 일반 행정에 병합되었다가 1964년 1월1일부터 다시 도를 단위로 한 대단위의 교육자치제로 개편되어 시행되었다. 교육자치제는, 중앙정부의 통제에 따라 운영되었던 일반 행정 분야와는 달리, 시도별로 교육 분야에 있어서 자치의 권리를 행사할 수 있게 함으로써 교육의 자율성을 확보하고자 했던 제도이다. 이 제도는 중앙정부가 일괄 정책을 수립하여 전국에 시행하였던 방식과는 달리 교육영역에서 각 지역이 지역 특성에 맞게 자체 계획을 수립하여 추진할 수 있도록 하는 환경을 마련해 주었다. 이 제도에 따라 경기도는 지역의 교육 역량을 강화시키기 위하여 도내 각 군에 1개씩의 도서관을 건립하겠다는 '1군 1도서관' 정책을 수립하여 추진하였으며 그 결과 군립도서관 12개를 설립하게 되었다.[149]

　도서관에 대한 정부의 종합 계획안은 1967년 '공공도서관설치 5개년 계획안'이라는 이름으로 처음 발표되었다.[150] 이 계획안은 시·군·구 단위로 최소한 1개의 공공도서관을 설치하고, 이미 설

---

149) 교육자치제의 부활은 오늘날까지 줄곧 문제로 지적되고 있는 공공도서관의 소속청 이원화 문제가 시작되는 계기가 되었다.

150) 이 계획안은 1966년 12월 전국 도서 관계의 모임인 '전국공공도서관회의'에서 '전국 시·군·구 단위 공공도서관설치 3개년 계획안'을 정부에 건의하면서부터 논의가 시작된 것이다.

치되어 있는 공공도서관 중에서 시설 기준 미달인 것은 그 기준에 올려놓는 것을 주된 내용으로 하였다. 시설 확충과 관련해서는 1968년 28개, 1969년 42개, 1970년 47개, 1971년 40개, 1972년 25개 등 1968년부터 1972년까지 총 183개의 도서관을 신설 또는 확충하는 계획을 제시하였다. 또한 공공도서관 신설 및 확충과 관련된 재원은 국가와 지방자치단체가 각각 50%씩 부담하고, 군 단위 도서관은 국가 30%, 지방자치단체 70%를 부담한다는 원칙을 제시하였다.[151)]

이러한 정책을 통하여 공공도서관은 안정된 재원과 인력, 예산을 확보함으로써 도서관 발전을 위한 토대를 마련할 수 있었다.[152)] 그 결과, 앞의 <표 9>에 나타난 것과 같이 1960년에는 전국의 공공도서관 수가 18개에 불과하던 것이 1979년에는 119개로 증가하였으며, 예산도 1964년 7억여 원에서 38억원 수준으로 크게 증가하였다.

도서관 영역에 대한 국가의 개입 강화는 이처럼 외형상 나타난 모습들뿐만 아니라 운영 실무와 관련된 측면에서도 나타났다. 1949년 공무원법에는 처음으로 사서직이라고 하는 독립직군이 만

---

151) 이렇게 수립된 공공도서관 설치 5개년 계획은 중앙정부의 재정 부족과 지방자치단체의 부담 증가로 당초 5개년 계획에서 10개년 계획으로 수정되었다가 1974년부터는 국가 보조마저 중단되었다. 이연옥, 위 글, 48쪽.

152) 여기에서 '안정적'이라 말은 제한된 의미로 사용된다. 도서관이 국가 체제 안으로 편입된 이후에도 도서관의 시설이나 장서, 인력, 예산 등이 부족했다는 사실은 여러 자료를 통하여 나타난다. 그러나 법에 의하여 국가가 도서관을 지원한다는 사실은 적어도 도서관이 예산이나 인력상의 문제로 문을 닫게 되는 경우는 없다는 것을 의미한다. 실제로 근대 도서관 운동의 효시로 일컬어지는 경성도서관은 모든 조선인의 관심 속에 개관하였으나 운영상의 문제로 6년 만에 문을 닫게 되었다. 이외에도 여러 사립도서관들이 예산 등과 관련한 문제로 폐관하는 경우가 적지 않았다. 그러나 국가가 도서관을 지원하기 시작한 이후 문을 닫은 도서관은 거의 없는 것으로 나타난다.

들어졌다. 사서직을 독립직군으로 분류한 것은 도서관 업무의 전문성을 인정한 것이며 동시에 도서관 업무를 국가 공무원 임용체계 안에 공식화한 것이라고 할 수 있다. 이 시기 사서직은 최상위직급이 3급 을류(현 5급)에서 최하위직급이 4급 갑류(현 6급)의 독립된 직군 속에 중간 수준의 지위를 확보하고 있었다.[153] 1973년 3월에는 종전의 지방공무원임용령을 개정하여 지방공무원제도에도 사서직열을 신설함으로써 도서관에 근무하는 인력의 전문성을 제도를 통하여 인정하였으며, 공무원법안에 그 지위를 정함으로써 공무원 내에서 이들의 지위를 확고히 하고자 하였다.[154]

국립도서관의 활발한 활동 또한 도서관 영역에 대한 국가 역할 강화의 한 측면을 보여주었다. 국립도서관은 공립 공공도서관이 점차 증가하던 상황에서 공립 및 민간도서관 활동의 지도·지원영역에서 매우 중요한 역할을 담당하였다. 1946년 '국립조선도서관학교'라는 이름으로 한국 최초의 사서 양성 전문 교육기관을 국립도서관 관할 아래 설립하였으며, 한국전쟁 이전까지 총 5회에 걸쳐 77명의 학생을 배출하였다. 다른 한편으로 현직에 종사하는 도서관 사서들의 재교육과 도서관 설립을 희망하는 사람들을 위해 국립도서관과 조선도서관협회가 공동으로 '도서관사업강습회'를 조직하여 도서관 운영에 관한 내용을 교육하였다.[155] 이처럼 국립도서

---

153) 김포옥, 위 글(1990), 85-86쪽.

154) 단일직군으로 사서직이 신설된 것에 대해서, 그것이 다른 직군보다 낮은 직급을 가진다는 점에서 비판하는 의견도 적지 않다. 그러나 사서의 업무를 법상에 단일직군이라는 형태로 규정하였다는 것은 분명히 업무의 전문성을 인정하고 그 업무를 담당하는 사람의 지위를 확고히 하고자 하는 조치로 이해될 수 있다.

155) 이 활동은 한국전쟁으로 중단되었다가 1954년 국립도서관에서 '도서관사업강습회'를 다시 개최하게 되었다.

관은 새로이 도서관을 설립하려는 학교, 개인들에 대해서도 설립에 필요한 운영상의 관리 방법 등을 지도하는 역할을 수행하는 한편, 지방의 각 도서관들과 긴밀한 연락을 통해 도서관 운영상의 문제점에 대한 자문을 제공하기도 하였다.[156) 도서관 운영에 필요한 전문 인력을 양성하기 위해 국립도서관과 한국도서관협회가 마련한 일련의 프로그램들은 도서관 발전에 큰 영향을 미쳤다.

4.2.3. 도서관 영역의 제도화

광복 이후의 도서관 발전이 국가의 직접 개입과 밀접한 관련을 맺으면서 나타난 가장 중요한 특징은 도서관 영역이 점차 제도화의 길을 걷게 되었다는 사실이다. 도서관 영역의 제도화는 크게 세 방향으로 이루어졌다.[157) 첫째 도서관 영역에 대한 공공정책의 개입이 본격화되었다. 식민지시기 도서관은 일제에 의해 설립된 관립 공공도서관과 조선인에 의해 설립된 민립 공공도서관으로 구분할 수 있었다. 이러한 상황에서 당시 국권을 빼앗긴 조선사회는 민립 공공도서관을 통하여 민족을 계몽하고 계몽된 힘으로 국권을 되찾으려는 노력을 기울였다. 당시 일제는 조선교육령이나 조선총독부도서관을 통하여 도서관에 대한 일관된 지배를 실현하려고 하였으나, 이러한 의도는 주로 관립 공공도서관을 통하여 수행되었으

---

156) 이연옥, 위 글, 42쪽.

157) 도서관에 대한 국가의 개입은 시설로서의 도서관뿐만 아니라 도서관을 둘러싼 제반 환경, 제도, 활동들에 국가의 관여가 이루어졌다는 것을 뜻한다. 이런 의미에서 이 글에서는 도서관보다 도서관 영역이란 표현을 사용하였다.

며, 큰 규모의 민립 공공도서관이나 수많은 소규모의 민간도서관을 통한 조선인의 교육 계몽운동에는 큰 영향을 미치지 못하였다. 이와 같은 상황 아래서 조선인에 의한 도서관 활동은 애국 계몽이라고 하는 큰 대의 아래 국가권력으로부터 일정한 자율성을 가지면서 이루어질 수 있었다.

그러나 광복 이후 일제시기의 관립, 민립 공공도서관들이 시립, 군립 등 공립 공공도서관의 체계 안으로 편입되면서 도서관과 국가의 관계는 서로 의존하는 관계로 변화되었다. 전쟁으로 인한 피폐한 사회 상황에서 도서관 시설, 장서, 인력 등의 절대 부족은 국가에 의한 지원을 강력하게 요구하였다. 또한 근대 국가 건설을 위해 교육받은 다수 인력 자원의 확보가 무엇보다 필요하였던 국가로서는 도서관 활동에 대한 지원을 통하여 그러한 능력을 가진 인재를 육성해야 할 필요성을 느끼고 있었다. 이러한 도서관의 요구와 국가의 필요성을 배경으로 하여 도서관 영역에 대한 국가의 개입이 이루어지게 되었다.

도서관 영역의 제도화는 도서관과 관련된 영역, 곧 시설, 운영, 활동들이 법이나 정책을 통하여 한 사회의 운영 체제 안으로 편입된다는 것을 의미한다. 이러한 제도화는 한편으로 체제 안으로 편입된 영역에 대한 지원의 근거를 마련해 주면서 다른 한편으로 제도를 통하여 규정된 사항들에 대한 규제의 근거를 동시에 제시한다. 이런 점에서 도서관 영역의 제도화는 한편으로 도서관의 안정된 발전을 가져오는 토대로 작용하였지만 다른 한편으로는 도서관이 자율성을 가지고 발전하는 측면에서는 많은 제한을 가져오기도 하였다. 한 보기로, 공무원법에 의거, 도서관에 근무하는 인력은 사서직이라고 하는 단일직군으로 분류되어 그 위치가 법률체계 안에 인정됨으로써 안정된 기반을 확보할 수 있었지만, 다른 한편으로 사서직으로 종사하는 인력은 법에서 정한 직급 이상으로는 승진할 수 없게 되는 제한이 뒤따르게 되었다. 또한 도서관 발전을 지원하기 위한 도서관법은 도서관이 그 목적을 달성하기 위하여 필요한 "건물, 도서관자료, 열람 시설 및 기타의 시설"을 갖추어야 한다고 규정함으로써 도서관의 내실화를 다지려고 했지만, 다른 한편으로 이러한 규정은 민간영역에서의 자유로운 도서관 설립 활동을 규제함으로써 도서관 발전을 저해하는 요인으로도 작용하였다. 이와 같이 도서관 영역의 제도화는 도서관 영역에 있어서 발전의 토대와 규제의 근거를 동시에 제공하였다.[158]

둘째, 도서관 영역의 제도화는 도서관의 사회교육 기능이 더욱 강조되는 환경을 조성하였다. 정부 수립 당시인 1948년 7월의 정부조직체계에서 도서관 업무는 문교부 문화국 안의 성인교육과에서 이루어졌는데 이러한 경향은 1970년대까지 지속되었다. 4공화국 시기인 1970년대 공공도서관은 지역사회 개발, 정신 계몽교육에 목표를 둔 사회교육정책의 일환으로 관리되었으며, 새마을 교육과 인력 양성을 위한 사회교육의 중요한 시설로 활용되었다.

도서관 운영이 교육 기능에 초점이 맞추어진 것은 이 시기에 새롭게 나타난 현상은 아니다. 일제시대 조선인에 의해 설립된 도서관의 핵심 기능 또한 교육을 통한 민중의 계몽이었다. 당시의 교육은 일제 식민지로부터의 독립을 궁극의 목표로 한 것이었으며

---

158) 1969년 한국출판금고의 설립과 문화공보부가 1970년을 출판진흥의 해로 규정하는 등 출판 산업 육성 정책이 활기를 띠었지만, 다른 한편으로 이념 도서 등에 대한 탄압과 금서 목록의 작성 등을 통하여 사회비판의 출판물에 대해서는 강력한 통제를 가하였다.

따라서 교육과 계몽을 통하여 다수 민중을 비판능력을 갖춘 공중으로 성장시키는 것이 최종 목표였다고 할 수 있다. 그러나 광복 이후 '계몽'의 초점은 교육을 통한 개개인의 비판능력 성장에 두어지기보다는 새로운 사회의 건설에 필요한 '교육받은 국민'으로서의 역량을 키우는 데 맞추어져 있다는 점에서 중요한 차이를 보인다. 국가는 개인의 자기 통제능력을 향상시킴으로서 직면한 많은 상황들 - 문맹률, 빈곤, 전근대의 생활 방식 등 - 을 해결하고자 하였으며 이러한 목표를 위하여 개인에 대한 교육을 강조하였다. 그러나 그러한 교육을 통하여 자신과 사회에 대한 성찰력을 강화시키는 것까지는 의도하지 않았다.

일제시기와 광복 이후 도서관에 대한 이와 같은 '계몽' 시각의 차이는 외형상으로는 같은 것으로 보이지만, 내면상으로는 전혀 다른 두 지향점을 갖는다. 곧 광복을 목표로 하는 계몽은 교육을 통하여 행위 주체의 역량과 자율성을 최대한 향상시킴으로서 그 궁극의 목표를 달성하려고 하였지만, 개인의 성찰능력을 향상시키는 것에까지 나아가지 못한 계몽은 '제한된' 의미에서의 개인의 역량 강화를 추구하였다. 따라서 일제시대 도서관 운동에서 나타난 계몽에서는 행위 주체가 교육에 의한 학습능력과 비판 역량을 함께 갖추어야 할 통합된 대상으로 인식되지만, 광복 이후의 계몽에서 개인은 비판능력보다는 국가 건설에 이바지할 수 있는 '도구로서의 지식'을 갖춘 인력으로 주로 인식되었다.[159]

---

159) 일제시대에 강조된 계몽은 '의사소통 합리성'의 확대를 목표로 한 것이었지만, 광복 이후의 계몽은 '도구 합리성'의 증진에 목표를 둔 것이었다고 할 수 있다. 하버마스는 이를 실천 합리성과 기술 합리성으로 설명하고 있는데 이와 관련해서는 박영신, 「사회학 이론과 현실인식」(민영사, 1992), 328 - 329쪽 볼 것.

셋째, 도서관 영역의 제도화는 도서관과 관련된 국가와 민간영역의 이해관계를 조정할 새로운 영역이 출현하는 배경으로 작용하였다. 광복 이후 대부분의 공공도서관이 공립 공공도서관으로 구성되고 도서관 운동의 많은 부분이 국가영역과 직·간접으로 연계되면서 국가와 도서관 관련 민간영역 사이에 제3의 영역이 새로이 등장하였는데, 이 영역은 한국도서관협회와 많은 관련 단체들을 중심으로 한 '도서 관계'라고 하는 이름으로 불리워졌다.

도서관 활동에 있어서 국가와 민간영역의 구분이 모호해지기 시작한 것은 일제시대 도서관 활동을 활발하게 전개하였던 다수의 인력들이 광복 이후 도서관의 활동을 위해 국·공립도서관체계 안에 편입되면서부터이다. 일제시대에는 국가의 영역 밖에서 민립 공공도서관 운동을 활발하게 전개하였던 많은 인물들이 광복 이후 국립도서관과 대다수 공립 공공도서관에서 활동하게 되고, 또한 민간영역에서 활동하던 많은 단체들이 국가의 직·간접 지원체계 안으로 편입되면서 도서관을 중심으로 일제시대부터 내려오던 국가와 민간영역의 대립은 근본부터 새로이 구성되기 시작하였다. 이러한 재구성의 과정에서 도서관을 중심으로 국가와 민간영역을 매개하는 새로운 공간으로 '도서 관계'라는 무형의 영역이 자리를 잡아가기 시작하였다. 도서 관계는 도서관에 관계되어 있는 개인, 단체, 기관 등을 총칭한 것으로 여기에는 한국도서관협회를 중심으로 하는 대다수의 도서관 종사자들과 국립중앙도서관과 같은 국가기관 종사자, 도서관 관련 학계 종사자, 도서관 운동단체들이 모두 포함된다. 이 가운데서 한국도서관협회는 광복 이후부터 도서 관계를 대표하는 역할을 수행해 왔는데, 한편으로는 국가의 도서관 정책에 강력한 영향력을 행사하는 기관으로, 다른 한편으로 도서관 및 도서관 관련 종사자들을 교육하는 기관으로서 중요한 역할을 담당하였다.[160]

한국도서관협회는 1963년 도서관법의 제정과 1967년 공공도서관설치 5개년 정부 계획 수립에 중요한 역할을 담당하였다.[161] 이처럼 중요한 역할을 수행한 한국도서관협회는 외형상으로는 민간단체의 형식을 취하고 있지만 실제로는 국가영역과 매우 밀접한 관련을 가지고 있다. 이것은 한국도서관협회의 회원 구성과 관련된 부분에서 잘 나타난다. 한국도서관협회의 회원 가운데에는 사립 공공도서관이나 사립학교, 사립 대학도서관 종사자들이 있기는 하지만, 대부분은 공립 공공도서관이나 공립학교도서관, 국·공립 대학도서관 종사자들이 차지하고 있다. 우리나라의 모든 도서관 중에서 학교도서관이나 대학도서관이 차지하는 비중이 90%를 전후하고 있다는 사실을 감안하고, 학교나 대학은 국가나 지방자치단체가 설립한 것이 큰 비중을 차지하고 있다는 사실을 고려하면, 한국도서관협회의 구성회원 대부분은 국가영역에 소속된 공립도서관 종사자들임을 알 수 있다.

---

160) 한국도서관협회는 설립 초기부터 도서관의 보급과 설립, 경영 지도, 도서관 실태 조사 연구, 사서직의 교육과 연수, 독서운동, 각종 서지 간행 사업을 실시하는 등 국립도서관과 함께 광복 이후 도서관이 당면한 문제의 해결을 위한 다양한 활동을 전개해 나갔다.

161) 정부에서 도서관 관련 발전계획으로는 처음 공식으로 발표한 '공공도서관설치 5개년 계획' 또한 한국도서관협회에서 제안된 사항에 기초하여 만들어졌다. 1966년 5월 개최된 제1회 '전국공공도서관회의'에서는 '전국 시·군·구 단위 공공도서관 설치 3개년 계획안'을 작성하여 청와대와 문교부를 비롯하여 이 계획에 영향을 미칠 수 있는 각 계에 발송하였다. 그 결과 문교부는 '도서관 정책 수립실무위원회'를 구성하여 이 제안을 검토하고 후에 '공공도서관설치 5개년 계획'으로 확대 발표하였다. 이와 같이 국가정책에 직접 영향력을 행사하는 방식 이외에도 마을문고운동, 독서운동과 같은 활동들을 통하여 도서관 발전 및 독서진흥을 위한 다양한 활동을 주도해 나갔다.

이처럼 국가가 설립한 공립도서관들을 중심으로 구성되었음에도 불구하고 한국도서관협회는 민간 기구로서 국가의 도서관 정책을 비판하고 견제하는 기능을 충실히 수행하였다는 점에서 중요한 특징을 가진다. 곧 완전히 국가에 소속된 기구도 아니면서 동시에 민간영역의 도서관들만으로 구성된 협의체도 아닌, 국가와 민간영역 사이에 존재하는 제3의 영역을 차지하면서 한국도서관협회는 민간영역과 국가영역의 사이를 매개하고 조정하는 역할을 수행하였다.

광복 이후 전개된 이와 같은 도서관의 제도화 과정은 도서관에 대한 사회의 관심이 이제 행위 주체로서의 개인에게서, 그러한 개인을 만들어낼 제도의 영역으로 전환되었음을 드러내준다. 도서관 발전과 관련된 정책과 계획들은 도서관 발전을 위한 지원제도의 구축에 초점이 두어졌으며, 시설, 인력, 재정, 장서와 같은 도서관의 구성 요소들이 도서관 발전의 핵심 주제들로 자리 잡게 되었다. 그리고 이 과정에서 개인을 향해 있던 비판의 관심은 점차 도서관 환경과 제도에 대한 담론의 형태로 다루어지게 되었다.

4.3. 공공영역의 변화

4.3.1. 비판적 관심으로부터 계몽의 분리

개화기를 전후하여 근대 도서관 사상이 도입된 초기에 공공도서관은 개인의 주체성과 역량에 대한 변화된 인식에 기반한 근대의 상징화된 공간으로 작용하였다. 도서관은 이전 시기 부녀자들과 같이 '숨어서' 책을 읽는 계층이 공개로 공공의 영역에 등장할 수 있는 환경을 조성하였으며, 학생이나 농·공·상업 계층, 기타 다양한 계층의 사람들이 직업이나 학력에 관계없이 모두 동등하게 한자리에 모일 수 있는 공간을 제공하였다. 뿐만 아니라 이 공간에서 개인은 비로소 단순히 강제되어야 할 대상이 아니라 그 자율성이 보호되고 육성되어야 할 존재로 인식되었다. 이러한 개인에 대한 인식의 변화는 도서관이라고 하는 공간을 행위 주체의 자율성과 역량을 강화하는 중요한 도구로 활용하게 하였다.

그러나 이러한 개인의 역량과 비판능력에 대한 관심과 강조는 광복 이후 직면한 수많은 사회의 문제 상황들을 극복하기 위한 사회의 과제로 초점이 변화되면서 약화되기 시작하였다. 도서관을 둘러싼 담론에서 '시민'이란 개념이 새롭게 강조되기 시작한 것은 이러한 초점의 변화를 보여준다. 보기로, 산업화 시대에 대학도서관은 "학생으로 하여금 민주 사회에 있어서 좋은 시민이 되도록 조력하는 기관으로서의 성격과 사명"을 가지는 것으로 규정되었으며,[162] 공공도서관은 "우선 시민이 쉽게 접근할 수 있는 자유롭고 민주주의적 분위기를 조성하고 모든 절차 수속을 간소화하며 시민을 위한 가능한 문화적 행사를 열어서 도서관으로 하여금 '시민의 집'이라는 인상을" 주도록 운영되어야 한다는 인식이 널리 퍼졌다.[163]

시민이란, 한 명의 주체로써 자신에게 부여된 권리와 의무를 충

---

162) 김규숙, 위 글, 123쪽.
163) 김세익, "지역사회의 문화센터로서의 공공도서관", 「도서관」 통권 155호(국립중앙도서관, 1971년 4월), 3쪽.

실히 수행하는 존재를 가리킨다. 따라서 시민으로서의 개인은 자율성과 주체성, 그리고 자신과 사회에 대한 성찰의 능력에 터하여 자신의 권리와 의무를 행사하는 존재라고 할 수 있다. 그러나 산업화 시대 도서관을 둘러싼 시민에 대한 담론은 '시민의 자질' 또는 '시민으로서의 교양'을 강조하면서, 권리를 가진 개인보다는 기능 측면에서 사회에 의해 요구되어지는 책임을 가진 존재로써 접근되었다. 이러한 이유에서 공공도서관은 "지역사회의 중요한 사회교육기관으로서 …… 시민적 교양에 이바지하여야 하며 …… 청소년의 선도를 위하여 …… 그 건전한 운영이 절실하게 요망"되었다.[164]

이러한 인식은 식민지시기 도서관에 대한 이해에서 행위 주체의 자율성이 어떻게 인식되었는지와 비교하여 볼 때 매우 중요한 변화를 보여준다. 식민지시기에 도서관을 둘러싸고 행위의 주체에게 주어진 관심은, 식민 지배로부터의 해방이 개인의 자율성과 역량을 강화하는 것으로부터 시작되어야 한다는 인식에 기반하였다. 따라서 계몽의 과정 자체가 곧 비판이며 저항의 과정으로 인식되었고, 사사로운 개인을 계몽된 공중으로 성장시키는 것이 도서관이 사회의 모순에 대하여 비판 기능을 수행하는 것으로 인식되었다. 그러나 광복 이후 계몽 활동은 개인의 비판 역량 강화와는 관계없이 이루어졌으며 그 과정에서 비판에 대한 관심과 계몽에 대한 관심의 분리 현상이 나타나기 시작하였다.

비판 관심으로부터 계몽의 분리는 도서관이라고 하는 시설이 이용자들의 의사소통 활동을 주목적으로 하는 공간이라기보다는 하

---

164) 김규숙, "도서관의 기능은 확대되어야 한다", 「도서관」 통권 115호(국립중앙도서관, 1967년 3월), 630-631쪽.

나의 기능 공간, 곧 근대화에 필요한 지식능력을 갖춘 인력을 배출하기 위한 단순 교육 공간으로 그 의미가 축소되었다는 것을 의미한다. 계몽 활동은 개인의 주체성과 자율성에 대한 인식에 기반하여 아래로부터 곧 개인 스스로로부터 출발하게 하는 것이 아니라, 근대 시민이라고 하는 이미 규정되고 목표된 모델에 기초하여 위로부터 교육되는 것으로 출발하게 되었다.

4.3.2. 도서관 이용의 개인화

일제시대 사사로운 관심을 공공의 영역으로까지 확장시키는 역할을 담당하였던 도서관은 광복 이후 점차 사사로운 목적을 위해 활용되는 공간으로 이용되기 시작하였다. 그 결과 '도서관의 공부방화'라고 하는 현상이 점차 두드러지게 나타나게 되었다. 1960 - 70년대 한국 사회의 도서관이 주로 이용자들의 공부방으로 활용되었다는 사실은 다음의 글에 잘 나타나 있다.

> 도서관학과 대학원 학생에게 우리나라에서 가장 우수한 어느 시립도서관에 가서 지난 1년 동안의 열람자의 실태조사를 시켜보았더니 전 열람자의 90퍼센트 이상이 학생이고 또 그 90퍼센트 이상이 불견 열람자 즉 도서관에 비치된 자료를 이용하는 것이 아니라 자기 책을 가지고 가서 도서관의 열람실을 공부방으로 쓰고 있다는 사실을 알게 되었다.[165]

이러한 현상은 크게는 일제시대 관립 공공도서관의 운영체계를 그대로 이어받은 해방 후 공공도서관체계에서 비롯된다. 일제시대

---

165) 김세익, 위 글, 3쪽.

의 관립 공공도서관은 민립 공공도서관과 달리 도서관의 이용에 있어서 많은 제약을 가하였다. 그 중에서 학생들이 교과서 이외의 자료들을 접하지 못하게 한 조치는 도서관의 공부방화 현상을 초래한 직접 원인으로 작용하였다. 일제는 사상 통제의 목적으로 초·중·고등학생들로 하여금 교과서 이외의 자료들을 읽는 것을 금지하였다. 보기로, 1916년 6월 30일자 조선총독부통감의 교과용 도서 관련 통첩은 "두뇌 연약하고 사고의 힘이 아직 성숙치 못한 (학생들의) 사상을 혼란케"하는 서적들이 많이 발행되는바, "학교는 될 수 있는 대로 생도에게 잡서를 구독시키지 않은 방침을 취하고 그리고 교육상 특히 유해한 도서류로 인정될 시는 그때마다 도서명, 저자 및 발행소명 등을 보고할 것"을 요구하고 있다.[166]

이러한 환경에서 가장 많이 도서관을 이용하였던 학생 계층은 도서관을 교과서와 참고서 등 자신의 자료를 가지고 와서 공부하는 공간으로 주로 이용하게 되었다.[167] 이와 같은 교육 및 도서관 운영체계가 광복 후 그대로 공립 공공도서관체계로 흡수되면서 광복 이후에도 자습 공간으로써의 도서관의 모습이 계속해서 나타나게 되었다. 도서관의 "주 대상이 사회 성인층"임에도 불구하고 "주로 (학생들의) 시험 준비 장소로 인정되고 있다는 사실"에 대한 지적은 이러한 광복 직후 도서관의 모습을 보여준다.[168]

---

166) 조선교육회, 「조선교육법규례대전」(경성: 조선교육회), 231쪽.

167) 이러한 사실은 일제시기 도서관 이용에 대해 언급한 다음의 기사에 잘 나타나 있다. "인천부립도서관의 12월 성적은 …… 학생이 전부의 8할 이상에 달하는바 학생은 흔히 자기 교과 복습실로 이용하기 위한 까닭에 도서관 서적을 이용하지 아니하므로 ……" 동아일보, 1925년 1월 14일 3면.

168) 김영문, "도서관과 성인교육 – 사용과 이용에 있어서", 「文苑」 31호(국립도서관, 1948년 9월) 도서관을 자습실로 이용하고 있는 현상에 대하여 외국의 도서관 관계자는 두 가지 원인을 지적한 바 있다. 하나는 각급 학교 및 관공서에서 시험에 합격하는 일을 강조하는

도서관의 공부방화가 일제의 사상 통제의 영향과 비서적 중심의
교육 방법에서 출발하였다고 한다면, 광복 이후 도서관 영역에 대
한 국가의 개입은 또 다른 측면에서 그러한 경향을 강화시키는 배
경으로 작용하였다. 광복 이후 도서관은 국가의 관리 체제 안에
편입되면서 국가정책의 일부로 지원·육성되었다. 도서관이 설립
될 때에는 일정한 시설을 갖추게 하고, 도서관에 근무할 인력으로
일정한 수 이상의 전문 인력을 배치하게 하며, 국가와 지방자치단
체로 하여금 도서관 설립을 지원케 함으로써 도서관의 외형상 기
반은 광복을 전후한 시기와 비교하여 매우 안정된 토대 위에 구축
되게 되었다.

그러나 이러한 외형상의 발전에도 불구하고 도서관의 이용과 관
련하여서는 여전히 많은 제약이 뒤따랐다. 사회 체제의 안정을 기
한다는 명목으로 금서 목록을 통하여 사상의 통제가 시도되었으며,
도서관 이용 환경의 개선과 장서 훼손의 방지를 이유로 도서관 이
용료를 징수하고 도서 이용을 폐가제로 운영함으로써 도서에 대한
이용자의 자유로운 접근이 제약되었다. 또한 법과 제도를 통한 도
서관 지원이 동시에 다른 한편으로 규제의 근거를 제공함으로써
사립 공공도서관과 같은 민간영역에서의 활동이 점차 약화되는 배
경으로 작용하였다.

도서관이 자료를 이용하려는 사람들에 의해 정보이용 위주의 공
간으로 활용되지 않고 주로 자기 책을 가지고 와서 공부하는 학생
이나 시험 준비를 하는 사람들에게 공부방으로 이용된 사실은 개

점이고 다른 하나는 많은 영세 가정에 있어서 정숙한 공부방이 부족하다는 점이다. 이와
관련해서는 김두홍·정필모(옮김), "아시아 8개국의 도서관 발전", 「발전도상국의 도서관」
(한국도서관협회, 1970), 59-60쪽 볼 것.

인의 관심이 사사로운 영역으로 후퇴하면서 나타난 현상이다. 이처럼 이용자들이 도서관을 개인의 사사로운 목적을 위해 활용하는 경향이 강화되었다는 것은, 이전 시기와 같이 자기 자신이나 타인들과의 의사소통 공간으로서의 역할을 도서관이 수행하지 못하였다는 것을 의미한다. 시험이나 학교 교과 수업을 위하여 참고서[169]를 중심으로 이루어지는 독서 활동은 그 과정을 통하여 자기 자신과의 대화를 가능하게 하는 공간을 만들어내지 않으며, 다른 사람과 자신의 느낌이나 생각, 의견을 나누고 논의할 수 있는 공간을 만들어내지도 않는다. 이런 환경에서 도서관은 도구 합리성이 지배하는 공간으로, 곧 이용자 자신의 성공만을 지향하는 행위를 강화시키는 공간으로 이용되었다.

매우 작은 것으로 보일지 모르는 이러한 강조점의 차이는 실제로는 도서관의 발전에 있어서 가장 중요한 차이를 가져오는 원인으로 작용하였다. 광복 이후 도서관이 국가의 설립의도와 달리 학생들의 공부방으로 이용되게 된 것은 비록 일제시대로부터 이어져 온 운영 및 이용상의 관성이 배경으로 작용한 것이기는 하지만, 그보다 더 중요하게는 도서관이라고 하는 공간을 개인의 지식 역량을 강화함으로써 사회의 발전에 도움이 되는 인력을 양성하는 공간으로 인식했던 것이 더욱 큰 요인으로 작용하였다. 이러한 환

---

169) 1961년 당시 공공도서관의 도서 중에서 참고서가 차지하는 비중이 매우 높았다는 사실은 부산의 한 사서과장의 다음과 같은 인터뷰에서 나타나고 있다. "…… 도서관에 가보니 광복 전의 일서가 중심을 이루고 있었으며, 국내 책이라고 해봐야 학생들 문제집이 99.9%였다". 뿐만 아니라 1960년대 도서관의 책 구입 과정에서도 학생들의 요구가 크게 반영되었다는 점이 다음의 인터뷰에 나타난다. "…… 열람자들이 바라는 책, 특히 중고생들에 초점을 맞추었다. 일반 시민들을 대상으로 해야 되는 데도 결국은 학생들의 공부방이 되어 버렸다". 이와 관련하여 김영기, 「부산지역 공공도서관 장서 형성의 사회사」(부산대학교대학원, 1999), 69쪽과 79쪽 볼 것.

경에서 이용자들이 도서관을 어떻게 이용하는가에 대한 관심보다
는 공급자 및 운영자 곧 국가가 어떻게 도서관을 더 많이 공급할
것인가의 문제에 집중하게 됨으로써 점차 이용자와 공급자의 관심
이 분리되는 방향으로 전개되게 되었다.

도서관의 공부방화 현상은 이러한 환경 속에서 점차 강화된 모
습으로 나타나기 시작하였다. 한편으로 사상 통제의 영향 아래 도
서관을 자습 공간으로 이용하였던 일제의 잔재와 다른 한편으로
도서관 이용자에 대한 강조보다는 도서관 공급자 중심의 정책이
실시되고 의사소통 합리성보다는 도구 합리성이 우위를 차지해가
는 상황 속에서, 도서관 이용자들은 도서관을 개인의 사사로운 목
적을 위한 공간으로 활용하는 경향을 강화하였던 것이다.

4.3.3. 비판 기능과 교육 기능의 분리

도서관이 누구나 평등하게 접근할 수 있는 영역으로, 그리고 신
분에 관계없이 모든 사람에게 개방된 공간으로 조성되었음에도 불
구하고, 광복 이후 비판능력을 갖춘 개인을 양성하기보다 개인의
사사로운 이해관계를 위한 공간으로 활용되는 경향이 더욱 강화되
었다는 점은, 공공의 영역으로 출발하였던 도서관이 점차 이원화된
구조로 발전하였음을 보여준다.

도서관의 이중 구조는 무엇보다 교육 기능과 비판 기능의 분리
라는 모습으로 나타났다. 국가와의 관계 속에서 도서관은 한편으로
는 안정된 발전 기반을 마련하고, 더욱 나은 서비스를 위한 환경

개선을 이루어온 반면, 다른 한편에서는 비판 기능이 약해지고 교육 기능에 대한 강조가 증가하면서 개인의 사사로운 영역으로의 복귀 현상을 경험하였다. 이러한 현상은 근대 공공도서관의 초기에 나타났던 비판 기능과 교육 기능의 통합된 수행이 분리되었다는 것을 의미한다.

도서관의 교육 기능이 광복 이후 특히 강조된 것은 피폐해진 사회를 새롭게 건설하는 과정에서 매우 필요한 일이었다. 근대화 과정에서 도서관을 사회교육 시설로서 활용하고자 했던 국가는 도서관이 문맹 퇴치와 정신 계몽활동을 통해 새 국가 건설에 기여할 인력 자원을 확보하게 하는 데 강조점을 두었다. 이에 따라 국가는 도서관을 개인의 지식 역량을 강화하여 사회 발전에 도움이 되게 하는 시설로 육성하였다. 특히 여전히 학교 교육을 받지 못한 인구가 적지 않은 상황에서 사회교육 시설로서 도서관의 중요성은 어느 때보다 강조될 수밖에 없었다. 도서관의 교육 기능에 대한 강조와 더불어 도서관에 대한 지원은 이전 시기에 비해 크게 증가되었다.

그런데 주목하여야 할 것은 도서관에 대한 이러한 교육 기능의 강조가 다른 한편으로 도서관의 비판 기능, 곧 성찰능력을 갖춘 개인을 통하여 사회에 대한 비판 공공담론이 형성되는 기능에 대한 강력한 억압과 함께 이루어졌다는 사실이다. 이와 같은 자유로운 의사소통 활동에 대한 억압이 어떻게 전개되어 왔는지는 광복 이후부터 지속되어 온 금서 기준을 통하여 살펴볼 수 있다.

제1공화국 시기의 금서 기준은 ① 공산주의 계열의 저작물, ② 월북(혹은 납북)한 좌익 문인들의 작품, ③ 공산주의 국가 출신의 작품, ④ 정치적 중립화 이론이나 학설을 다룬 저서/논문의 번역,

⑤ 지방색을 부추기거나 그의 주제를 다룬 소설 등이었다. 또한 제4공화국 시기에는 ① 공산주의 관계 도서로서 좌경, 용공서적, ② 폭력을 정당화하는 도서로서 라틴아메리카의 혁명 이론이나 마르쿠제 등의 네오마르크시즘 관계 서적, ③ 현실을 왜곡, 부정하는 사회 안정 저해도서로서 반체제 반정부적 비판 서적, ④ 음란, 저속도서 등으로 단속대상 서적이 77종에 이르렀다. 이러한 금서의 기준은 제5공화국 시기에 와서 더욱 확장되어 ① 반국가 단체와 국외 공산 계열의 활동을 찬양, 고무하거나 자유민주주의와 자본주의를 적대시하고 공산주의 이론을 동조, 찬양하는 내용, ② 공산주의 혁명 이론에 편성해 사회 폭력 투쟁과 노동 투쟁을 선동, 고무하는 내용, ③ 좌경 불온사상을 고취시키는 외국 사상서적의 불법 반입 및 이를 복사, 제작한 지하 간행물과 유인물, ④ 현실을 왜곡 비판하거나 허위 사실을 유포, 국가 사회의 안녕 질서를 해치는 서적과 유인물 등으로 확대되었고, 단속 대상 서적 또한 총 306종에 이르게 되었다.[170] 이러한 금서 기준은 공공도서관의 장서 선정 기준으로 작용하였으며, 공공도서관은 아예 그러한 도서들을 구비하지 않거나 또는 이미 구입한 경우 대출하지 않는 모습을 나타내었다.

문제되는 책은 아예 출판사에서부터 제재 받았다. 비슷한 다른 책도 도서관에서 미리 가려야 했다. 문제의 소재가 조금이라도 있다고 생각되는 책은 열람불가 도장을 찍어 열람과에 넘겼다.[171]

리영희의 책이나 출판사가 이상한 것, 풀빛이나 일월서각 등의 책은 골치 아프다 …… 괜히 그런 책을 서가에 꽂아 두었다가 문책 당하기 싫다 …… 문

---

170) 권영찬, 위 글, 106 - 109쪽.
171) 김영기, 위 글, 75쪽.

제될만한 책은 모두 들어내어서 시민도서관에 다 주어 버렸다.[172]

이처럼 자신과 사회에 대한 성찰능력을 강화함으로써 비판 공중으로 성장하게 하는 과정은 도서관 정책의 목적에서나 실제 운영에서 배제됨으로써 도서관은 단순한 사회교육기관으로 이용되었다.[173] 이러한 방식으로 이루어진 도서관에 대한 국가의 지원과 통제는 도서관으로 하여금 공공의 영역으로서 본래의 두 가지 기능, 곧 교육 기능과 비판 기능의 통합된 수행에 있어서 이전 시기와 차이를 가져오게 하였다.

광복 이후의 도서관에서도 여전히 문맹자를 위한 문맹 퇴치운동과 도서관 서비스가 미치지 못하는 지역을 위한 다양한 순회문고 활동, 농촌 책 보내기운동 등이 도서관을 중심으로 이루어진 것은 사실이지만, 이러한 활동은 일제시기와 달리 교육 기능과 비판 기능이 분리된 상태에서 전개됨으로써 이용자들로 하여금 도서관이라고 하는 공공의 영역을 자신의 사사로운 성공만을 위한 공간으로 활용하게 하는 경향을 강화시켰다.

한편, 이전까지 교육을 통한 비판이라고 하는 도서관의 비판에 대한 관심은 광복 이후 도서관이 국가의 체제 안으로 편입되면서 새로운 모습으로 전개되었다. 무엇보다 국가권력의 바깥에서 활동

---

172) 위 글, 112쪽.

173) 마을문고운동의 창시자였던 엄대섭은 이러한 현상을 교육의 두 가지 기능과 관련하여 설명하고 있다. 그에 따르면, 교육은 개념 형성과 태도 형성의 기능을 가지고 있는데 앞의 것은 지식을 교육하는 것이고 뒤의 것은 성격을 교육하는 것이다. 그런데 당시(1960년대) 일반 교육의 고질적 폐단은 개념 형성의 교육 곧 지식의 전달, 암기만의 교육에 초점이 맞추어짐으로써 더욱 중요한 태도 형성의 교육이 제대로 이루어지지 못하고 있는 것이라고 지적했다. 따라서 교육이 제 기능을 발휘하기 위해서는 태도 형성 교육과 개념 형성 교육이 통합될 필요가 있다고 주장하였다. 엄대섭, "공공도서관과 마을문고", 「도서관」 통권 105호(1966년 5월), 212쪽.

하였던 도서관 관계자들이 독립된 국가의 도서관 체제 안에서 활동하게 됨으로써 도서관을 둘러싼 비판 관심은 개개인을 사사로운 영역에서 공공의 영역으로 이끌어 내는 데에 맞추어지기보다는 법과 제도를 둘러싼 활동에 두어지게 되었다. 마을문고운동의 창시자인 엄대섭의 글에서 이러한 변화를 읽을 수 있다.

> 내가 정부의 자금보조를 받고자 문교부에 부지런히 출입하던 때였다. 1962년 6월 30일 아침, 문교부 관계자로부터 마을문고의 실물이 어떠한 것인지 모양을 보여 달라기에 당일로 문고함 하나를 지게로 지고 가서 문교부 현관에 두었다.[174]

이 글은 도서관을 둘러싼 활동에서 국가와의 관계가 매우 중요한 문제로 부상했음을 보여준다. 곧 광복 이후 도서관의 발전이 국가의 지원에 거의 대부분 의존하여야 했던 상황에서 도서관 발전을 위한 많은 관심과 활동들이 국가로부터 더 많은 지원을 받아 내기 위한 방향으로 전개되었음을 나타낸다. 그 결과 도서관을 둘러싼 비판 담론의 관심은 도서관을 통한 계몽의 방식과 내용에 두어지기보다는 도서관을 둘러싼 국가의 지원과 관련 제도 부분에 두어지게 되었다. 이처럼 교육 기능과 비판 기능이 개인과 제도의 차원으로 분리됨으로써 도서관이라고 하는 공공의 공간은 한편으로는 매우 사사로운 목적을 위하여 이용되는 공간으로 변화하면서 다른 한편으로 비판 담론은 이용자에 대한 강조에서 벗어나 도서관을 둘러싼 환경 개선이라고 하는 제도 차원에 집중하게 되었다.

---

174) 엄대섭, "농어촌에 심는 독서의 씨앗: 마을문고설치 일만개를 돌파하고", 「신동아」 1968년 7월호, 253쪽.

제 5 장

1980 - 90년대 도서관 공공영역의 중층화

도서관 영역에의 국가 개입은 도서관의 발전에 큰 영향을 미쳤다. 도서관의 수가 급격히 증가한 것은 물론 도서관 자료와 재정, 인력 등의 분야에서 안정된 토대를 갖게 되었다. 도서관의 발전은 법과 제도의 정비를 통한 국가정책으로 뒷받침되었으며, 이러한 상황은 도서관 관련 민간영역의 활동을 활성화시키는 환경을 조성하였다. 이처럼 다양한 활동들은 주로 근대 공공도서관이 설립될 당시의 이념, 곧 누구에게나 개방된 공간으로써 지식 정보에 대한 평등한 접근권을 보장하고, 더욱 자유롭게 자료를 이용할 수 있도록 이용자의 편의성을 돕는 방향으로 전개되었다.

이처럼 거시 수준에서 도서관 발전을 위한 국가와 민간영역의 다양한 노력들이 활발하게 이루어진 반면, 미시 수준에서는 도서관이 이용자 개인의 사사로운 목적에 한정되어 이용되는 경향이 더욱 강화되었다. 이러한 경향은 도서관에 대한 인식 관심과 도서관이 수행해야 할 변화된 역할의 강조와 더불어 도서관이라고 하는 공공의 영역이 서로 분리되고 또는 중첩되는 형식으로 중층화되는 결과를 가져왔다. 이 장에서는 도서관 발전 과정에서 나타난 이와 같은 현상을 자세히 분석하고 이것을 공공영역의 중층화라는 관점에서 다루어 본다.

5.1. 도서관 정책의 강화와 공공담론의 활성화

5.1.1. 도서관 정책의 강화

1980년대와 1990년대는 도서관 영역에 대한 국가의 개입이 더욱 확장·강화된 시기였다. 이 시기에 1963년 제정된 도서관법은 3차례에 걸친 전면 개정과 도서관진흥법, 도서관및독서진흥법으로 발전되었다. 뿐만 아니라 1987년을 앞뒤로 활발하게 전개된 사회 민주화의 과정에서 도서관을 둘러싼 많은 단체들이 조직되었고, 이들을 중심으로 도서관을 발전시키기 위한 다양한 노력들이 활발하게 전개되었다. 이처럼 변화된 환경 속에서 도서관이라고 하는 영역은 한편으로는 국가정책의 중요한 대상영역으로 자리 잡아 갔으며, 다른 한편으로는 이를 둘러싼 많은 공공담론의 중요한 주제이자 대상으로 발전하여 갔다.

5.1.1.1. 도서관의 발전

　1981년부터 1990년까지 10년간 공공도서관은 총 111개 관이 증
가하였다. 이것은 1960년대 초부터 1979년까지 20년간 총 101개
관이 증가한 것과 비견되는 것으로써 국가의 지원을 통하여 공공
도서관이 급속한 증가를 이루었다는 사실을 보여준다.

<표 10> 공공도서관 현황(1981 - 1995)

연　도	도서관 수	직원 수	장서 수	예산(단위: 원)
1981	121	1,471	2,574,683	6,914,251
1984	143	1,970	3,629,984	6,408,803
1986	169	2,338	4,375,005	14,648,432
1987	176	2,571	4,971,737	18,138,355
1988	176	2,591	5,462,667	12,926,398
1989	196	2,995	5,975,604	34,345,479
1990	232	3,360	7,049,884	33,392,680
1991	263	3,814	7,716,403	55,743,353
1992	274	4,024	8,757,282	67,759,150
1993	278	4,322	15,585,711	82,607,942
1994	280	4,474	11,352,353	96,890,472
1995	305	4,685	13,241,240	116,666,733

※ 출처: 한국도서관협회. 「한국도서관통계」

　공공도서관의 발전은 단지 시설 수에 있어서만 증가한 것이 아
니었다. 장서와 직원의 규모도 크게 증가하였는데, 1981년 공공도
서관 총 직원 수가 1,471명이었던 것이 1995년에는 4,685명으로 3
배 이상 증가하였으며, 장서 또한 257만 책에서 1,324만 책으로 5
배 이상 증가하였다. 이것은 직원 수가 1관당 12.7명(1981년)에서
15.4명(1995년)으로, 그리고 장서 수는 1관당 21,278권(1981년)에서

43,413권(1995년)으로 증가한 것이다.

이러한 발전은 도서관이 기존의 교육정책영역에서 문화정책의 영역으로 확장되는 과정과 긴밀히 연계되었다. 이전까지 교육정책의 한 부분으로 여겨져 오던 도서관 정책 분야는 1980년대부터 문화정책의 일부로 생각되는 경향이 나타나기 시작하였다. 1981년 '새문화정책'은 문화정책의 영역 안에 도서관을 포함시켰다. 이 정책은 사회교육과 지역사회 문화공간으로서 도서관의 역할을 강조하면서 공공도서관의 확충과 활성화를 목표로 제시하였다. 그 가운데에는 대도시에 중추 도서관을 설립하고, 시·군·면에는 1개 관 이상의 도서관을 설립하여 도서관의 확충과 협력체계를 구축하는 내용이 포함되었으며, 이러한 계획에 근거하여 1981년부터 1987년까지 총 95억 원의 예산이 도서관 설립 분야에 지원되었다.

1980년대 중반부터는 도서관에 대한 국가의 정책이 조금씩 구체화된 형태로 나타나기 시작하였는데, 1986년 대통령 국정 연설에서 도서관의 발전에 관련한 내용이 언급된 것을 비롯하여, 1986년 발표된 '경제사회발전 5개년 계획'에 도서관 건립 계획이 구체화되어 명시되기에 이르렀다.[175] 또한 1987년에는 24년 만에 도서관법이 전면 개정되었으며, 1991년 도서관진흥법 제정, 1994년 도서관및독서진흥법 제정 등 법을 통한 도서관 환경 개선 사업이 계속하여 추진되었다. 도서관의 규모가 외형이나 내실 면에 있어서 크게 발전한 것은 이와 같은 도서관 관련법과 제도를 통한 국가의 계속

---

175) 제6차 경제발전 5개년 계획은 문화정책의 위상에 큰 변화를 가져왔다. 곧 이전의 문화정책이 문화담당 부처에 국한된 계획이었다고 한다면, 제6차 경제발전 5개년 계획은 범 정부의 발전 계획안에 문화부문이 포함되었다는 의미가 있다. 따라서 이 시기는 문화발전 계획을 시행하기 위해 범 정부 차원의 관심과 지원이 적극으로 이루어졌다.

된 지원과 보완이 있었기 때문이다.

5.1.1.2. 도서관 행정체계의 변화

국가의 도서관 영역에 대한 개입이 점차 확장되고 강화됨에 따라 도서관 업무를 담당할 행정조직 또한 변화를 겪게 되었다. 도서관 담당 행정조직은 일제의 식민지시기 이래 계속해서 변경되어 왔다. 일제시대의 도서관 담당 행정조직이 주로 '교화'의 업무를 담당하는 '사회교육과'에서 이루어졌다면, 이러한 관행은 광복 이후에도 지속되었다. 광복 이후 도서관 업무는 미 군정청 학무국 내 문화과에서 담당하다가 문교부 문화국 성인교육과로 이관되었으며, 1980년대에는 문교부 내 '사회교육제도과'에서 담당하게 되었다.

도서관 행정이 큰 변화를 경험하게 된 것은 1990년 1월 문화정책을 전담하는 독립된 행정부서인 문화부가 생겨나면서부터이다. 그동안 줄곧 교육정책의 한 부분으로 성인교육을 중심으로 하는 사회교육의 차원에서 접근되었던 도서관 정책은 문화부의 설치와 함께 문화정책의 한 분야로 포함되게 되었다. 도서관 정책이 문교부에서 문화부로 이관되었다는 것은 도서관이라는 시설에 대한 인식이 교육 시설에서 점차 문화 시설로 바뀌어가도록 하는 계기를 마련하였다는 점에서 중요한 의미를 가진다. 도서관은 일제시대 이래로 '계몽'을 목적으로 하는 사회교육 시설로 인식되었다. 일제시대에는 계몽을 통한 저항의 수단으로서, 산업화 시기에는 교육을 통한 근대 시민 양성의 도구로서 규정되어 왔던 도서관의 성격은, 이 시기 들어서면서 '삶의 질'이라고 하는 추상화된 목표를 위한

문화 시설이라는 측면에서 접근되었다.[176]

이러한 변화에 따라 도서관은 문화정책의 핵심 분야 중 하나로 자리 잡으면서, 1990년 10월 공공도서관 및 각종 도서관의 정책과 행정을 담당할 전담부서인 '도서관 정책과'가 문화부 '문화정책국' 내에 설치되기에 이르렀다. 이것은 도서관만을 전담하는 독립된 행정단위가 설립된 것으로 문화부의 설립과 함께 문화정책의 핵심 분야 중 하나로 도서관 영역을 인정했다는 것을 의미한다. 이후 1993년 3월 문화부가 체육청소년부와 통합하여 문화체육부로 그 명칭이 변경되면서, 도서관 정책과는 문화정책국에서 어문출판국으로 소속이 이전되었다가 1994년 5월 어문출판국을 폐지하고 문화산업국을 신설하는 등 조직 개편 과정에서 다시 생활문화국으로 이관되었다. 그러다가 1994년 12월 23일 '박물관과'와 통합됨으로써, '도서관박물관과'라는 이름으로 조정되었다.[177]

도서관 업무를 담당할 행정 부서가 계속해서 소속을 바꾸어 왔다는 사실은 도서관 정책이 그만큼 안정된 기반 위에서 이루어져 오지 못했음을 의미한다. 교육자치제의 실시 이후 도서관은 문교부와 내무부 등으로 이분화되어 운영되어 왔으며 문교부 안에서도 시도교육위원회와 교육청으로 분리되어 사실상 도서관 정책의 일

---

176) 도서관 정책이 문교부에서 문화부로 이관되어야 한다는 주장은 당시 도서관에서 종사하던 사람들에 의해 강력하게 주장되었다. 이러한 이관의 필요성 뒤에는 더욱 강력한 국가의 도서관 정책이 이루어지기를 바라는 희망들이 자리하고 있었다. 당시 전국사서협회에 참여했던 관계자와의 인터뷰는 이러한 상황을 잘 보여주고 있다. "…… 우리는 문교부가 빈약한 예산과 형식적인 인원 배치 등 도서관에 대하여 소외된 정책으로 일관하고 도서관 업무를 방치해 왔다고 여겼다. 그래서 우리는 문교부 하의 공공도서관은 희망이 없다고 여겼다. 결국 더 이상 공공도서관을 문교부에 맡겨서는 안 된다고 보고 문화부 이관운동을 전폭적으로 벌여냈던 것이다 ……". 전 충곤, 전국사서협회 4대 회장과의 면담 중에서. 이연옥, 위 글, 113쪽에서 다시 따옴.

177) 권영찬, 위 글.

관된 추진이 어려웠다. 1990년 문화부로의 도서관 정책 이관 이후에도 여전히 문화부는 전체 도서관 중에서 국립도서관과 공공도서관 정책만을 담당하는 부처로 인식되었으며 학교도서관과 대학도서관은 교육부에서 담당하는 것으로 이해되었다. 뿐만 아니라 교육청 소속이 아닌 각 지역의 공공도서관들은 지방자치단체에 의해 운영됨으로써 이를 관장하는 행정자치부가 문화부보다 큰 영향력을 행사함으로써 도서관 정책의 주무부처는 문화부로 규정되었지만, 실제 수립된 정책을 일관되게 집행할 수 있는 체계는 갖추어지지 못했다고 할 수 있다. 이러한 한계에도 불구하고 문화부의 설치와 함께 도서관을 전담할 부서를 과 수준으로 만들고 강화된 행정조직의 기반 위에서 각종 도서관 지원정책을 수립·시행함으로써 국가의 도서관에 대한 지원은 한층 강화된 형태를 띠게 되었다.

1990년 도서관 업무가 문화부로 이관된 것은 도서관 정책담당 행정부서가 변화되었다는 사실 이외에 도서관 정책의 지향과 관련하여 더욱 중요한 의미를 가진다. 곧 이전까지의 도서관 정책이 교육정책의 일환으로 교육 기능의 강화와 근대 시민의 양성이라고 하는 관심에 초점이 맞추어졌다면, 문화부로 이관된 이후의 도서관 정책에서는 도서관이 일방의 교육이 주어지는 공간이 아니라 스스로 학습하는 공간으로, 개인의 자율성과 주체성이 강조되는 공간으로 강조의 초점이 옮겨졌음을 의미한다. 이러한 도서관의 변화는 이용자들을 위하여 도서관이 다양한 여가 활동과 문화활동 프로그램을 제공하여야 한다는 인식을 진작시켰으며, 도서관에 대한 인식이 개인의 삶의 질의 향상이라고 하는 측면에서 접근될 수 있는 환경을 마련하였다.

도서관에 대한 인식 변화는 도서관을 중심으로 개인에 대한 관심을 부활시키는 환경을 조성하였다. 사회교육 시설로 규정되어 교육정책의 통제를 받았던 도서관은 문화정책의 영역 안에서 이용자의 삶의 질이라는 측면을 중심으로 개인에 대한 관심을 다시 회복하였다.[178] 삶의 질은 "급속한 산업화로 물질적 풍요를 누리고 경제적으로 높은 생활수준을 성취하더라도 인간의 궁극적인 목표인 행복과 만족스러운 삶은 보장되지 못한다"는 인식에 기초하였다.[179] 다시 말해서 삶의 질은 경제영역과 같이 객관화된 형태로 표현할 수 있는 삶의 수준뿐만 아니라 개인이 주관으로 느끼고 이해하게 되는 부분들을 강조함으로써 주어진 환경이 어떻게 개인에게 해석되고 받아들여지는지의 문제를 중요하게 다루었다.

이와 같은 삶의 질에 대한 관심은 문화정책영역에서는 1990년대 '문화복지'라고 하는 정책 이념으로 등장하였다. 삶의 질을 높이려는 실천 전략으로써의 문화복지는 "좁은 의미의 문화, 즉 고급 예술을 여러 계층이 함께 공유하고 향유하도록 하는 고전적 복지 활동뿐만 아니라 국민일반이 질 높은 삶을 살도록 사회의 도덕적 가치관이나 규범을 의미 있는 방향으로 재조정, 강화하는 넓은 의미의 문화활동"이 이루어지는 상태 또는 그러한 활동을 진작시키는 전략을 뜻한다.[180]

이처럼 도서관에 대한 접근이 교육정책의 틀에서 문화정책의 틀

---

178) 대통령자문 21세기위원회는 1990년 삶의 질을 '외형적 생활 상태와 내면적 심리 상태까지 포함하는 개념'으로 파악하면서 21세기 한국 사회가 지향해야 할 중요한 기준으로 삶의 질을 제시한 바 있다.

179) 장현섭, "생활 문화와 문화복지", 「문화정책 연구의 새로운 전망」(한국문화정책개발원, 1997), 508쪽.

180) 위 글, 512쪽.

로 변화되면서 도서관은 삶의 질을 향상시키기 위한 공간이며 문화복지를 실천하는 공간으로 전환되었다. 그 결과 도서관 정책 환경의 변화는 도구 합리성에 의해 지배되어 온 도서관을 둘러싼 관심이 점차 행위 주체로서의 개인의 자율성에 대해 관심을 가지는 방향으로 전환되는 배경을 형성하였다.[181]

삶의 질에 대한 관심이나 문화복지에 대한 관심은 국민에 대한 제도화된 복지의 제공에 관심을 두는 것이 아니라 최소한의 경제생활 수준을 넘어서서 국민 개개인의 잠재력과 창의성이 개발될 수 있는 환경에 더욱 중요한 관심을 가진다. 따라서 삶의 질에 대한 관심은 얼마만큼의 복지가 주어졌는가가 아니라 어떠한 복지가 주어졌는가를 중요하게 다루고, 얼마나 많은 국민에게 제공되었는가가 아니라 개개인이 그러한 복지를 어떻게 이해하고 받아들이는가의 문제에 더욱 초점을 맞추게 된다. 이처럼 문화정책 아래서 도서관 정책은 개인의 주체성과 자율성에 대한 관심이 더욱 강화된 형태로 이루어지게 되는 환경을 조성하였다.

5.1.1.3. 법을 통한 도서관 진흥

1980년대를 거쳐 1990년에 이르러 도서관 영역에 대한 국가의 개입이 한층 강화된 것은 다른 측면에서 보면 그만큼 도서관을 둘러싼 활동과 공공담론들이 활성화되었다는 사실을 의미한다. 국가

---

181) 비록 이러한 정책에서의 강조가 바로 도서관 운영에 있어서의 변화, 곧 도서관 서비스 질의 발전으로까지 이어진 것은 아니었지만, 이와 관련된 공공담론들을 활성화시켰으며 그 결과 도서관 활동에 있어서 이용자에 대한 서비스와 관련한 내용들이 관심의 대상으로 나타나기 시작하였다.

는 이러한 활동과 담론들을 한편으로 감싸 안으면서 다른 한편으로 도서관을 통하여 국가가 목표하는 바를 달성하고자 하였다. 이러한 노력은 3차례에 걸친 법의 개정·제정이라는 과정을 통하여 나타났다.

1963년 최초로 제정된 도서관법은 사회의 변화된 환경에 대응하여 1990년대까지 3차례의 큰 변화를 겪었다. 최초의 변화는 1987년 도서관법이 전면 개정된 것이었고, 두 번째는 1991년 도서관법이 폐지되고 새로이 도서관진흥법이 제정된 것이며, 마지막은 1994년 도서관진흥법이 폐지되고 도서관및독서진흥법이 제정된 일이다.[182]

1987년 11월의 도서관법 전면 개정은 같은 해 3월 발표된 도서관 발전 방안의 후속 조치였다. 1963년 도서관법과 1987년에 제정되었던 도서관법을 비교해보면, 도서관의 역할이 크게 확대되고 중요성을 인식하게 되었다는 점이 가장 눈에 띈다. 제1조 도서관법의 목적에서는 기존 도서관법에 "…… 사회 각 분야에 대한 지식, 정보의 제공 및 유통의 효율화와 국민의 평생교육 및 문화발전에 기여함을 목적으로 한다"는 내용을 덧붙임으로써, 도서관의 지식, 정보의 제공과 평생교육의 역할을 강조하였다. 여기에서 평생교육이라고 하는 부분은 이전 시기부터 성인교육, 사회교육이라는 차원에서 일부 접근된 것이었으나 문화발전이라고 하는 표현은 처음으

---

182) 1987년 도서관법이 전면 개정된 것은 1963년 이 법의 제정 이래 24년만의 일이었고 그 다음의 변화는 4년, 3년 주기로 도서관법이 바뀌었음을 보여준다. 도서관법의 변화 속도가 이렇게 빨라진 것은 한편으로 도서관을 둘러싼 사회의 논의가 이전 시기에 비해 매우 활발하고 격렬했음을 나타낸다. 이것은 또한 도서관이 공공의제의 핵심 사안으로 떠올랐으며 그만큼 활발한 논의들이 이루어졌음을 의미한다.

로 삽입되었다.

또, 기존에 학교도서관이라 칭하던 것을, 다시 학교도서관과 대학도서관 및 전문도서관으로 별도로 분류하고 그에 해당하는 항목의 법 조항(제32조 대학도서관의 설치, 제38조 전문도서관 및 특수도서관의 설립 등)을 만듦으로써, 대학도서관과 전문도서관의 역할이 커져가는 현실을 법 조항에 반영하였다.

제8조에 "…… 도서관 자료를 상호교환 및 이관할 수 있고, 이용 가치가 상실 또는 훼손된 자료를 폐기 혹은 제적할 수 있다"는 조항은 그동안 절대 장서 수가 부족한 현실에서 자료의 폐기를 법으로 금지하였던 것에서 도서관 자료를 더욱 효율성 있게 이용할 수 있도록 금지 규정을 완화한 것이다. 또, 기존에는 제14조 공공도서관의 설립자가 "국가, 지방자치단체 또는 민법의 규정에 의한 법인만이 설치할 수 있다"고 한 반면, 1987년 도서관법에서는 제19조 "법인, 단체 또는 개인은 공공도서관을 설립할 수 있다"로 개정함으로써 도서관 설립에 있어서 자격요건의 제한을 받지 않고 법이 정하는 기준을 충족하면 누구나 도서관을 설립할 수 있도록 하였다.

비록 활성화되어 시행되지는 않았지만, 도서관 행정과 관련한 중요한 조치로는 도서관의 균형 있는 발전과 도서관 기능의 효율성 있는 수행을 위해 교육부 장관 소속 아래 '도서관발전위원회'를 설치하고, 도서관의 설립·시설·운영 기타 도서관 진흥에 소요되는 자금에 충당하기 위해 '도서관진흥기금' 설치를 규정하였다는 것이다. 이것은 도서관 발전과 관련한 행정상의 강제 규정을 법에 마련한 것으로 도서관 발전을 위해서는 더욱 강력한 법의 근거가 마련되어야 한다는 인식을 반영한 것이다.

도서관법의 변화 가운데 특징으로 나타나는 것은 끊임없이 봉사 대상을 확장시켰다는 점이다. 1987년 전면 개정한 도서관법에서는 이전 법에서 언급이 없었던, 기본 여건이 어려워 도서관 이용에 제약을 받는 어린이, 노인, 신체장애자 등을 위해 필요한 시설을 갖추어야 한다는 내용(제21조)을 보완하여 도서관의 역할 중 도서관 이용으로부터 멀리 떨어져 있었던 계층에 대한 봉사의 중요성을 강조하였다.

도서관법 전면 개정 후 4년 만에 이 법은 폐지되었고 1991년 새로이 도서관진흥법이 제정되었다. 도서관법이 도서관진흥법으로 변경된 것은 국가가 법을 통하여 도서관 관련 내용을 단순히 기준으로 규정해 놓는 데 그칠 것이 아니라 도서관을 '진흥'시키고자 하는 의지를 담아야 한다는 사회 인식을 반영한 것이다.

문화부의 영역 안에서 문화정책의 일부로 다루어진 도서관진흥법은 이전의 도서관법에서는 없었던 조항들이 추가되었다. 곧 "도서관의 그 목적을 달성하기 위해 문화원, 박물관, 미술관 등 각종 문화 시설과 협력하여야 한다"는 내용이 제7조 문화 시설과의 협력 조항으로 새로이 만들어졌다. 또한 제16조 국립중앙도서관과 제20조 공공도서관의 업무에서 세부 사항으로 독서의 생활화를 위한 시책의 수립 및 실시가 새로 추가되었으며, 제9조에서는 도서관발전위원회의 구체 업무를 몇 가지 추가해서 도서관발전위원회의 역할을 새삼 강조하였다.

도서관진흥법에서 가장 큰 논란을 가져왔던 것은 제24조 '국·공립 공공도서관 관장'과 관련된 부분이다. 이전의 도서관법에서는

"공립 공공도서관의 관장은 사서직 또는 행정직으로 보한다"고 규정되었던 내용이 도서관진흥법에서는 "공립 공공도서관의 관장은 사서직으로 보한다"고 변경됨으로써 공립 공공도서관의 관장은 일반 행정직이 아닌 사서직이 맡도록 하였다. 많은 반대에도 불구하고 공립 공공도서관 관장으로 사서직만을 임명하게 한 것은 도서관 서비스가 전문 성격을 가진 것으로서 해당 분야의 전문 지식을 가진 자에 의해 운영되는 것이 적절하다는 인식의 변화에 따른 것이다.[183]

또한 주목할 만한 변화로는 이전의 도서관법에 규정되어 있었던 제26조와 제27조 "사립 공공도서관의 시정 명령 및 업무의 정지" 조항을 삭제함으로써 사립도서관에 대한 국가의 관여를 완화했다는 점이다. 이것은 국가가 관여하고 개입할 수 있는 영역에 대해 제한을 가한 것으로 민간영역에서 일어나는 자발성을 띤 활동들에 대해서까지 국가가 관여해서는 안 된다는 것을 조항의 삭제를 통하여 밝힌 것이다.

1994년에 제정된 도서관및독서진흥법은 도서 관계와 출판계의 갈등 과정에서 만들어졌다. 당시 어려워져가던 출판 상황을 국민의 독서진흥을 통해서 극복하고자 했던 출판계는 도서관진흥법과는 별도로 독서진흥법의 제정을 추진하였다. 독서진흥법의 주요 내용은 국민 독서 환경을 개선하기 위하여 문고의 설치를 법으로 보장하고, 문고에 독서 지도 요원을 배치한다는 것이었다. 그러나 도서

---

183) 공립 공공도서관의 관장을 행정직, 사서직이 맡을 수 있었던 것에서 사서직만이 담당할 수 있도록 변경한 것에 대하여 당시에 많은 논란과 문제 제기가 있었다. 이러한 문제들로 인하여 같은 법 부칙 제4조에서는 "…… 제24조 1항의 규정에도 불구하고 대통령령이 정하는 날까지는 사서직 또는 행정직으로 보한다"고 함으로서 경과규정을 두었다.

관계의 입장에서는 독서진흥이란 내용이 이미 도서관법에 존재하고 있고, 독서진흥법의 제정은 도서관법과의 법체계상 혼란을 줄 것이라는 주장 아래 독서진흥법의 제정에 반대하였다. 그 결과 독서진흥법을 통하여 제안하고자 했던 내용의 일부가 기존의 도서관진흥법에 추가되면서 도서관및독서진흥법이 제정되게 된 것이다.

이러한 배경에서 제정된 도서관및독서진흥법에서는 제7장에 문고라고 하는 장과 제9장에 독서진흥이라고 하는 장이 별도로 만들어졌다. 비록 이러한 배경에서 만들어졌다고 할지라도 새로 제정된 법이 기존에 도서관 서비스를 제공했던 소규모 시설들에 대하여 법체계 안에서 지원의 근거를 마련했다는 것은 큰 의미를 가진다. 뿐만 아니라 공공도서관과 관련하여 지방자치단체가 공공도서관 운영비의 일부를 의무규정으로 부담시키고 있는 것 등은 도서관 발전을 위한 환경 조성에 매우 중요한 부분을 차지하는 것으로 볼 수 있다. 또한 제10장 '보칙' 제52조에서 "정부는 매년 독서진흥에 관한 시책 및 그 시행 결과에 관한 년차보고서를 정기 국회 개회 전까지 국회에 제출하여야 한다"고 규정함으로써 국가가 도서관 발전에 더욱 적극성 있게 지원하여야 할 것을 명기하였다.

이와 같은 도서관 관련법의 발전 과정에서 나타난 뚜렷한 특징은 국가의 도서관 영역에 대한 개입이 계속해서 확장되었다는 점이다. 이러한 국가 개입의 확장은 기존에 법체계안에서 규정되지 않았던 영역들, 곧 사립도서관이나 문고 등 소규모 도서관, 어린이나 노약자, 신체장애인 등과 같은 도서관 이용 소외 계층 등을 끊임없이 법체계 안으로 끌어들임으로써 도서관 서비스가 모든 영역과 계층에 확장되게 하는 결과를 가져왔다. 또한 중앙정부나 지방자치단체의 도서관 지원 규정을 강화함으로써 국가가 도서관 발전에 적극 관여해야 함을 강조하면서 다른 한편으로 사서직 관장의 보임 문제나 사립도서관에 대한 지나친 개입 금지, 도서관 설립과 관련한 강제 규정 등을 삭제함으로써 국가가 지원하고 관여해야 할 영역과 그러지 말아야 할 영역에 대한 한계를 설정하고, 도서관이 더욱 자율성을 가진 환경에서 발전할 수 있는 기반을 마련하였다.

5.1.2. 비판 공공담론의 활성화

국가가 법과 관련 제도를 개선함으로써 도서관 발전을 위한 노력을 기울어 왔다면, 도서 관계에서는 관련 기관 및 단체를 중심으로 도서관의 접근성을 확대하고 서비스의 질을 개선하기 위한 많은 노력들이 전개되었다. 이러한 활동들은 크게 도서관 내부의 제도 개선을 위한 노력과 도서관 밖에서 도서관 서비스를 제공하고자 하는 노력으로 나타났다. 이 가운데 '개가 및 관외 대출운동', '입관료 폐지운동' 등은 도서관이라는 공간에 모든 사람이 자유롭고 또 평등하게 접근할 수 있도록 도서관 내부의 제도를 개선하기 위한 운동이었으며, '주민도서실 운동', '작은도서관 운동' 등은 노동자 및 빈민 계층에까지 도서관 서비스를 확대시키기 위한 운동이었다.

5.1.2.1. 개가 및 관외 대출운동

근대 도서관의 기본 정신은 "모든 사람으로 하여금 신분이나 직업에 관계없이 자유로이 지식·정보에 접근하게 함으로서 개인과 사회의 발전을 도모"하는 것이었다. 그러나 이러한 기본 정신에도 불구하고 공공도서관의 설립과 운영 과정을 살펴보면 그러한 기본 정신의 구현에 많은 장애물이 존재해 왔음을 알 수 있다.

도서관 자료에 대한 접근의 제약은 도서관의 '폐가제 운영'이라는 형태로 나타났다. 폐가제 운영은 도서관 자료의 목록을 볼 수는 있지만 그것을 이용자 자신이 직접 찾아서 살펴보는 것이 아니라 목록을 적은 표를 도서관 직원에게 제출하면 도서관 직원이 자료를 찾아주는 형태로 열람이 이루어지는 제도를 말한다. 다음의 도서관 이용에 대한 설명은 도서관의 폐가제 운영이 일제시대부터 이루어져 왔음을 보여준다.

> 열람자는 열람료 3원 수납에 납입하고 열람표와 좌석권을 받는다. 목록실에 가서 목록을 검색하여 대출하고자 하는 자의 성명과 직업은 물론 도서의 서명과 청구기호를 열람표에 적어 출납계원(出納係員)에게 내면 된다. 출납계원은 서명과 이용자의 신분과 직업 등의 기재사항을 확인한 후 도서를 대출해 주는 동시에 열람표를 보관하여 두며, 열람을 끝마치고 퇴관코자 할 때는 대출도서를 반납하고 계원에게 보관시켰던 열람표를 찾아서 반납 사인을 받은 다음(이때 계원은 도서반납에 이상 유무를 확인한 다음 날인한다.) 퇴관하며 이때 표와 좌석권은 다시 수납에 돌려준다.[184]

도서관의 폐가제 운영은 1980년대까지 이어졌다. 충북제천시립도서관의 열람 규칙은 도서관 자료 열람이 어떠한 형태로 이루어

---

184) 김포옥, 위 글(1990), 115쪽.

졌는지 보여준다.

충북 제천시립도서관의 열람규칙에는 "이용자가 도서관의 관내열람을 하고자
할 때는 우선 열람요금을 납부하고 회수열람권을 제출한 다음, 열람표를 받은
자는 도서목록서 필요한 도서를 선택하고 열람표에다 서명과 책 수, 주소, 직
업, 성별, 성명 등을 기입한 도서열람표를 제출하여야 한다. 그리고 관외열람
을 하고자 하는 자는 보증인을 세워야 한다"고 적고 있다.[185)

대부분의 공공도서관은 1980년대까지 이용자가 자료에 자유롭게
접근하지 못하는 폐가제 운영 방식을 채택하고 있었다. 이와 같은
도서관의 폐가제 운영은 자료의 훼손과 분실 등 자료 관리의 문제
가 직접 이유가 되었다. 그러나 자료 관리의 편리성을 이유로 실
시된 폐가제는 이용자에게는 자료 이용의 불편함을 줄뿐만 아니라
다른 측면에서 개인 정보의 노출이나 사회 통제와 관련된 문제 등
을 제기함으로써 공공영역으로서의 도서관의 활동에 큰 장애물을
제공하였다. 곧 도서관 이용자가 주로 어떤 자료를 이용하는지, 특
정 자료는 어떤 사람들에 의해 주로 이용되는지 등과 같은 정보가
노출됨으로써 강제성을 띠지 않은 방식의 사회 통제가 보다 쉽게
이루어지는 환경을 제공할 수 있다는 우려가 제기되었다.

앞장에서도 살펴보았듯이, 자료의 이용을 분석함으로써 조선 사
회에서의 지식 정보의 흐름을 파악하고 이를 사회 통제의 자료로
활용하고자 했던 시도는 이미 일제시대부터 이루어져 왔다. 조선총
독부 내부 회의에서 "도서관 이용자의 이용 경향이 변하고, 이용도
서 또한 불교와 사상 서적이 많이 읽혀지고 있으므로 도서관을 통

---

185) 위 글, 117쪽.

해 실정을 조사하여 ……"라는 논의가 이루어졌다는 것은 도서관 자료의 이용을 분석함으로써 조선 사회를 통제하고자 하였다는 것을 보여준다.

이러한 상황에서 개가제와 관외 대출을 통한 자유로운 도서 이용은 단순히 편의성의 제공이라는 차원을 넘어서서 지식 정보에 대한 자유로운 접근권의 보장이라는 목표로까지 확장되었다. 이러한 노력은 도서관 자료를 자유롭게 이용함으로써 이용자 개개인이 확장된 지식과 정보에 더욱 폭넓게 접근할 수 있게 만드는 것이었다. 이를 위하여 도서관을 둘러싼 사회 각계에서는 개가 및 관외 대출제도를 도입할 것을 촉구하는 운동을 벌이게 되었다.[186]

이러한 운동의 결과, 1985년부터 1986년 사이 국립중앙도서관분관, 서울시립정독도서관, 남산도서관, 동대문도서관, 용산도서관, 종로도서관, 인천시립중앙도서관, 진해시립중앙도서관, 경기도립수원도서관, 춘천시립도서관, 울산시립도서관, 김해도립도서관 등이 개가제와 관외 대출제를 채택하면서 도서관의 개가제 운영이 전국으로 확산되기 시작하였다.[187]

5.1.2.2. 입관료 폐지운동

도서관 이용자에게 입관료를 내도록 한 제도는 일제시대부터 시작되었는데, 조선총독부도서관은 1925년 개관과 동시에 이용자에게 일일 열람료를 징수하였다. 이러한 현상은 광복 이후에도 지속

---

186) 엄대섭, "다시 한 번 개가·대출을", 「오늘의 도서관」 제8호(1986년 3/4월) 1쪽.
187) 이연옥, 위 글, 119쪽.

되었다. 국립중앙도서관은 처음 개관했던 1945년 10월부터 20전의 입관료를 징수하였으며 1946년 1월 50전, 1946년 11월 1원, 1970년 4원, 1972년 10원 그리고 곧이어 20원으로 인상하였다. 서울특별시립도서관 또한 1952년 2환, 1954년 5환, 1955년 10환, 1956년 20환의 입관료를 징수하였고, 부산직할시의 각 공공도서관들도 1970년대는 5원에서 1984년에 어린이 무료, 청소년 이상 100원, 관외대출 120원의 이용료를 징수하였다.

입관료의 징수는 1990년대에도 이루어졌는데 보통 일반과 대학생, 중고생, 국민학생을 구분하여 요금을 차별화하였으며 장애인 등 특정 계층에 대하여는 이용료의 징수를 면제하였다.[188]

관행으로 지속되어 오던 입관료 징수는 1963년 도서관법의 제정과 함께 제8조 도서관 사용료 조항에, "공공도서관은 이용자로부터 사용료를 받을 수 있다"고 규정함으로써 법적인 근거를 갖게 되었다. 이러한 근거에 따라 공공도서관들은 계속해서 이용자들에게 소액의 입관료를 징수하게 되었다.

입관료 징수의 문제는 금액의 많고 적음을 떠나 도서관에의 접근성이 모든 사람에게 평등하게 보장되어야 한다는 측면에서 많은 논란을 불러 일으켰다. 이러한 인식에 따라 도서관 관련 단체들에서는 "입관료를 받는 것은 공공도서관으로서의 본령을 이탈하는 것"이라며 강하게 반발하였고, 1980년대 들어서면서 입관료 폐지 운동을 적극 실시하였다. 이러한 활동의 결과, 1983년에는 국립중앙도서관에서 입관료 폐지를 결정하게 되었다. 이어서 1987년 도서관법 전면 개정시에는 입관료와 사용료를 구분하여 "특정 시설

---

188) 김포옥, 위 글(1990), 109쪽.

및 자료에 대한 사용료를 징수할 수 있도록 하되, 공공도서관의
입관료는 지방자치단체의 조례에 정하도록 한다"고 규정함으로써
입관료 폐지의 환경을 조성하였고, 1991년 도서관진흥법에서는 공
립 공공도서관의 입관료를 공식으로 폐지하였다.

5.1.2.3. 주민도서실, 작은도서관 운동[189]

개가제 운영과 입관료 폐지운동이 도서관 내부의 제도 개선을
위한 것이었다면 주민도서실 운동 등은 도서관 밖에서 도서관 서
비스를 받지 못하는 사람들을 대상으로 실시된 의식 개혁운동이었
다. 주민도서실, 작은도서관 운동은 1980년대 한국 사회 민주화 운
동의 영향과 깊은 관련을 맺고 있다. 1980년대 후반 민주화 운동을
거치면서 민중운동의 중요성이 부각되었고 이와 같은 사회 분위기
속에서 '책을 통한 민중의 의식화와 조직화'를 목적으로 하는 민간
도서관이 지역 곳곳에 세워지기 시작하였다.[190]

이러한 활동의 하나로 시작된 것이 '주민도서실' 운동이다. 주민
도서실은 야학에서 출발하였거나 노동운동의 일꾼을 키워내기 위
한 노동도서원 운동과 달동네와 같은 지역을 거점으로 지역 주민
운동의 일환으로 시작된 지역도서실의 두 유형으로 전개되었다. 노
동도서원 운동의 경우 회원의 대다수가 학생과 노동자로 구성되었
으며, 각종 취미 활동과 함께 사회문제에 대해 독서하고 토론하는

---

189) 공공도서관을 중심으로 한 운동은 아니었지만, 일제시대부터 지속되어온 '계몽'을 중심으
로 한 도서관 사상 및 도서관 서비스와 관련한 민간 차원의 매우 중요한 운동이므로 연구
의 범위에 포함하였다.
190) 이연옥, 위 글, 140쪽.

모임으로 운영되었다. 이에 비해 지역도서실은 경제의 측면에서 어렵고 열악한 지역을 중심으로 도서실을 마련하여 지역 주민들의 문화욕구를 채워줌과 동시에 독서 활동을 통하여 지역 주민들의 의식을 일깨우는 데 중요한 초점을 두었다.

주민도서실 운동이 노동자나 생활환경이 열악한 지역의 주민들을 중심으로 이들의 자의식을 일깨움으로써 생활환경을 개선하고 전체 노동운동, 지역사회운동에 참여하는 방향으로 전개되었다면 1990년대에 활성화된 '작은도서관' 운동은 "주민의 필요에 의해 스스로의 노력으로 설치·운영되어 지역 주민들의 독서 및 정보 욕구를 충족시키는 소규모 도서관"을 목표로 출발하였다. 작은도서관 운동은 1994년 제정된 '도서관및독서진흥법'의 문고설치 권장과 때를 같이하면서 본격화되었으며, 주로 아파트 단지나 교회, 마을회관, 복지회관, 병원, 군부대, 파출소, 노인정 등과 같은 공간이나 저개발 지역, 산간벽지와 같은 지역을 중심으로 설립되었다.[191]

소규모 도서관 운동들은 운영체계나 자료의 소장 규모와 관련하여 큰 중요성을 갖지는 못하지만, 도서관 서비스로부터 멀리 떨어져 있는 사람들을 대상으로 이들의 자의식을 일깨우고, 자발성을 띤 활동을 북돋우며, 비제도권을 중심으로 도서관 서비스 기능을 수행하였다는 점에서 중요한 의미를 갖는다.

변화된 정책 환경 속에서 활발하게 이루어졌던 개인의 자율성과 의사소통의 합리성을 강조하는 공공담론들은 다양한 도서관 운동 단체들을 통해서도 이루어졌다. 1980년대와 90년대에 이르면서 활발한 활동을 전개한 대한도서관연구회와 전국사서협회 등은 도서

---

191) 위 글, 145쪽.

관을 둘러싼 비판 공공담론을 활성화시키고 관련 제도의 개선을 위한 활동들을 다양하게 벌여나간 운동단체들이다. 이처럼 도서관을 둘러싼 민간 운동단체들의 결성과 이들의 활발한 활동은 그 동안 도서관의 발전이 양의 성장에만 치중했던 경향에서 벗어나 질의 성장 곧 이용자의 이용 환경과 서비스에 대한 관심, 그리고 이러한 환경을 개선하기 위한 활발한 비판 담론들이 활성화되는 방향으로 전개되기 시작하는 계기를 마련하였다.

1980 - 90년대에 전개된 개가제 운동, 관외 대출운동, 입관료 폐지, 주민도서실 운동 등은 도서관의 발전을 둘러싸고 이루어졌던 공공담론의 대표 주제들이었다. 산업화 시대에 외형상 나타난 도서관 수의 증가와 달리 이 시기의 도서관 활동들은 도서관 안팎으로부터의 다양한 요구와 관련한 비판 담론의 활성화가 주된 특징이었다. 비록 이러한 담론의 주제들이 도서관 정책과 운영에 모두 반영된 것은 아니었지만 도서관을 통하여 다시 공공담론이 활성화되는 계기를 제공하였다는 점에서 중요한 의미를 가진다.

5.2. 도서관의 사사화(私事化)

도서관을 둘러싼 많은 담론과 정책관심의 결과 도서관 환경이 개선되고, 도서관 관련 서비스가 질을 높여가는 상황에서도 도서관 이용자들의 이용 행태는 그다지 변화하지 않았다. 1980 - 90년대의 도서관의 이용은 이전 시기에 문제점으로 지적되었던 공부방, 자습실로서의 기능을 크게 벗어나지 않았으며 따라서 이 시기에도 여전히 도서관이 해결해야 할 중요한 문제로 도서관 이용 행태가 지적되었다.

5.2.1. 독서 공중의 사사로운 개인으로의 후퇴

국가가 도서관 정책을 통하여 도서관 발전을 지원하고 국민 모두에게 도서관 서비스를 제공하고자 하는 목적은 "사회 각 분야에 대한 지식·정보를 제공과 이러한 지식이 효율적으로 사회 전 영역에 유통되게 하며, 이를 통하여 사회의 문화발전 및 평생교육에 이바지하기 위함"[192]이다. 그러나 이러한 도서관 정책의 궁극 목적과는 달리 도서관을 이용하는 이용자들은 매우 제한된 목적으로 도서관을 이용하였으며, 도서관에 대하여 자습할 수 있는 공간과 더 많은 좌석을 요구하는 이외에는 더 큰 기대를 두지 않았다.[193] 도서관의 이용이 도서관에 비치된 도서를 이용하기 위함이 아니라 학교 공부나 시험을 위한 준비 장소로 주로 이용되었다는 사실은 독서 공중을 형성하는 시설로서의 도서관의 기능이 점차 약화되고

---

192) 도서관및독서진흥법 제1조 목적 부분.

193) 도서관 이용이 이처럼 사사로운 목적을 위하여 여전히 이용되고 있다는 사실은 몇몇 조사 결과를 통하여 나타난다. 1991년 문화발전연구소가 조사한 바에 따르면, 도서관 이용자의 58%가 입시나 취직시험을 준비하기 위해서 도서관을 이용하고, 37%가 책을 읽거나 대출하기 위해 도서관을 찾고 있음을 보여준다. 2000년의 한 조사에서도 공공도서관은 시험공부를 위한 공간으로 가장 많이 활용되고 있는 것으로 나타난다. 서울지역 6개 공공도서관 이용자 150명을 대상으로 한 조사에서 전체의 52.0%가 시험공부를 위해 도서관을 이용하는 것으로 나타났으며, 도서대출 22.0%, 필요한 정보조사 11.4%, 교양을 위한 독서 4.6%, 기타 등으로 조사되었다. 이와 관련하여 함영희 들, "공공도서관 이용자교육에 대한 연구", 「문헌정보학연구지」 26호(숭의여자대학 문헌정보학과, 2000년 12월), 125쪽 볼 것.

있음을 나타내준다.

　도서관의 공부방화로 나타난 이러한 현상은 도서관을 이용하는 개인들이 사사로운 영역에서 공공의 영역으로 나오게 되었던 지난 시기의 도서관과 비교하면, 오히려 도서관 이용자들이 공공의 영역을 통하여 사사로운 영역으로 후퇴하고 있음을 보여주는 것이다. 곧 도서관 영역에 대한 국가의 개입이 강화되면서 사사로운 개인을 비판능력을 갖춘 공중으로 전환시키던 도서관의 역할은 점차 약화되었다. 도서관에 비치된 장서의 이용률은 도서관 이용자 1인당 평균 0.6권 내외에 머물렀으며, 도서관은 학생이나 시험 준비를 하는 사람들을 위한 자습실이 되었다. 도서관이라고 하는 공공의 영역은 더 이상 자유로운 의사소통과 비판 정신이 왕래하는 공간이 아니라 공공의 공간을 사사로이 이용하는 사사로운 개인들의 공간이 되었다.

　공중으로서의 개인과 사사로운 존재로서의 개인은 크게 몇 가지 점에서 차이를 보인다. 첫째는 개인의 관심 세계이다. 사사로운 영역에 머물러 있는 개인은 그 관심이 자기 자신과 친밀감으로 묶여져 있는 사람들의 관계, 곧 사생활의 영역에 주로 한정된다. 그러나 공중으로서의 개인은 사사로운 영역에 대한 관심에서 출발하여 그러한 관심이 사생활의 영역을 넘어 사회와 세계에로 확장되고, 그 과정에서 사사로운 개인으로서의 자신이 아니라 무한한 사회관계 안에 존재하는 개인으로 자신을 인식한다. 따라서 개인은 사사로운 존재로 존재하는 동시에 공공의 존재로 존재한다.

　둘째는 의사소통의 구조이다. 사사로운 개인의 의사소통은 주로 친밀감의 영역 안에서 이루어진다. 이 영역에서 삶의 많은 부분들은 문제시되지 않으며 일상으로 받아들여진다. 또한 합리화된 논증보다는 정서의 동질성에 기반한 의사소통이라는 특징을 보여준다. 그러나 공중으로서의 개인은 넓어진 관심 세계를 중심으로 자기 자신과의 대화에서 길러진 의사소통 능력을 공공의 영역에까지 확장시킨다. 따라서 공중으로서의 개인은 사사로운 영역에 머물 때에는 관심의 대상이 되지 않았던 부분들에 대해서도 문제를 제기하며, 이러한 부분에 대하여 합리화된 논증과 토론이라는 방법을 통하여 접근한다.

셋째는 비판능력이다. 비판능력은 자신의 주체성과 자율성에 대한 체험으로부터 출발한다. 자신을 독립된 존재로, 자신의 문제에 대하여 결정권을 행사할 수 있는 자율적인 존재로 인식하게 될 때 비판능력은 형성된다. 주체성에 대한 이러한 체험은 그동안 문제시되지 않았던 삶의 여러 영역들을 문제화하게 함으로써 개인으로 하여금 사사로운 존재에서 비판능력을 가진 존재로 성숙하게 한다.

도서관이 이용자들에게 자습실이나 시험 준비를 위한 공부방으로 활용되었다는 사실은 도서관 이용자들이 그 관심을 비판 의사소통이 필요하지 않은 사사로운 영역에 묶어두었다는 것을 의미한다. 사사로운 관심의 세계가 공공의 영역으로 확장되지 못하고, 성찰에 기초한 사고보다는 단순한 지식 암기의 공간으로, 현재의 사회 질서에 대한 비판 없는 수용의 공간으로 도서관이 활용된 것은 따라서 공공의 공간에 모인 개인들이 다시 사사로운 영역으로 후퇴하는 모습을 보여주는 것이다.

5.2.2. 사사화의 배경

독서 공중이 사사로운 개인으로 전환된다는 사실은 도서관이 수행하는 비판 기능이 점차 약해지고 있다는 사실을 보여준다. 식민지시기를 전후하여 비판 담론이 이루어지는 공간과 교육 활동이 실시되는 공간으로 두 가지 역할을 동시에 담당하였던 도서관은 광복 이후 국가와의 관련성 속에서 점차 교육 공간으로 성장해가면서 비판 기능은 이용자 개개인들로부터 분리되어 제도에 대한 공공담론의 영역에 한정되게 되었다. 곧 이용자 수준에서는 도서관이 개인들의 사사로운 목적을 위한 공간으로 활용된 반면, 도서관이라는 제도를 둘러싼 비판 담론들이 80년대 이후 다시 활성화됨으로써 실제로 도서관을 이용하는 사람들과 도서관을 사회 발전이라는 목표를 위해 활용하려는 집단 사이의 분리가 나타나게 되었다.[194]

도서관을 사사로운 공간으로 활용하는 이러한 행태는 공공영역이라고 하는 공간 내부에 사사로운 공간이 형성되고 있음을 보여준다. 근대 초기의 도서관은 사사로운 개인이 공공의 관심 세계로 전환되는 공간으로 기능하였다. 따라서 도서관은 사사로운 개인들이 모여서 집합을 이룬 공간이기는 하지만, 사사로운 공간의 집합체가 아니라 새로운 공공의 공간이 형성되는 영역으로 작용하였다.[195] 그러나 도서관이 사사로운 목적을 위한 공간으로 이용되면

---

194) 제도를 둘러싸고 활성화된 비판 담론은 도서관 영역의 자율성을 확보하기 위하여 국가의 개입을 일방으로 거부하였던 것이 아니라 상호 견제와 균형을 통하여 국가와 적절한 긴장 관계를 유지함으로써 도서관의 발전을 도모하고자 하였다. 베넷은 이러한 상호 협력 관계는 일방의 '종속' 관계와 다르다고 지적한다. 비록 협력 관계의 내부에는 불평등한 권력 관계가 존재하지만, 이것은 그러한 불평등한 권력을 어떻게 다루느냐와 관련된 문제이지, 협력 자체를 부정하거나 불가하다고 보는 것과는 다른 문제라는 것이다.

서부터 밖으로 드러나기는 공공의 공간으로 나타나지만 안으로는 수많은 사사로운 공간의 집합체로 구성된다. 입시나 취직, 학교 시험을 위한 공간으로 도서관을 활용하는 개인들에게 도서관은 공공의 공간 속에 위치한 사사로운 공간 이상의 의미를 갖지 못한다.

이처럼 도서관이 사사화된 데에는 사회 환경의 변화와 그에 따른 개인의 행위 양식의 변화가 자리하고 있다. 근대화의 과정에서 해체된 공동체는 개인들로 하여금 자신의 안전을 스스로 보장해야 하는 상황에 처하게 하였다. 1945년부터 1995년에 이르기까지 우리 사회의 도시화율을 살펴보면, 광복 직후인 1945년 도시화율이 12.9%에 불과하였으나 1995년에는 78.5%로 도시화가 급속히 진행되었음을 알 수 있다. 이러한 사실은 달리 말하면 농촌이 급격하게 해체되었다는 것을 뜻하며 마찬가지로 농촌에서의 협력에 기초한 공동체 관계 또한 급속히 붕괴되었음을 의미한다. 자신의 안전과 결속을 보장해 줄 공동체 관계의 붕괴는 개인으로 하여금 다양한 사회제도들을 자신의 발전을 위한 공간으로 활용하게 하는 경향을 강화시켰다.

---

195) 공공의 공간은 외형상으로는 모든 사람에게 공평하게 개방되며 내용상으로는 사사로운 이해관계를 넘어 공공의 관심 세계가 형성되는 공간을 뜻한다.

〈표 11〉 도시화 추세(1945 - 1995)

단위: 천 명

연 도	전국 인구	도시 인구	도시화율(%)
1945	16,136	2,081	12.9
1949	20,167	3,458	17.1
1955	21,501	5,263	24.5
1960	24,989	6,997	28.0
1966	29,160	9,780	33.5
1970	31,435	12,929	41.1
1975	34,679	16,770	48.4
1980	37,407	21,409	57.2
1985	40,420	26,418	65.4
1990	43,522	32,397	74.4
1995	44,609	35,037	78.5

※ 출처: 한상진. "도시화와 도시 문제의 전개", 한국사회학회(엮음), 「한국 현대사회와 사회 변동」 (문학과 지성사, 1997), 58쪽에서 다시 따옴

이러한 상황이 도서관 사사화의 사회 배경으로 작용하였다면, 직접의 원인은 도서관을 중심으로 한 관심이 행위 주체에게서 제도에로 옮겨졌다는 점에서 찾을 수 있다. 도서관이라고 하는 시설이 등장하고 발전하기 시작한 초기 단계에서 도서관을 둘러싼 관심은 도서관이라고 하는 시설보다는 도서관을 통하여 형성해야 할 행위 주체에 초점이 맞추어져 있었다. 따라서 도서관은 개인의 역량을 강화시켜야 하는 교육의 관심과 더불어 개인의 성찰성을 강화시키는 비판의 관심이 통합된 상태에서 출발하였다. 그러나 광복 이후 도서관은 국가와의 관계가 강화되면서 근대화를 위한 교육 시설로 규정됨으로써 근대화라고 하는 목적에 필요한 기능인으로서의 인재를 육성하는 것이 강조되게 되었다. 여기에서 개인은 근대화를 성취하기 위한 도구적 관심에서 접근되었으며, 자율성이나

주체성과 같이 개인의 성찰능력에 대한 관심은 배제되었다.

이러한 상황에서 도서관을 둘러싼 활동들은 시설이나 장서와 같이 도서관 환경을 구성하는 물질의 부분에 초점을 맞추게 되었고, 도서관과 관련한 제도 개선의 담론과 활동들이 활발하게 전개되었다. 이러한 활동들이 도서관의 외형상 발전을 가져오고 도서관을 둘러싼 비판 담론이 활성화되는 조건을 형성하기는 하였지만, 다른 한편으로는 이용자들에 대한 관심의 축소를 배경으로 함으로써 도서관을 둘러싼 활동이 제도적 수준과 개개인의 이용의 수준에서 상반되게 나타나는 현상을 가져오게 되었다.

5.2.3. 사사화의 전개

도서관이라는 공공의 영역이 사사로운 공간으로 전환된 것은 도서관을 둘러싼 환경이 도서관의 발전을 기획하는 영역과 현실에서 도서관을 이용하는 영역으로 분리되어 발전하기 시작하였음을 의미한다. 도서관에 대한 국가의 관심은 도서관이 등장하던 초기 단계에서는 애국 계몽운동의 일환으로 민중의 지식의 발달을 통하여 개화와 식민 지배로부터 벗어나는 것이었으며, 광복 이후에는 조국 근대화 운동의 일환으로 인재 양성을 통하여 근대화된 조국을 건설하는 것이었다. 그러다가 1990년대 들어서면서 도서관 정책이 문화 정책의 한 부분으로 다루어지면서 이전과는 달리 국가 경쟁력과 삶의 질 향상이라는 목표가 새로이 추가되었고, 이를 달성하기 위한 지식 정보 및 문화활동 공간의 제공이 중요한 과제로 제시되었다.

〈표 12〉 도서관 정책(운동)의 기획 과정

수 준 ＼ 구 분	목 적	수 단
사 회	개화 · 탈식민 · 근대화, 삶의 질 향상 등	시설건립 · 장서확충 · 인력확보 등
개 인	계몽되고 경쟁력 갖춘 개인	지식수준 향상 /개인 역량 강화

이와 같은 도서관 정책의 변화를 위의 틀을 중심으로 분석하면, 도서관 정책의 목표는 ① 개화, 탈식민, 조국 근대화, 삶의 질 향상 등으로 발전해 왔고, 목적을 달성하기 위한 수단으로 ② 도서관의 건립, 장서의 확충, 도서관 근무 인력의 확대 등과 같은 방식을 취하였다고 할 수 있다. 그리고 이러한 방식을 통하여 미시 차원에서는 ③ 국민 개개인의 지식의 발달과 역량 강화를 유도하였으며, 결과로 ④ 계몽되고 경쟁력을 갖춘 개인을 만들어내고자 하였다.

이렇게 조성된 도서관 환경은 그러나 도서관 이용자들에게는 다른 의미로 해석되었다. 기존의 농촌사회가 산업사회로 급속히 해체되는 과정에서 개인의 안전에 대한 사회의 보장 또한 해체되었고, 개인들은 스스로 자신의 안전을 보장하여야 하는 상황에 처하게 되었다. 이런 상황에서 개인들은 도서관을 자신의 안전을 확보하기 위한 공간으로 활용하였으며, 그 결과 도서관은 이용자들에 의해 사사로운 목적을 위한 공간으로 활용되게 되었다.[196] 도서관 안에

---

196) 이러한 현상은 전통의 가족주의가 산업화 과정을 겪으면서 유사 가족주의로 변화하게 되는 상황과 매우 큰 유사점을 가진다. 곧 유사 가족주의는, 친밀성에 기초한 전통의 가족주의가 산업화 과정에서 해체되면서, 이전에 가족이 주었던 안정감과 친밀감을 매우 국한된 유사한 다른 조직을 통하여 보상받으려고 하는 개인의 행위들을 통하여 형성되게 되었다. 이와 관련하여 김동노, 위 글을 살펴볼 것.

서 새로이 형성된 수많은 사사로운 공간들은, 비록 그것이 공공영역으로서의 도서관의 발전을 저해한 것이기는 하지만, 국가와 사회의 관심으로부터 멀어진 개인이 자신의 안전을 보장하기 위하여 매우 적극 활용한 공간이라는 점에서 의미를 갖는다.[197] 다시 말해서 독서 공중의 사사로운 개인으로의 후퇴는, 비록 행위 주체에 대한 국가와 사회의 관심이 감소된 데에 배경이 있지만,[198] 그것이 환경에 대한 어쩔 수 없는 적응이 아니라 개인들의 능동성을 가진 선택에 의해 이루어졌다는 점에서 행위 주체로서의 개인이 완전히 사사로운 영역으로 후퇴한 것은 아니라는 점을 보여준다.

이러한 도서관의 사사화 현상은 국가가 도서관 영역에의 개입을 통하여 계속해서 개인과 사회의 발전을 강조하였지만 오히려 도서관의 발달은 사회의 발전과 유리된 개개인의 발전을 위한 공간으로 활용되는 결과를 초래하였음을 나타낸다. 또한 국가가 정책을 통하여 도서관 영역에 개입하면서 도서관을 통한 사회의 발전을 추구하였지만 그것이 가져온 외형상의 발전과는 달리 이용자들로 하여금 도서관을 사사로운 공간으로 활용케 함으로써 절반의 성공만을 가져왔다고 할 수 있다.

---

197) 공공영역이 사사로운 영역에 속해 있다는 사실은 이 영역이 사사로운 개인들로 구성되었다는 점에서 그러하다. 곧 공중으로서의 개인은 한편으로는 개인의 사사로운 이해관계에 기반해 있으면서 동시에 공공의 문제에 대한 관심을 나타내는 존재를 의미한다. 따라서 공공영역 안에 위치하는 개인은 언제나 사사로운 목적에 매몰될 가능성을 가진 개인으로 존재한다. 다만 이러한 개인이 어떻게 공공의 문제에도 관심을 가짐으로써 두 영역의 균형을 유지하며 성장할 수 있는가하는 것이 공공영역의 핵심 문제이다.

198) 여기에서 개인이 국가와 사회의 관심에서 멀어졌다는 것은 사사로운 개인에 대하여, 자율성과 주체성을 가진 행위의 주체로서 접근하는 시각이 약화되었다는 것을 의미한다. 산업화 과정에서 문맹 퇴치를 통한 인력 자원의 계발이라는 점이 강조되었기는 하지만 이것은 개인을 의사소통 존재라는 측면에서 본 것이라기보다는 도구적 존재라는 측면에서 본 것이다.

5.3. 공공영역의 중층화

　제도화의 과정을 거치면서 도서관 영역은 안으로 여러 수준이 복합되게 연계되는 중층의 구조를 가진 형태로 발전하였다. 도서관의 중층 구조는 크게 도서관을 둘러싼 사회의 관심과 도서관이 수행하는 기능, 그리고 사사로운 영역과 공공의 영역 사이에서 도서관의 위상 등이라는 측면으로 나누어 살펴볼 수 있다.

5.3.1. 도구적 관심과 의사소통 관심의 분리

　광복 이후 도서관의 발전 과정에서 가장 중요한 변화로 지적할 수 있는 것은 도서관을 둘러싼 관심에서 의사소통 행위에 대한 관심이 분리되었다는 사실이다. 앞에서도 살펴본 바와 같이 국가의 도서관 영역에의 개입은 도서관으로 하여금 새 국가 건설에 필요한 인력자원 확보를 위하여 문맹 퇴치와 사회 계몽활동 등을 강화하게 하였다. 이러한 활동들은 일제시대 사립 공공도서관 운동 시기부터 실시되어 왔던 것이기는 하지만, 그것이 어떠한 관심에 기초하여 이루어졌는가 하는 부분에서는 큰 차이를 보여준다.

　의사소통 행위란 "목적하는 바를 달성하기 위해 자기 혼자만을 생각하여 계산적으로 행동하지 않고 참여자들이 서로 협력하여 이해에 이르고자 하여 사회적 교섭행위가 조정되는 행위"를 의미하며, 의사소통 과정에 참여하는 상대방에 대한 이해에 관심을 가진

다는 측면에서 사회성을 띤 행위로 나타난다.[199] 의사소통 행위는
도구와 기술을 통하여 대상을 통제하고 조작하고자 하는 목적 합
리성에 기댄 도구적 관심과는 큰 차이를 나타낸다. 목적 합리성에
터한 도구적 행위는 물질세계를 얼마만큼 능률성 있게 다루는가에
따라 평가되는 행위로서 이해보다는 결과를 중요시한다.

광복 이후 도서관 활동은 도서관이 지향하는 목표가 도서관 이
용자들의 자기 성찰과 나아가 사회 실정에 대한 비판의 안목을 갖
게 하는 데까지 두어지지는 않았다는 점에서 일제시대 민립 공공
도서관을 중심으로 이루어졌던 계몽 활동과는 근본에 있어서 차이
를 보인다. 일제시대의 민립 공공도서관은 이용자들이 사사로운 관
심의 영역을 벗어나 타인과 사회의 영역으로까지 관심의 세계를
확장시킬 수 있도록 도서관의 역할이 인식되었다는 점에서 자유로
운 의사소통 행위에 터한 해방의 관심이 그 중심을 이루었다. 그
러나 광복 이후 도서관에 두어졌던 사회의 관심이나 실제로 도서
관이 이용자들에 의해 이용된 방식들은 이러한 개개인의 의사소통
행위의 활성화보다는 개인의 역량을 근대화를 위한 중요한 수단으
로 활용하고자 하는 도구적 관심에 의해 지배되었음을 보여준다.
이런 상황에서 도서관을 둘러싼 활동들은 도서관을 통하여 이용자
들이 자유롭고 활발한 의사소통 행위를 전개할 수 있도록 하는 방
향에 초점을 둔 것이 아니라, 이용자에 대한 관심이 배제된 상태
에서 도서관 환경을 개선하여 이 공간이 근대화라고 하는 사회의
목표를 성공리에 수행할 수 있도록 하는 데에 초점을 맞추었다.

광복 이후 도서관의 발전 과정에서 비판 기능이 약화되고 교육

---

199) 박영신, 위 글(1992), 339쪽.

기능이 강화되었다고 하는 것은 이처럼 근대화 과정에 있던 우리 사회에서 도구 합리성이 크게 강조되었다는 것을 의미한다. 도구 합리성의 강조는 도서관의 운영 및 이용과 관련된 부분에도 큰 영향을 미쳤다. 운영 측면에서는 근대화의 목표를 달성하는 수단으로써 도서관을 어떻게 활용할 것인가의 문제가 부각되었다. 이 과정에서 도서관이라고 하는 공간은 얼마나 성숙한 개인을 양성하느냐 보다는 어떠한 기능을 가진 인력을 양성하느냐가 중요한 문제로 제기되었다. 마찬가지로 장서의 수준이나 질, 전문 인력의 역할과 기능, 이용자를 위한 서비스의 종류 등이 논의되기보다는 도서관 및 장서의 수, 근무 인력의 수와 같은 계량화된 수치를 중심으로 도서관 발전을 위한 활동들이 전개되었다. 다른 한편으로 도구 합리성이 강조되는 환경에서 개인들은 사사로운 목적을 위한 활동, 곧 성공 지향의 도구적 행위 경향을 강화하였다. 비판 역량에 대한 요구로부터 자유로워진 개인들은 자신의 발전을 경제 측면에서의 성공과 동일시하게 되었던 것이다. 이와 같이 도구 합리성의 강조로 나타난 교육 기능의 강화는 도서관이 공부방으로 이용되게 되는 중요한 원인으로 작용하였다.

도구적 관심과 의사소통의 관심의 분리는 일제시대 이용자 개인의 비판 역량을 강화하는 것을 강조하였던 도서관의 활동이 점차 거시 수준에서의 담론과 제도 개선의 차원으로 옮겨지는 결과를 가져왔다.[200] 광복 이후 도서관 관련법과 제도 개선의 노력들이 활

---

200) 도서관 발전을 위한 활동에서 개인에 대한 관심과 도서관 환경에 대한 관심이 반드시 분리되는 것은 아니다. 오히려 도서관 환경을 개선하고자 하는 노력은 개인에 대한 더욱 나은 서비스를 제공하고자 하는 측면에서 이루어지는 것이 정상이라고 할 수 있다. 그러나 현실에 있어서 전개된 상황들은 개인 곧 도서관 이용자에 대한 관심과 도서관 환경을 개

발하게 이루어지고, 입관료 철폐, 개가제 및 관외 대출 실시, 이동도서관, 순회문고와 같은 활동들이 활발하게 전개된 것은 이러한 상황을 배경으로 한 것이다. 그러나 이러한 발전은 다른 한편에서 도서관 이용자를 위한 서비스 개선의 노력들을 담보로 한 것으로 도서관 이용에 있어서는 점점 더 사사로운 관심이 지배하게 되는 경향을 강화시켰다.

5.3.2. 개인의 관심과 사회의 관심의 분리

도서관의 발전 과정을 살펴보면 도서관은 끊임없이 사회의 특정 목표를 달성하기 위한 수단으로 활용되어 왔음을 알 수 있다. 일제시대에는 애국 계몽운동을 위한 수단으로, 광복 이후에는 근대화를 위한 도구로, 현대에는 삶의 질을 향상시키기 위한 방편으로 이용된 것이 그러한 사례이다. 그러나 이처럼 국가나 민간영역에서 도서관을 설립·운영하려고 하는 목적과 별개로 도서관을 이용하는 사람들 또한 각자의 목적과 필요에 의해 도서관을 이용하게 된다. 따라서 도서관은 사회의 발전을 이루려고 하는 집단화된 노력과 개인의 발전을 이루려는 다양한 개인들의 노력이 공존하는 공간이라고 할 수 있다.

국가나 민단단체들의 노력은 공공도서관의 설립과 운영을 통하여 도서관 이용자 개인들에게 영향력을 행사함으로써 그 목표를

선하고자 하는 관심이 서로 분명하게 분리되어 전개되었음을 보여준다. 도서관이 공부방으로 전락하게 된 사실은 이러한 분리 발전의 상황을 보여준 하나의 사례이다.

달성하고자 한다. 따라서 비록 서로 다른 주체들에 의해 도서관이 설립·이용되지만 그러한 활동들이 지향하는 대상은 이용자 개개인을 향해 있다고 할 수 있다. 다시 말해서, 국가는 근대화에 요구되는 기능인을 양성하는 공간으로 도서관을 활용하고, 도서관 운동단체들은 지식의 확장에 터해 자기 통제능력을 갖춘 개인을 양성하는 공간으로 도서관을 이용하는 등 차이를 보이지만, 이러한 활동들은 도서관을 통하여 행위자 개인의 행위와 태도 등에 영향을 미침으로써 사회의 발전을 이루고자 한다는 점에서 공통점을 갖고 있다.

이것이 국가 또는 도서관 운동단체들이 도서관이라는 공간을 통하여 행위자 개인과 맺고 있는 관계의 특성을 설명한다면, 행위자 개인은 때로는 그러한 국가 또는 민간영역의 도서관 활동들이 지향하는 것과 같은 방향으로, 때로는 그와는 전혀 관계없는 방향으로 도서관을 이용하는 모습을 보여준다. 보기로, 도서관 이용을 통하여 개인들은 특정의 사회적, 국가적 목표에 부응하기도 하고, 그러한 목표를 이용하기도 하였으며, 때로는 그러한 목표에 저항하기도 하였다.

광복 이후 나타난 도서관의 사사화 현상은, 도서관을 통하여 경제 발전에 필요한 기능인을 육성하고자 했던 국가의 목표와 경제 측면에서의 성공을 통하여 자신의 안전을 확보하려고 했던 개인의 목표가 서로 융합되면서 나타난 현상이었다. 그러나 비록 도서관을 통하여 국가와 개인이 추구하고자 했던 목표가 서로 유사한 방향으로 나타나기는 하였지만, 그러한 현상이 국가나 개인이 서로 지향하는 바가 동일하다는 것을 의미하는 것은 아니다. 다시 말해서,

도서관에 대한 국가의 목표가 기능인의 양성에 초점을 맞춤으로써 이용자 개개인의 지식과 도덕성에 기초한 비판 역량 강화에는 강조를 두지 못한 것이 사실이지만, 여전히 국가는 사사로운 영역에 머물러 있던 개인들을 제한된 의미에서나마 공공의 영역에 끌어내옴으로써 근대화의 과정에 이들을 참여시키고자 하였다는 것이다. 국가는 교육 기능의 강조를 통하여 개인의 생활 태도를 혁신하고 이를 통하여 근대화에 따르는 많은 사회의 문제 상황들에 대해 더욱 능동성을 가지고 대처할 수 있도록 개인의 역량을 강화시키고자 하였다. 이처럼 사회의 문제 상황들에 대응하는 개인의 역량 강화에 대한 필요성은 개인을 사사로운 영역으로 후퇴시키는 것이 아니라 공공의 영역으로 진출케 함으로써 가능한 것이었다.

그러나 개인들이 도서관을 이용하는 방향은 그와는 반대로 오히려 사사로운 영역으로의 후퇴를 특징으로 하였다. 개인들은 도서관을 입시나 취업 준비의 공간으로 주로 활용하면서 더욱더 사사로운 세계로 관심의 영역을 좁혀나갔다. 그 결과 지식 역량의 개발이 근대화에 필요한 기능인으로서의 성장을 가져오기는 하였지만, 그것은 자기 자신을 공중이 아니라 사사로운 개인으로 후퇴시킴으로써 이루어진 것이었다.

이러한 현상은 도서관 활용에 있어서 이용자 개인이 바라보는 도서관의 의미와 공공정책의 입장에서 접근하는 도서관, 도서관 운동단체들이 바라보는 도서관이 서로 다른 의미 속에서 해석된 데서 비롯된 것이었다. 나아가 이러한 인식의 차이는 도서관의 발전 과정에서 그대로 나타나 국가와 민간영역 그리고 개인의 도서관 이용의 분리현상을 초래하였다. 곧 한편에서 도서관 이용자들은 국가의 정책 목표나 도서관 운동단체들의 지향과는 관계없이 도서관을 자신의 성공을 위한 공간으로 활용한 반면, 다른 한편으로 국가 및 도서관 운동단체들은 도서관을 사회의 경제 발전이나 정치 발전을 위한 공간으로 활용함으로써 개인의 관심과 사회의 관심이 서로 분리된 채 전개되는 모습을 보이게 되었다.

5.3.3. 중층화된 공공영역

도서관을 둘러싸고 도구적 관심과 의사소통의 관심이 분리되고 개인의 도서관 이용과 국가의 도서관 운영이 서로 분리된 방향으로 이루어지면서 도서관은 운영과 이용, 개인과 제도, 의사소통 합리성과 도구 합리성이라고 하는 부분이 서로 통합되어 연계되지 못한 채, 중층의 구조를 가지고 발전하게 되었다. 곧 개인 수준에서는 개인의 성공을 향한 사사로운 관심이 도서관 이용의 주목적으로 여전히 자리 잡으면서, 자기 자신 및 다른 이용자들과의 자유로운 의사소통 행위를 목적으로 하는 활동들은 약화되었다. 한편, 사회의 수준에서는 인력 자원의 확보가 도서관의 중요한 관심사로 자리하면서 교육 기능이 여전히 강조되었고, 동시에 도서관 운영을 통하여 사회에 대한 비판능력을 가진 인재들이 양성되어야 한다는 공공담론 및 활동들이 공공도서관 바깥에서 도서관 운동의 형태로 활발하게 전개되었다. 도서관을 중심으로 펼쳐진 이와 같은 현상을 관심의 수준과 내용이라는 두 축으로 구분하여 살펴보면 아래의 그림과 같이 설명할 수 있다.

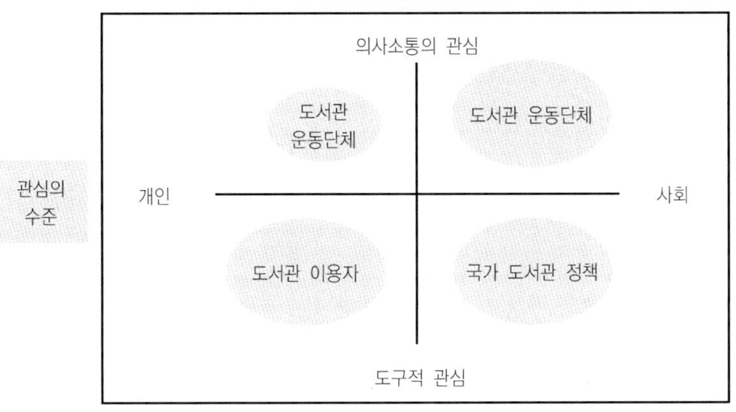

〈그림 3〉 국가, 도서관 운동단체, 개인의 도서관 이용 목적

　도서관이라고 하는 시설은 개인의 수준에서는 개개인의 성찰력과 주체성을 강화하는 역할을 수행함과 동시에 특정 목적을 달성하는 데 필요한 지식 역량을 강화함으로서 개개인의 도구적 능력을 향상시키는 기능을 담당한다. 또한 사회의 수준에서는 행위 주체로서의 개인들 사이의 자유로운 의사소통을 중심으로 공론의 영역을 형성시키는가 하면 다른 한편으로 사회교육 시설로서의 역할을 통하여 사회의 경제 발전을 이끌어내는 역할을 수행하기도 한다.

　우리의 도서관 발전 과정에서는 도구 합리성의 지나친 강조와 그에 따른 의사소통 합리성의 약화, 행위 주체로서의 개인에 대한 관심의 미흡으로 인하여 이러한 네 영역이 종합으로 발전한 것이 아니라 서로 분리되어 발전하는 모습을 취하게 되었다. 곧 사회를 둘러싼 도구적 관심의 강화는 도서관을 통하여 도구적 인간, 곧 기능인을 양산하는 결과를 초래하였으며 그 결과 사회의 수준에서는 경제 발전을 이룰 수 있는 인력 자원의 토대를 마련할 수 있었다. 그러나 이에 따른 의사소통 관심의 약화는 개인이 지식능력을 갖추게는 하였지만, 성찰성과 도덕성을 함양하게까지는 하지 못하였다. 마찬가지로 사회의 수준에서는, 개인의 성찰력을 강화함으로써 공공의 관심영역에 대한 비판 담론을 형성하게 하는 노력들이 일부 도서관 운동단체들에 의해 전개되기는 하였으나, 그러한 활동이 도서관 이용자들에게나 국가의 정책영역에까지 영향력을 행사하지는 못하였다. 이런 상황에서 개인들 간의 의사소통 행위에 대한 관심, 곧 성찰능력을 갖춘 개인을 양성하고자 하는 관심이 어느 집단에 의해서도 집중되어 강조되지 못함으로써 도서관 공공영역은 그 기반이 되는 비판 공중의 형성 부분에서 큰 취약점을 가지게 되었다.

제6장

공공영역 재활성화의 과제

6.1. 국가와 공공영역

6.1.1. 공공영역의 새로운 자리매김

일제 식민지시기를 전후하여 설립된 근대 공공도서관은 우리 사회의 공공영역의 한 부분을 구성하였다. 사사로운 영역에 머물러 있던 개인이 도서관의 등장을 통하여 공공의 영역으로 나오고, 이를 통하여 사사로운 관심 세계에서 공공의 넓은 관심 세계를 경험할 수 있는 기회를 갖게 되었다. 그동안 사회의 무관심과 무시 속에서 '숨어서' 독서를 해야 했던 많은 부녀자 계층에게나, 서적을 모아둔 공간(서적고)에 접근이 금지되었던 많은 일반 백성에게나 그리고 학업에 종사하는 수많은 학생 계층에게 근대의 공공도서관은 성별이나 신분, 직업의 귀천에 관계없이 누구나 접근할 수 있고, 자유로이 서적을 이용할 수 있는 근대의 상징화된 공간으로 받아들여졌다. 이 공간을 통하여 사생활의 영역 속에 갇혀 지내던 많은 개인들이 비로소 공공의 영역에 등장하게 되었으며, 독서를 통하여 자기 자신과 대화하는 방법을 터득함으로써 사사로운 관심 세계를 벗어나 점차 비판능력을 갖춘 '독서 공중'으로 성장하게 되었다.

독서 활동을 매개로 한 공중의 형성은 도서관이라는 공간이 우리 사회에서 문예 공공영역으로 기능하였음을 보여준다. 특히 일제의 식민지 지배와 맞물리면서 애국 계몽운동의 일환으로 추진된 도서관 설립운동은 도서관으로 하여금 문예 공공영역에서 정치 공공영역으로 자연스럽게 전환하는 환경을 마련해 주었다. 도서관을 통하여 공공의 영역으로 나온 개인들은 자연스럽게 도서관을 둘러싼 '애국 계몽'의 분위기에 접하게 되었고, 독서를 통하여 성장한 의사소통 능력을 기반으로 비판능력을 갖춘 공중으로 성장하였다. 이러한 과정 속에서 도서관은 한편으로 일제의 권력에 맞서는 비판 담론을 형성하는 공간으로서의 역할과 다른 한편으로 일반 민중들을 계몽하여 비판능력을 갖춘 공중으로 성장시키는 교육 공간으로서의 역할을 수행하였다.[201]

공공영역으로서 도서관의 발전은 광복과 더불어 새로운 모습으로 전개되었다. 광복 이후 도서관의 발전은 국가와의 밀접한 관계를 통해서 이루어졌는데 이는 도서관 영역이 다양한 방식으로 제도화되는 형태로 이루어졌다. 일제시기 활발하게 전개되었던 민립

---

201) 하버마스는 공공영역을, 밖으로는 국가권력에 대한 비판 기능을 수행하는 공간임과 동시에 안으로는 민중에 대한 교육을 수행하는 공간으로 이해하였다.

공공도서관 운동은 광복 이후 점차 쇠퇴하게 되었으며 국가에 의한 도서관의 설립이 크게 증가하였다. 국가와 도서관의 관계는 법을 통해서, 정책을 통해서, 또한 다양한 형태의 제도를 통해서 이루어졌다. 이 과정에서 주목하여야 할 것은 도서관 영역과 국가와의 결합이 국가에 의해 일방으로 도서관 영역을 병합시키는 형태로 이루어진 것이 아니라는 점이다. 그보다는 도서관을 둘러싸고 전개되었던 국가 지원에 대한 민간영역의 요구와 교육을 통하여 전근대의 생활 방식과 문맹률을 일소해야 했던 국가의 필요성 속에서 국가의 도서관 영역에의 개입이 일어나게 되었다. 뿐만 아니라 일제시기 도서관 운동을 주도했던 많은 인력들이 광복 이후 국립도서관 및 공립도서관에 진출함으로써 일제시대까지 분명하게 구분 지어졌던 국가권력과 민간영역의 경계 자체가 도서관을 중심으로 해서는 매우 불분명하게 나타나게 되었다.

이러한 사실은 광복 이후 도서관의 발전 과정에서 분명하게 나타난다. 최초의 도서관법이나 공공도서관 설치계획은 국가에 의해 일방으로 추진된 것이 아니라 민간단체였던 한국도서관협회를 중심으로 한 도서 관계의 요구와 도서관 관련법의 필요성에 대한 국가의 인식이 연결되면서 추진된 것이었다. 이처럼 광복 이후 국가와 도서관의 관계는 서로 대립의 관계에서 발전했다기보다는 상호 협력과 견제의 관계를 통하여 발전하였다.

이와 같은 도서관 발전의 역사는 우리 사회에서 공공영역의 발전 경로를 보여주는 한 사례이다. 우리 사회의 공공영역은 '국가의 과잉 발전에 따른 시민사회의 저발전'이라는 현상 속에서 국가권력에 대해 종속의 위치를 가지는 방향으로 발전되어 왔다는 것이

기존의 인식이었다. 곧 공공영역을 형성하는 주체 세력이 "서구에
서처럼 아래로부터의 시민혁명을 통하여 자발로 형성되었다기보다
는 거꾸로 국가에 의해 위로부터 창출"됨으로써 공공영역 자체가
국가권력에 대해 종속된 위치를 점하게 되었다는 것이다.[202] 도서
관 발전의 역사는 우리 사회에서 공공영역이 형성되게 된 조건이
이미 국가의 개입이 본격화되기 시작한 시기 이전으로 거슬러 올
라감을 보여준다. 곧 개화기를 전후한 시기부터 계몽된 개인을 육
성하여야 한다는 필요성이 강조되었고 일제시대에 들어와서는 식
민 지배를 벗어나기 위한 집단화된 노력이 도서관 설립운동이라고
하는 형태로 전개된 바 있다.

광복 이후 국가 개입을 통한 도서관의 발전 과정 또한 도서관이
국가에 의해 일방으로 이용되거나 국가의 지배에 대해 민간영역이
저항하는 형태로 발전하지 않았음을 보여준다. 오히려 경제 발전과
산업 근대화라고 하는 목표가 전 사회에 걸쳐 널리 공감대를 형성
함으로써 도서관 영역을 둘러싸고 국가와 민간영역의 관계는 서로
협력하고 때로는 갈등을 겪기도 하는 방향으로 전개되었다. 다시
말해서, 국가의 개입을 통하여 도서관 영역이 국가의 관리 체제
안으로 들어가게 되는 과정은 단순히 국가에 의해 민간영역이 통
합되거나 종속되게 되는 모습은 아니었다.[203] 그보다는 오히려 국
가와 민간영역이 서로의 목적, 곧 사회의 효과 있는 지배와 자유

---

202) 권용혁, "하버마스와 한국", 280쪽.

203) 우리 사회에서 도서관 영역에 대한 국가의 개입은 하버마스가 주장했던 것처럼, '국가의
사회화(societalization)'나 '사회의 국가화(statefication)'를 통하여 공공영역이 '재봉건화
(refeudalization)'되는 형태로 전개되지 않았음을 보여준다. 이러한 주장과 관련하여
Tony Bennett, 위 글(2000), 13−20쪽 볼 것.

로운 의사소통 공간의 확보라고 하는 서로의 목적을 실현하기 위하여 도서관이라는 공간을 공동으로 발전시켰음을 알 수 있다.[204]

이 과정에서 특히 중요하게 살펴보아야 할 문제는 국가에 의해 설립된 도서관 곧 공립 공공도서관이 그 성격상 공공영역이 될 수 있는가하는 점이다. 이것은 국가에 의해 설립된 도서관은 이미 국가의 영역에 속해 있기 때문에 공공영역을 구성하는 것으로 보기 어렵다는 인식을 바탕으로 하고 있다. 그러나 국가에 의해 설립된 시설이라고 할지라도 그 안에서 일어나는 활동이 국가권력으로부터 상대적 자율성을 가지고 자유로운 의사소통 행위를 지향하고 있다면 그러한 시설은 공공영역을 형성하는 중요한 구성 요소로 파악할 수 있다. 따라서 공립 공공도서관이 국가의 이데올로기 통제 기구로서 존재하지 않는 한 비록 국가에 의해 설립되었다고 할지라도 공공영역의 하나로 보아야 할 것이다.

이런 점에서 도서관 영역에 대한 국가의 개입은 국가가 사사로운 영역에 대하여 직접 통제를 행사하기 위한 목적에서 추진되었다기보다는 개인들의 자기 통제능력을 강화시킴으로서 국가의 통제를 최소화하기 위한 방식으로 추진되었다고 보는 것이 타당하다.[205] 이것은 공공영역이 국가의 개입을 통하여 소멸되었다거나 약화되었다기보다는 국가와 공공영역 사이의 관계가 새로운 형태

---

204) 한 사회를 효과 있게 관리하고자 하는 사회의 집단화된 의식(collective mentality)이 '통치 합리성(governmenatlity)'이다. 통치 합리성은 그것이 국가나 시민사회 일방이 아니라 한 사회를 공통으로 지배하는 의식 곧 양자에 의해 모두 공유되는 의식이라는 점에서 '집단성'을 가진다. 일제시대로부터 현대에 이르기까지 도서관이라고 하는 공공의 공간은 이처럼 우리 사회를 둘러싼 공통의 관심에 의해 발전되어 온 것이다. 이와 관련하여 Mitchell Dean, 위 글, 16 - 20쪽 볼 것.

205) Tony Bennett, 위 글(2000), 18쪽.

로 변형되었음을 보여준다. 곧 사회의 문제영역들에 대하여 국가는 공공영역의 활성화를 통하여 그러한 문제에 직접 개입하지 않으면서 문제를 해결하고자 함으로써 국가와 공공영역의 관계가 대립과 저항의 관계만이 아닌 협력과 견제의 관계로 발전할 수 있는 가능성이 나타난 것이다. 우리 사회에서 도서관의 발전은 바로 이러한 국가와 공공영역 간의 관계 설정에서 발전하였다.

6.1.2. 긴장의 공간으로서의 공공영역
(tension - charged public sphere)

광복 이후 도서관 영역에 대한 국가의 개입은 도서관의 역할에 있어서 중요한 변화를 가져왔다. 그러한 변화 가운데 하나가 공공영역으로서의 도서관에 대한 교육 관심의 강조이다. 일제시대 조선인에 의해 설립된 도서관은 두 가지의 당면한 과제를 배경으로 하고 있었다. 하나는 일제에 대한 저항을 통하여 빼앗긴 국권을 회복하는 것이고 다른 하나는 이러한 목적을 위하여 매우 낮은 수준에 처해 있던 민중들의 지식수준을 끌어올리는 것이었다. 따라서 도서관은 한편으로 민중들에 대한 교육 기능을 수행하면서 다른 한편으로 일제에 대한 비판의 기능을 수행하는 공간으로 위치 지워졌다.

그러나 광복 이후 도서관의 역할에 있어서 민중에 대한 교육 기능은 더욱 강조되는 가운데 사회에 대한 비판 기능은 매우 약화되게 되었다. 국가의 개입과 더불어 강화된 이와 같은 비판 기능의 약화와 교육 기능의 강화 현상은 비단 우리 사회에서만 나타난 것은 아니다. 서구 유럽의 경우에도 문화영역에 대한 국가의 지원이 증가하면서 문화영역의 교육 기능이 더욱 강조되는 현상이 나타났다. 이러한 현상이 곧바로 국가에 의한 공공영역의 종속을 의미하는 것은 아니다. 왜냐하면 아무리 공공의 문화 시설이 국가와 밀접한 관련을 맺게 되었다고 할지라도 그 시설들은 여전히 국가의 의도와는 분리된 것으로서, 사회의 문제영역들에 대한 교육의 기능을 수행하기 때문이다.206)

국가와의 밀접한 관계를 통하여 변화된 것은 공공영역이 수행하는 역할 자체가 아니라 그것이 기반한 사회관계이다. 국가와의 강화된 관계 속에서 공공영역의 비판과 교육 기능은 국가제도의 범위 밖에서 국가에 저항하는 형태로가 아닌, 국가의 지원 안에 위치한 다양한 제도들을 통하여 사회의 문제영역들을 대상으로 수행된다. 이러한 현상들은 서구와 같은 역사 경험을 갖지 않은 사회, 곧 자생성을 띤 자본주의의 발전을 경험하지 않은 사회들에서는 더욱 광범위하게 나타난다. 서구의 경험과는 달리 국가에 대한 저항이나 비판을 통하여 발전된 공공문화 시설 – 도서관, 박물관, 미술관 등과 같은 – 의 역사가 전혀 없는 경우가 매우 많을 뿐만 아니라, 등장부터 국가의 지원 아래 형성되는 경우가 대부분이다.207) 이처럼 국가와의 밀접한 관계를 통하여 공공영역은, 그 역할이 국가의 영역 밖을 지향하는 활동에 두어지는 것이 아니라 국가가 통제와 관리를 수행하는 사회의 문제영역들을 대상으로 하게 된다.

---

206) 위 글, 18쪽.
207) 위 글, 19쪽.

이로 인하여 공공영역의 교육 기능은 더욱 강화되는 것이다.

광복 이후 우리 사회에서 도서관의 교육 기능이 강화된 것은 이러한 맥락에 위치한다. 근대화 과정에서 도서관은 개개인의 자기통제능력을 강화함으로써 사회의 문제 상황들, 곧 문맹과 음주와 전근대의 생활 태도를 개선하는 일에 활동의 초점을 맞추었다. 공공영역이 공중으로 성장한 사사로운 개인들의 공간이며, 사사로운 개인들의 성장을 위해서는 자기 통제능력을 강화하는 것이 필수로 요구된다고 볼 때, 이러한 도서관의 교육 기능은 개인을 비판능력을 갖춘 공중으로 성장시키는 가장 중요한 기능 중의 하나라고 할 수 있다. 그러나 이와 마찬가지로 공공의 영역에 참여하는 개인들이 자율성을 가진 주체로서 자유로운 의사소통 과정에 참여할 수 있기 위해서는 개인의 성찰능력을 강화하는 데 초점이 두어지는 비판적 관심 또한 매우 중요한 공공영역의 한 요소라고 할 수 있다. 나아가 자기 자신 및 사회에 대한 성찰을 통하여 형성되는 의사소통 활동은 그 자체로서 비판 성격을 가짐으로써 공공영역이 수행하는 비판 기능의 핵심으로 자리 잡게 된다.

이런 점에서 공공영역에 대한 국가의 개입은 공공영역의 교육 기능이라고 하는 부분에서 접점을 발견하게 된다. 그러나 다른 한편으로 공공영역의 비판 기능과 관련하여서는 국가와 공공영역의 관계는 공공영역이 비판 기능을 수행하는 데 제약 요인으로 작용하기도 한다. 공공영역이 수행하는 비판 기능이 국가권력에 대한 비판만을 의미하지는 않는다. 공공영역의 비판 기능은 오히려 국가가 존립하고 존속하게 되는 중요한 필요조건으로 존재하기도 한다.208) 따라서 국가와의 관계 속에서 성장하게 되는 공공영역이라고 할지라도 다양한 형태로 사회의 비판 역량을 강화하는 것이 불가능한 것은 아니다. 그러나 이러한 가능성에도 불구하고 현실에서 국가의 공공영역에 대한 개입은 교육 기능을 강화하면서 비판 기능은 약화시키는 모습으로 전개되었다.

공공영역은 언제나 서로 연관되면서도 분리된 두 기능의 긴장 관계 가운데 위치한다.[209] 공공영역은 안정된 상태로 존재하지 않는다. 곧 교육 기능과 비판 기능, 도구적 관심과 의사소통 관심이라고 하는 두 가지의 서로 다른 인식 관심의 긴장 관계 속에 존재하며, 이러한 긴장 관계를 통하여 공공영역은 사회의 문제 상황에 대한 교육의 역할과 권력에 대한 비판의 역할을 수행한다. 광복 이후 도서관의 발전 과정에서 교육 기능과 비판 기능이 분리되고 교육 기능만을 중심으로 도서관이 발전하게 된 것은 바로 이러한 긴장 관계가 깨어졌음을 보여준다. 이러한 긴장 관계의 불균형은, 사사로운 영역에 머물던 개인이 공공의 영역으로 나아오는 매개 공간의 역할을 담당했던 도서관이, 반대로 공공의 영역에서 사사로운 공간으로 퇴각하는 개인들을 만들어내는 공간으로 전환되는 결과를 가져왔다. 그 결과 도서관을 통하여 비판능력을 갖춘 '독서 공중'이 형성되는 것이 아니라 공공의 영역을 사사로이 목적으로 이용하는 개인들이 양산되는 결과가 초래되었다.

---

208) 공공영역의 비판 기능은 그 자체로서 지배를 위한 전제 조건이 되기도 한다. 푸코는 이것을 개인들의 자유(liberty)가 지배(power)의 전제 조건이자 목표가 된다는 방식으로 설명하였다. 이와 관련하여 Colin Gordon, "Governmental rationality: An introduction", Graham Burchell 들(엮음), 위 글 볼 것.

209) Tony Bennett, 위 글(2000), 15쪽.

6.2. 공공영역과 개인

6.2.1. 공공영역과 성찰성을 가진 개인

공공영역은 사사로운 관심 세계에 머물러 있는 개인이 비판능력을 갖춘 공중으로 성장하여 여론을 형성하게 되는 공간이다. 이런 점에서 공공영역의 문제는 개인의 문제와 직접 맞닿아 있다. 곧 사사로운 개인이 어떻게 비판능력을 갖춘 공중으로 성장하는지, 개인의 사사로운 관심 세계가 어떻게 공공의 관심 세계로까지 확장될 수 있는지, 사사로운 영역에 머물고 있는 개인이 어떻게 공공의 공간에 모습을 드러내게 되는지와 같은 주제들은 공공영역의 출현 및 발전과 직접 연결되어 있는 문제이다.

공공영역과 행위 주체로서의 개인의 관계는 우리 사회에서 공공영역의 주체 문제를 접근하는 데 중요한 실마리를 제공한다. 부르주아에 의해 형성되고 운영된 서구의 공공영역이 경제 기반에 뿌리를 두고 국가로부터 상대적으로 자율성을 띤 영역으로 출발한 것과 달리, 우리 사회의 공공영역은 개화기부터 이어진 열강의 침략과 지배를 벗어나기 위해 모든 사회영역의 공동 협력 관계 속에 출현하였다.

이것은 국가와 시민사회의 이분 모델에 기준하여 공공영역을 접근하는 방식이 우리 사회를 분석하는 데에는 그리 적합하지 못하다는 것을 의미한다. 그보다는 도서관의 발전 과정에서 나타난 바와 같이 일제시대 지배 권력에 대한 저항과 비판 담론 및 실천을

주도하던 많은 도서관 관계자들이 광복 이후 국가의 공립 공공도
서관 운영진으로 참여함으로써 국가와 도서관 운동을 전개하던 세
력들이 서로 협력하면서 견제하는 관계를 맺게 되었다. 도서관 정
책 관련 핵심 기관인 국립중앙도서관은 국가의 이데올로기 지배
기구로서 운영되기보다는 도서관 서비스를 확대시킴으로써 우리
사회의 발전을 이끌어내는 데 중요한 역할을 했다는 점에서 공공
영역의 중요한 한 부분을 구성해왔다고 할 수 있다.[210]

근대 개인 곧 개인을 행위의 주체로 인식하고 이들의 역량 강화
를 위해 다양한 국가제도들과의 갈등과 긴장 그리고 협력의 관계
속에서 출현하였다고 하는 것이 타당하다. 이것은 우리의 시민사회
가 서구와 달리 국가 중심의 역사 전통, 일제 식민지와 분단의 경
험, 국가 주도의 발전 등에 의해 해방의 역할과 동시에 보수성을
공유하는, 또한 "해방적이지도 않으며 보수적이지도 않은 주체들이
활동하는 비결정성의 공간"으로 출현·발전하게 된 독특한 역사과
정을 내포한 것이다.[211]

사사로운 영역에 머물고 있는 개인이 사회 관심의 영역으로 등
장하게 된 것은 근대 이후의 일이다. 근대 이전까지 개인은 지배
를 위하여 강제되고 동원되어야 할 존재로써만 인식되었다. 그러나

---

210) 베넷은 서구에서 부르주아 공공영역을 구성했던 제도들, 예를 들면 박물관, 미술관, 도서
　　관들이 국가체계에의 편입에 따른 제도화와 같은 과정 속에서도 다양한 방식을 통하여 여
　　전히 비판 담론을 형성해 내는 공공영역으로서의 기능을 수행했다고 주장한다. 비록 사회
　　모든 영역에 걸쳐 크게 확장되지는 못하였지만, 우리 사회에서 일제시기에 다양한 도서관
　　운동을 벌였던 도서관 관계자들이 광복 이후 공립 공공도서관체계로 편입된 이후에도 여
　　전히 비판 담론을 형성하는 역할을 수행하였고, 이후 도서관의 발전이 그러한 노력을 통
　　하여 이루어졌다는 사실은, 국가의 체계 안에 편입되었음에도 불구하고 공공영역으로서의
　　기능은 여전히 수행될 수 있음을 보여주는 한 보기라고 할 수 있다. 이와 관련하여 위 글,
　　200쪽 볼 것.
211) 김호기, 「한국의 현대성과 사회변동」(나남, 1999), 268-274쪽.

근대 이후 공공의 권위영역과 사사로운 영역의 분화는 개인을 자기 행위의 주체로서 공공의 공간에 등장하게 하였으며 자율성과 권리를 가진 존재로 성장하게 되는 환경을 제공하였다. 공공영역은 바로 이러한 개인들로 구성된 영역으로 이들의 의사소통 활동에 의해 특징 지워진다.

개인들이 공공의 공간에 행위의 주체로 등장하기까지에는 이들의 관심 세계가 사사로운 영역에서 공공의 관심영역으로 확장되는 과정이 존재하였다. 근대 초기 등장한 다양한 문예 공간들은 개인이 사사로운 관심을 매개로 공공의 공간으로 진출하게 되는 환경을 제공하였으며, 이 속에서의 담론들을 통하여 공공영역의 기반이 되는 의사소통을 지향하는 행위들이 발전하게 되었다. 이와 같은 문예 공간들이, 일정한 지식이나 부를 소유한 계층의 개인들이 공공의 영역으로 등장하게 되는 공간을 제공하였다면, 부를 소유하지 못한 하층계급의 사람들은 근대 이후 전개된 다양한 계몽과 교육 활동들을 통하여 공공의 관심 세계에 참여하게 되었다. 문맹의 극복과 전근대의 생활 방식에 대한 교정은 사사로운 개인이 비판 공중으로 성장하기 위해 필수로 거쳐야 할 과정이었다. 이러한 과정을 통하여 개인은 사사로운 삶의 영역을 넘어서서 공공의 관심 세계로 관심의 지평을 확장할 수 있었다.

그런데 이 과정에서 주목하게 되는 것은 교육을 통하여 지향하는 개인이 어떠한 인식 관심에 기초한 개인인가 하는 것이다. 곧 도구와 기술을 통하여 대상을 통제하고 조작하며 사태를 예측하고자 하는 기술에 기초한 관심인지, 더불어 사는 의사소통의 공동체 관계를 확보하고 유지하는 것에 이어진 실천의 관심인지, 아니면 지식 자체의 성격을 파악할 수 있는 비판에 지향된 관심인지를 구분하는 것은 공공의 영역에 등장한 개인이 어떠한 형태로 의사소통 과정에 참여하게 되는지에 중요한 영향을 미친다.[212] 공공영역에서 이루어지는 교육 기능은 모든 관심을 포괄하되 궁극으로는 비판 관심에까지 이르는 것을 목표로 한다.

이와 같은 공공영역의 교육 기능은 다른 한편에서 공공영역이 수행하는 비판 기능의 중요한 토대가 된다. 곧 자기 자신에 대한 깊은 이해를 바탕으로 하여 다른 사람 및 사회에 대한 이해를 추구하고, 상호 간에 의사소통을 지향하는 행위를 통하여 자신의 선택과 결정에 대해 스스로 평가하는 개인을 양성함으로써 공공영역의 교육 기능은 이들을 의사소통 행위의 주체로써 공공의 영역에 참여하게 한다. 그리고 이러한 결과 성찰능력을 가진 개인으로 성장한 개인들은 여론 형성과 같은 활동을 통하여 비판 기능을 수행하게 된다.

개인의 성찰능력에 대한 관심은 공공영역의 차원에서뿐만 아니라 국가 차원에서도 중요하게 인식되었다. 근대 국민 국가의 출현과 더불어 수많은 사회의 문제 상황들에 대하여 국가는 사사로운 영역에 대한 직접 개입보다 개개인의 자기 통제능력을 강화시키는 방식으로 문제들을 해결하고자 하였다. 곧 개인에 대한 강제와 동원에 의해서가 아니라 개인의 자율성과 역량을 육성하고 보호함으로써 이들이 스스로 자신의 문제와 사회의 문제 상황들에 대응해 나가도록 지배의 방식을 변화시켰다. 이러한 관계 속에서 국가 또한 행위 주체로서의 개인의 문제에 관심을 가지게 되었다.

---

212) 박영신, 위 글(1992), 328쪽.

우리 사회에서 도서관의 행위 주체에 대한 관심은 이러한 국가와 민간영역의 공통된 관심을 기반으로 전개되었다. 개화기로부터 일제시기까지 민간영역에서 전개된 근대 도서관 설립운동은 개인을 행위의 주체로 성장시키기 위한 것이었으며 성찰성을 가진 개인의 양성을 통하여 국권의 회복과 민중의 지식 역량 계몽이라고 하는 사회의 문제 상황들을 극복하게 하기 위한 것이었다. 광복 이후 개인의 역량에 대한 관심은 민간영역뿐만 아니라 국가영역에서 한층 강조되었다. 산업 근대화 과정에 필요한 지식능력을 갖춘 개인에 대한 요구는 어느 때보다 교육받은 개인에 대한 사회의 관심을 강하게 불러 일으켰다. 그러나 이 시기에 국가와 민간영역을 통하여 공통되게 나타났던 행위 주체의 역량에 대한 관심의 증가는 성찰력을 가진 개인에 대한 관심이 아니라 기능인으로서의 개인, 곧 근대화의 추구에 필요한 지식과 기술 역량을 갖춘 개인에 대한 도구적 관심이었다고 할 수 있다.

6, 70년대 우리 사회의 최상 목표는 산업 근대화의 달성이었다. 이와 같이 물적 자원의 개발에 치중하는 사회적 풍토에서 인간의 지적 자원의 중요성을 역설하고 지적 자원에 대한 접근을 보장하기 위한 사회적 실천을 모색한 것이 6, 70년대 도서관 운동이라고 할 수 있다. 도서관인들은 "참다운 근대화는 물적 자원의 개발과 지적 자원의 개발이 동시에 균형 있게 이루어지지 않고는 불가능하다"고 보고 물질적 개선과 동시에 그것의 원동력이 되는 정신적 계발의 중요성을 역설하였다.[213]

(공공도서관은) 오히려 우리 사회가 요구하는 인재양성이라는 교육풍토 속에서 설자리를 잃고 방황해왔다고 할 수 있다.[214]

---

213) 이연옥, 위 글, 90쪽.
214) 위 글, 88쪽.

국가가 요구하는 기능인으로서의 개인과 이를 위한 지식 자원의 개발 필요성에 대한 강조는 실천이나 비판에 초점을 맞춘 관심에 기초한 것이라기보다는 기술 관심에 의존한 것이었다. 이처럼 성찰성을 가진 개인을 양성하고자 하는 것에 대한 관심이 약화되고 근대화에 필요한 기능인으로서의 인재 양성이 중요한 목표로 제시되는 환경 속에서 도서관은 자율성에 터한, 자유로운 의사소통 지향 행위들이 일어나는 공간이 아니라 사사로운 목적을 위하여 개인의 발전이 최우선시되는 도구적 관심이 지배하는 공간으로 기능하였다. 그 결과 성찰성을 가진 개인들의 의사소통 공간으로서의 도서관의 기능은 크게 훼손되게 되었다.

6.2.2. 도구 합리성과 도서관 발전의 양면성

도서관을 둘러싼 관심이 성찰성을 가진 개인의 양성에서 근대화에 필요한 인재의 양성으로 전환되면서 도서관 발전을 위한 논의들은 도서관 이용자에 대한 부분보다 시설이나 장서, 예산 등과 같은 도서관 환경의 개선 부분으로 옮겨지게 되었다. 이러한 전환은 도서관의 신설과 장서의 확충, 예산의 증가라는 형태를 통하여 외형상 도서관의 발전에 크게 기여하였다. 그러나 이러한 발전에도 불구하고 도서관은 여전히 공부방으로 이용되는 경향이 강하게 나타났으며, 이러한 경향은 도서관 발전이 정책의 차원에서 지원되는 상황 아래서 더욱 가속화되었다. 이처럼 도서관이 외형상 발전을 이룩하면서도 실제로는 그 이용에 있어서 사사로운 공간으로 활용되고 있었다는 사실은 도서관을 이용하는 이용자를 중심으로 한 서비스가 거의 개선되지 않았다는 점을 통하여 살펴볼 수 있다.

앞서도 살펴보았듯이 도서관이 제공하는 서비스는 도서 자체를 통한 방식과 이용자에 대한 서비스를 통한 방식으로 구분해 볼 수 있다. 도구 합리성에 기반한 도서관 발전 정책은 도서관 서비스에 대하여 질에 기초한 접근 방식 - 어떠한 도서를 어떠한 방식으로 이용자에게 전달하는가 - 을 취하기보다는 양에 기초한 접근방식 - 얼마만큼 많은 양의 도서를 얼마나 많은 도서관을 통하여 제공하는가 - 을 취함으로써 주로 도서관 수나 장서 수와 같은 분야에 있어서 큰 발전을 가져왔다. 그러나 이에 비해 양서(良書)의 제공과 같은 도서 자체를 통한 서비스나 이용자가 더욱 쉽게 지식 정보에 접근할 수 있도록 도와주는 이용자 서비스 부분에 대한 개선은 거의 이루어지지 않았다.

이용자를 중심으로 한 도서관 서비스가 거의 개선되지 않았다는 것은 참고봉사 서비스의 부실과 이용자 서비스의 세분화가 이루어지지 않았다는 점에서 분명하게 드러난다. 도서관의 참고봉사 서비스는 이용자들이 지식 정보에 더욱 쉽게 접근할 수 있도록 도와주는 것으로 이용자 개개인에 대한 관심에서부터 비롯된다.[215] 한 조사에 따르면, 부산지역의 16개 공공도서관 중에서 참고봉사 요청에 대해 참고봉사를 제공한 건수가 20% 미만인 도서관이 절반을

---

215) 참고봉사란 이용자의 지식 정보에 대한 요구에 부응하여 직원이 이용자와의 면담을 통하여 특정한 질문에 해답을 제공하거나, 이용자가 필요로 하는 정보를 찾는 과정을 도와주는 서비스를 뜻한다. 이러한 참고봉사 활동에는 정보 제공과 이용법 교육, 자료의 선택, 독서 상담 등과 같은 활동들이 포함된다. Samuel Rothstein, "Reference Service: The New Dimension in Librarianship", College and Research Libraries(1961), 22권 1호, 11 - 18쪽.

넘는 52%인 것으로 나타났다. 도서관 이용자들이 참고봉사 서비스를 전문 활동으로 인식하지 않고 있음에도 불구하고 참고봉사 활동이 이렇게 빈약하게 이루어지고 있음은 도서관에서 제공되는 이용자 서비스가 매우 낮은 수준에 머물러 있음을 보여준다.[216]

도서관 서비스의 대상이 세분화되어 있지 않다는 사실 또한 도서관 발전을 위한 노력들이 이용자를 중심으로 전개되지 않았음을 보여준다. 도서관을 이용하는 이용자들은 성이나 연령, 계층, 장애의 정도 등에 따라 지식 정보에 대한 서로 다른 욕구를 가지고 있다. 그러나 이러한 이용자 수요의 다양성에도 불구하고 도서관 서비스의 대상이 세분화되어 있지 않음으로써 서로 다른 형편이나 상황에 처해 있는 사람들의 도서관 서비스에 대한 요구가 제대로 충족되지 못하였다.[217]

이러한 현실에 비해 외국의 경우, 마찬가지로 도서관 환경을 개선하기 위한 사업들을 벌이고 있음에도 불구하고 우리의 경우와 달리 이용자들에 대한 세분화된 서비스를 통하여 이용자 중심의 도서관 운영이 이루어지고 있다는 점에서 큰 차이를 보인다. 보기로, 미국의 경우 주정부의 '도서관 서비스및기술법(Library Services and Technology Act)'은 정보 불균형을 해소하기 위해 정보망을 이용한 도서관 접근성을 제고하고 저소득층 어린이를 위한 프로그램

---

216) 도서관 이용자들은 참고봉사 서비스를 주로 '자료 찾는 방법이나 자료의 위치를 안내해 주는 활동'(53.1%), '조사 연구에 필요한 자료 소개'(13.6%), '간단한 질문에 대한 답변'(13.5%), '도서관 이용지도 및 안내'(11.6%) 활동 등으로 인식하였다. 이와 관련하여 김두선, 「공공도서관 참고봉사의 실태 및 이용자들의 인식 수준에 관한 연구」(신라대학교 교육대학원 석사학위논문, 2000), 15쪽, 37쪽 볼 것.

217) 1990년대 이후 어린이에 대한 서비스는 그 범위가 점차 확대되고 있으며, 노인층이나 주부, 장애인 계층에 대한 서비스의 필요성 또한 점차 확산되는 추세를 보이고 있다. 그러나 아직까지 이러한 활동들은 그 수준이 매우 낮은 단계에 머물러 있다.

을 운영하며 도서관을 이용하는 데 어려움을 겪는 장애인, 노인 등을 위한 서비스를 지원하는 것을 법으로 규정하고 있다. 뿐만 아니라 도서관 서비스의 대상을 아동, 청소년, 성인, 주부, 노인, 장애인 등으로 세분화하고 각각의 대상자들이 도서관 서비스를 더욱 쉽고 편리하게 이용할 수 있도록 다양한 프로그램들을 마련하고 있다.

〈표 13〉 외국의 도서관 서비스 사례

구 분	내 용
아동프로그램 (유아 – 14세)	뉴욕의 경우 초등학교와 도서관의 상호협력 프로그램 개발 학교는 도서관에 필요한 프로그램 요청
청소년 프로그램	청소년 전담 사서제의 운영 전화 및 인터넷을 통한 과제물 해결 지원
성인/주부 프로그램	전문적 영역에 대한 정보 제공 및 참고봉사 가족을 위한 프로그램 저소득층을 위한 프로그램
노인/장애인 프로그램	전화참고봉사서비스, 노인과 어린이 연계프로그램, 미국 위스컨신 주의 공공 도서관 70%가 요양소에서 서비스 실시

※ 출처: 문화관광부, 「도서관 정보화 전략계획 수립」(LG CNS, 2002)

이러한 사실은 우리 사회의 도서관 발전을 위한 노력들이 도서관을 이용하는 이용자 중심으로 이루어지기보다는 도서관의 설립이나 장서의 확충 등 외형상으로 나타나는 발전에 치중하는 방식으로 이루어졌음을 보여주고 있다. 외국의 경우도 도서관 발전을 위한 노력들이 시설이나 장서의 확충 등과 같은 도서관 환경 개선 사업들로 나타나기는 하였지만, 우리와 근본에서 다른 것은 그 과정에 도서관 이용자들에 대한 관심, 곧 한편으로 양질의 자료를 제공하고 다른 한편으로 도서관 이용이 더욱 쉽고 편리하게 이루

어질 수 있도록 만들고자 하는 관심이 중심을 이루었다는 점에서 중요한 차이를 보여준다.[218]

6.3. 공공영역의 재활성화

6.3.1. 의사소통 관심의 되살림

근대의 도서관은 지식 정보에 대한 자유로운 접근을 보장하기 위한 공간으로 등장하였다. 또한 그 발전 과정을 통하여 의사소통의 합리성을 지향하는 행위를 강화시킴으로써 공공영역의 발전에 중요한 역할을 수행하였다. 의사소통 행위란 "행위자들이 행위의 목적과 목표를 상호 이해하고 상호 주관적으로 조정하는 행위"를 의미한다. 여기에서 상호 이해를 지향하는 상호 작용은 객관 사실의 세계뿐만 아니라 사회 규범 및 가치의 세계와 주관에 터한 개인감정의 세계를 포괄한다.[219]

우리 사회에서 국가의 도서관 영역에의 개입과 함께 나타난 도서관을 둘러싼 활동들은 이러한 의사소통 지향의 관심들이 약화되는 과정을 보여준다. 도서관의 발전은 의사소통의 합리성 곧 이용

---

218) 이처럼 이용자 중심의 도서관 발전이 이루어지고 있는지의 여부에 따라 도서관의 이용률은 큰 차이를 보이게 된다. 이용자 1인당 대출책 수를 비교해 보면, 미국 6.4권(1999), 호주 8.9권(1996)에 비해 한국 0.6권(2001)으로 나타남으로써 이용자 중심의 도서관 환경 개선이 도서관 이용에 있어서 큰 차이를 가져옴을 알 수 있다. 문화관광부, 「도서관 정보화 전략계획 수립」(LG CNS, 2002).

219) 김호기, 위 글(1995), 148쪽.

자들과의 자유로운 인식의 교류를 통하여 도서관의 발전에 이르고자 하는 관심이 약화되고 도구 합리성, 곧 도서관을 구성하는 외부 환경에 대한 조정과 통제를 통하여 도서관의 발전을 이루려고 하는 관심이 크게 강조되는 가운데서 이루어졌다. 이러한 변화는 앞서 살펴본 바와 같이 우리 사회에서 도서관의 발전이 이용자 중심으로 이루어지지 못하는 결과를 초래하였다.

이용자 중심의 도서관 발전은 이용자에 대한 관심, 곧 행위 주체로서의 개인에 대한 관심에서 비롯된다. 도서관의 역사는 각 사회의 특정한 목표를 성취하기 위한 도구로서 도서관이 등장·발전하였음을 보여준다. 이런 점에서 도서관이 가지는 '수단으로서의 성격'은 도서관의 등장시기부터 내재된 고유의 성격이라고 할 수 있다. 그러나 비록 도서관이 수단으로 활용된다고 할지라도 그 안에서 행위 주체로서의 개인을 어떻게 인식하는가에 따라 도서관의 의미는 근본에 있어서 차이를 나타낸다. 곧 개인이 교육되고 관리되어야 할 대상으로만 인식되는 한에서 도서관은 특정 목표를 수행하기 위한 수단으로서의 공간에 머무는 반면, 자율성을 가지고 스스로 상황을 해석하며 자기의 행위를 선택하는 주체로서의 존재로 인식되는 한에서 도서관은 의사소통 및 해방의 공간으로 자리하게 된다.

도구 합리성에 의해 지배되는 오늘날의 도서관 현실이 의사소통 합리성에 기반한 것으로 변화되지 않고는 도서관이 공공영역으로서의 기능을 수행하기는 어렵다. 근대 초기 구질서 아래에서의 신분에 관계없이 누구나 참여하여 지식 정보에 접근할 수 있었던 공간으로서의 도서관의 본래의 모습을 되찾기 위해서는 따라서 자율성을 가지고 주체로서 참여하는 개인에 대한 관심, 그리고 이러한 개인을 육성하고자 하는 의사소통의 관심을 회복하는 것이 가장 긴급한 과제이다.

6.3.2. 중층화된 발전 구조의 극복

공공영역의 가장 중요한 기능은 국가와 사사로운 영역 사이를 매개하고 조정함으로써 두 영역이 서로 조정된 관계 속에서 발전하게 한다는 데에 있다. 그런데 오늘날 이러한 관계에 큰 변화가 나타나고 있다. 국가의 영향력이 점차 증가하면서 공공영역에 대한 국가의 개입이 확장되어 가고 있는 것이다. 그러나 이러한 현실이 공공영역의 국가화, 곧 국가에 의한 공공영역의 종속을 의미하지는 않는다. 국가의 개입을 통하여 도서관 영역이 사회의 한 제도로 편입되어 가면서 도서관에 지원과 통제가 동시에 주어졌던 것처럼, 도서관 영역에의 국가의 개입은 일방의 억압과 통제의 형태로만은 나타나지 않는다. 그보다는, 국가와 도서관의 상호 의존관계는 사사로운 영역에 대한 국가의 직접 개입이라는 형태가 아니라 '사사로운 영역에도 속하지 않고 국가의 영역에도 속하지 않는 중간영역(the social)'[220]을 만들어냄으로써 국가의 직접 개입을 줄이고자 하는 과정에서 나타난 현상이다.

중간영역의 형성을 통한 국가와 공공영역 관계의 긴밀화는 '위로부터의' 지배나 '아래로부터의' 저항이라고 하는 일방의 지배와

---

220) Jürgen Habermas, 위 글, 142쪽.

저항의 관계를 부정한다. 이런 상황에서 국가와 공공영역의 문제는 서로가 밀접히 연계되어 있는 상황에서 어떻게 상호 견제와 균형의 관계를 유지할 수 있는가의 문제로 전환된다. 공공영역이 중층화된 구조로 곧 공공의 관심과 사사로운 관심이 각각 개인의 수준과 제도의 수준으로 나뉘어져 발전해 온 우리의 상황에서 이러한 과제는 어떻게 중층의 구조를 통합된 구조로 변화시켜 나갈 수 있는가의 문제로 남게 된다.

공공영역의 중층화는 무엇보다 개인의 자율성과 주체성을 어떻게 보호하고 강화할 수 있으며, 이러한 개인들의 성찰성에 기초한 이해 지향 행위들이 어떻게 활성화될 수 있는가에 대한 문제를 통하여 접근할 수 있다. 도서관이라는 구조 속에서 이해를 지향하는 행위는 개인 서로 간의 의사소통 행위와는 달리, 도서관 이용자들이 다양한 지식 정보를 누구나 쉽고 편리하게 접근할 수 있도록 정보에의 접근성을 높이는 활동으로 나타난다. 여기에는 양질의 도서를 선정하고 수집하는 과정과 도서관 이용자들이 도서에 대해 쉽게 접근할 수 있도록 전문 참고봉사 서비스를 제공하는 것, 또한 다양한 교육 활동을 통하여 도서 및 도서관의 이용에 도움을 주는 활동들이 포함될 수 있다. 이러한 활동을 통하여 이용자들은 도서관을 자신의 사사로운 목적을 위한 공간으로서만 이용하지 않고 더욱 다양한 영역으로 자신의 관심 세계를 확장하는 공간으로 활용하게 된다.

그러나 앞에서 살펴보았듯이, 공공정책을 통하여 국가가 추진했던 도서관 환경 개선 노력들은 도서관의 외형상 발전에 중요한 성과들을 가져왔음에도 불구하고 도서관 이용자에 의해서는 중요하게 받아들여지지 않았다. 도서관의 전문 인력을 확보하기 위하여 법으로 사서 배치 기준을 정하고 도서관장의 사서직 보임을 의무화했지만, 도서관을 이용하는 이용자들은 도서관으로부터 참고봉사와 같은 전문 서비스를 제공받지 못하였으며, 노인이나 장애인들과 같은 다양한 이용 계층들에게 도서관에의 접근성이 크게 개선되었다는 인식을 주지도 못했다. 이러한 상황은 도서관 환경을 개선하기 위한 활동의 중심에 도서관 서비스가 지향하는 대상에 대한 관심 곧 도서관 이용자에 대한 관심이 배제되었기 때문에 나타난 현상이다. 외국의 경우 우리 사회와는 달리, 다양하고 세분화된 도서관 서비스를 통하여 이용자들의 지식 관심을 충족시키고, 이용자와 서비스 제공자 사이에, 그리고 도서관과 지역사회 사이에 활발한 의사소통이 이루어지도록 하는 공간으로 발전해 올 수 있었던 데에는 이용자에 대한 관심이 도서관 발전에 있어서 매우 중요한 요소로 다루어져 왔기 때문이다.

이런 점에서, 우리 사회의 공공영역을 활성화하는 문제는 그러한 노력들이 지향하고 있는 대상에 대한 관심을 분명히 함으로써 시작할 수 있다. 곧 개인이 사사로운 관심 세계에 매몰되지 않고 책임 있고 자율성을 가진 존재로 성장할 수 있도록 의사소통 합리성에 기반한 상호 간의 이해 지향 행위들을 활성화시키는 노력들이 이루어져야 한다. 이를 통하여 도구적 관심과 의사소통의 관심이, 교육의 기능과 비판의 기능이 통합된 형태로 전개될 때 우리 사회의 공공영역은 활성화의 길을 걷게 될 것이다.

제 7 장

마치는 글

이 연구는 우리 사회에서 공공영역의 발전과정을 도서관이라는 영역을 통하여 살펴보았다. 여기에서 살펴본 내용들은 도서관 및 공공영역과 관련한 분야에서 이루어진 기존의 많은 연구들에서 지적된 것들이다. 이 연구가 가지는 특징은 이처럼 그 동안 두 영역으로 나뉘어져 전개되어 온 연구의 내용들을 공공영역과 도서관의 발전이라는 두 영역의 상호 관계를 통하여 살펴보았다는 데 있다. 특히 그 동안 도서관 및 공공영역에 대한 연구들에서 지적되었던 내용들이 우리 사회의 공공영역의 발전이라는 측면에서 어떻게 새롭게 해석되고 분석될 수 있는지를 보여줌으로써 공공영역의 활성화를 위한 실천 전략들이 어떻게 마련되어야 하는지를 제시하고자 하였다.

일찍이 일제시대로부터 공공의 영역으로서 등장하게 된 우리 사회의 도서관은 이제 새롭게 다시금 그 모습을 회복하려는 노력들을 보여주고 있다. 이러한 노력들이 성공하기 위해서는 무엇보다 행위 주체로서의 개인에 대한 관심, 곧 이들의 자율성과 주체성에 터한 사고능력, 판단능력을 육성할 수 있는 방향으로 운동이나 정책이 전개되어야 한다. 이것은 아래로부터의 운동이나 위로부터의 강제를 통하여서만 형성될 수 있는 것은 아니다. 양자로부터의 노력이 함께 어우러지는 가운데 어떻게 균형과 견제의 수준을 맞추어 가느냐의 문제인 것이다. 이런 점에서 공공영역 안에 존재하는 긴장은 언제나 있게 되는 것이며, 그 긴장이야말로 공공영역을 공공영역으로 존재하게 만드는 중요한 핵심 요소라고 할 수 있다.

국가와 공공영역의 관계가 밀접해지면서 공공영역의 교육 기능이 점차 강화되는 현상은 한국 사회에만 국한된 것은 아니다. 이것은 사사로운 영역과 공공의 권위영역을 매개하는 공간으로, 자유주의 이념에 기초한 통치 방식의 하나로 오늘날 전 세계에 보편화된 현상으로 나타나고 있다. 또한 국가에 의한 권력의 독점과 이로 인한 국가권력으로부터 자유로운 토론 공간의 협소화라는 경향이 증가하고 있는 것은 사실이지만, 다른 한편으로 다원화되고 세분화된 사회에서 국가와 사사로운 영역을 매개할 '매개 공간'의 필요성이 커지고 있는 것도 사실이다. 이러한 점에서 공공영역은 이전 시대와 달리 더욱 강화된 교육의 기능을 요구받고 있는 것이다.

그러나 이러한 교육 공간으로서의 공공영역의 필요성에도 불구하고, 교육 기능과 비판 기능의 분리는 공공영역으로 하여금 사사로운 공간으로의 퇴각이라고 하는 문제를 가져올 가능성이 크다. 우리 사회에서 나타난 도서관의 공부방화 현상은 단지 도서관이 자기 자신의 발전을 위한 공간으로 이용되고 있다는 현실로 드러나는 문제를 뛰어넘어 우리 사회의 공공영역이 점차 사사화된 공간으로 변해가고 있음을 보여주는 것이다. 곧 사사로운 관심의 영역을 공공의 세계로 이끌어내는 역할을 하기보다는 공공의 영역을 사사로이 이용하는 경향이 강화됨으로써 공공영역의 중층 구조가 강화되고 있는 것이다.

국가와의 밀접한 관계 속에 성장한 우리 사회의 공공영역은 이처럼 공공영역이 가지는 교육 기능이 강화되고 비판 기능이 약화되는 가운데서 점차 중층화된 형태로 발전하는 모습을 보이고 있다. 이러한 문제를 해결하기 위해서는 무엇보다 분리된 교육 기능과 비판 기능을 통합함으로써 공공영역의 재활성화를 도모할 필요가 있다. 그리고 교육 기능과 비판 기능 통합의 출발점은 스스로 선택하고 결정할 수 있는 자율성을 가진 행위 주체로서의 개인에 대한 재발견으로부터 시작되어야 한다.

행위의 주체인 개인은 정책과 사회제도에 의해 영향을 받는 존재이다. 그러나 동시에 정책과 제도를 통하여 조성된 환경을 스스로 해석하고 평가하며, 선택하는 주체성을 가진 존재이기도 하다. 그러므로 사사로운 개인이 공공의 공간에 나오게 되는 매개 공간으로서의 '공공영역'은 사사로운 개인에게 영향력을 행사하는 공간(교육 기능)임과 동시에 그러한 개인을 중심으로 권력에 영향력을 행사하는 공간(비판 기능)으로 자리매김 되어야 한다. 이것은 공공영역의 교육 기능과 비판 기능을 분리해서는 달성할 수 없는 일이며, 행위 주체인 개인이 정책에 의해 영향을 받음과 동시에 그러한 정책이 조성한 환경을 주체성을 가지고 이용한다는 점을 인식하지 못하고는 불가능한 일이다.

행위 주체에 대한 재발견의 필요성은 따라서 정책과 제도의 수립 과정에서 행위 주체에 대한 더욱 많은 고려가 필요함을 주장한

다. 이것은 달리 말하면, 정책과 제도에 의해 조성된, 개선된 문화
환경에 따라 개인의 삶의 질이 자동으로 상승하는 것은 아니라는
것을 지적하는 것이다. 도서관의 경우에서 보는 바와 같이, 국가와
의 관계 속에서 발전을 거듭해온 도서관은 그러나 개인들에 의해
지식과 정보의 창고로 활용되기보다는 개인의 공부방과 자습실로
이용되는 결과를 초래하고 있다. 정책 목표를 통해서는 개인의 삶
의 질과 창의력 있는 개인의 육성이 제시되지만, 실제로는 사사로
운 목적에 집착하고 의사소통과 관심의 영역을 개인의 세계 너머
로 확대하지 못하는 사사로운 존재들이 양산되는 결과가 나타나고
있다. 정책으로 조성될 환경을 개인은 어떻게 해석하고 받아들일
것인지, 그리고 이러한 환경을 개인은 어떻게 활용할 것인지에 대
한 분석이 없이는 앞으로도 이러한 결과는 계속해서 나타날 가능
성이 크다.

우리 사회의 공공영역은 따라서 비판 기능과 교육 기능의 분리
로 나타나는 공공영역의 중층구조를 벗어버리고, 두 기능을 통합함
으로써 유사 공공영역이 아닌 진정한 공공영역으로 발전되어야 할
단계에 와 있다. 그리고 그 과정에서 행위 주체로서의 개인을 재
발견하여야 할 과제를 부여받고 있다. 이렇게 개인의 주체성이 재
발견되고 교육 기능과 비판 기능이 하나로 통합될 때에야, 우리
사회의 공공영역은 비로소 진정한 의미의 공공영역, 곧 사사로운
이해관계를 벗어나 공공의 세계로 관심의 범위를 확장시키고, 자신
에 대한 주체성의 경험을 통해 사사로운 개인을 비판능력을 갖춘
공중으로 성장시키며, 삶의 세계와 체계를 매개하고 조정해주는 역
할을 하는 공공영역으로 성장할 수 있을 것이다.

|참고문헌

고기식, 「한국 도서관발달의 사적 고찰 - 근대 도서관 설립운동을 중심
　　　으로」(고려대학교대학원 석사학위논문, 1976).
권영찬, 「해방 이후 통치시기별 도서관 정책과 공공도서관 발전에 관한
　　　연구」(계명대학교대학원 석사학위논문, 2000).
권용혁, "하버마스와 한국".
김규숙, "우리나라의 고등교육과 대학도서관", 「도서관」(국립중앙도서
　　　관, 1966년 3월).
______, "도서관의 기능은 확대되어야 한다", 「도서관」(국립중앙도서관,
　　　1967년 3월).
김남석, 「일제하 공공도서관의 사회교육활동」(계명대학교 출판부,
　　　1991).
김두선, 「공공도서관 참고봉사의 실태 및 이용자들의 인식수준에 관한
　　　연구」(신라대학교교육대학원 석사학위논문, 2000).
김두홍·정필모(옮김), "아시아 8개국의 도서관 발전", 「발전도상국의
　　　도서관」(한국도서관협회, 1970).
김세익, "지역사회의 문화센터로서의 공공도서관", 「도서관」(국립중앙도
　　　서관, 1971년 4월).
김영기, 「부산지역 공공도서관 장서 형성의 사회사」(부산대학교대학원
　　　박사학위논문, 1999).
김영문, "도서관과 성인교육 - 사용과 이용에 있어서", 「文苑」 31호(국
　　　립도서관, 1948년 9월).
김용일, 「미군정하의 교육정책 연구」, (고대민족문화 연구원, 1999).
김원희, 「한국의 개화교육사상」(재동문화사, 1979).
김종성, 「한국 학교도서관 운동사 연구」(부산대학교대학원 박사학위논
　　　문, 2000).
______, 「한국 학교도서관 운동사」(한국도서관협회, 2000).

김포옥, 「일제하의 공공도서관에 관한 연구」(성균관대학교대학원 석사
        학위논문, 1978).

______, 「광복 이후 한국 공공도서관사 연구: 일제하 공공도서관제도의
        영향을 중심으로」(성균관대학교대학원 박사학위논문, 1990)

김해성·조영달(옮김), 「자유주의와 공동체주의」(한울, 2001).

김호기, 「현대 자본주의와 한국사회: 국가, 시민사회, 민주주의」(사회비
        평사, 1995).

______, 「한국의 현대성과 사회변동」(나남, 1999).

박봉석, "一郡一館", 「文苑」(국립중앙도서관, 1947년 3월).

박영신, 「사회학이론과 현실인식」(민영사, 1992).

______, 「역사와 사회변동」(한국사회학연구소, 1990).

박희영, "한국고등교육기관도서관약사", 「도서관」(국립중앙도서관, 1966
        년 3월).

손호철, 「해방 50년의 한국정치」(새길, 1995).

신용운, 「일제하 사상통제 기관으로서의 공공도서관」(경북대학교대학원
        위원회 석사학위논문, 1988).

엄대섭, "공공도서관과 마을문고", 「도서관」(국립중앙도서관, 1966년 5월).

오한석, 「한국 근대도서관 설립운동의 사적 고찰 - 개화기 일제치하를
        중심으로」(한양대학교대학원 석사학위논문. 1988).

이선영, 「한국문학의 사회학」(태학사, 1993).

이연옥, 「한국공공도서관 운동사 연구」(부산대학교대학원 박사학위논문,
        2001).

이재욱, "농촌과 독서", 「文苑」(국립중앙도서관, 1949년 9월).

이진우(옮김), 「현대성의 철학적 담론」(문예출판사, 1996).

이창세, "기념식사", 「도서관」(국립중앙도서관, 1971년 4월).

이항숙, 「한국 근대도서관 발전과정에 관한 연구」(이화여자대학교대학
        원 석사학위논문, 1981).

장현섭, "생활문화와 문화복지", 「문화정책 연구의 새로운 전망」(한국문
        화정책개발원, 1997).

한승완(옮김), 「공론장의 구조변동」(나남, 2001).

홍의균, 「근대 공공도서관 발전의 역사적 사회적 배경에 관한 연구 -

18, 19세기 영미의 공공도서관을 중심으로」(이화여자대학교대학
　원 석사학위논문, 1986).

공공도서관협의회, 「공공도서관 운영과제 연구」(공공도서관협의회, 2000).
문화관광부, 「도서관 정보화 전략계획 수립」(LG CNS, 2002).
문화복지기획단, 「21세기 문화복지 대토론회: 삶의 질 향상을 위한 새
　로운 도약」(문화복지기획단, 1996).
문화체육부, 「삶의 질 세계화를 위한 문화복지 기본구상」(문화체육부,
　1996).
새마을문고운동 40년사 편찬위원회, 「새마을문고운동 40년사: 1960-2000」
　(새마을운동중앙회, 2001).
서울특별시립종로도서관, 「종로도서관 60년사」(서울특별시립종로도서관,
　1980).
한국도서관협회 30년사 편찬위원회, 「한국도서관협회 30년사」(한국도서
　관협회, 1997).
한국도서관협회, 「한국도서관법령집」(한국도서관협회, 1998).
　______________, 「한국도서관통계」, 1993-2001.

Bennett, Tony, "Putting policy into cultural studies", Grossberg, Nelson and
　Treichler(엮음), *Cultural Studies*(New York and London: Routledge,
　1992).
　________, *The Birth of the Museum*(London: Routledge, 1995).
　________, *Culture: A Reformer's Science*(London: Sage, 1998).
　________, "Intellectuals, culture, policy", Pavis papers 2호(London: The
　Open University, 2000).
Bianchini, Franco/Parkinson, Michael(엮음), *Cultural Policy and Urban
　Regeneration*(Manchester: Manchester University Press, 1993).
Burchell, Graham 들(엮음), *The Foucault Effect*(Chicago: The University of
　Chicago Press, 1991).
Burchell, Graham, "Peculiar interests: civil society and governing the
　system of natural liberty", Burchell, Graham 들(엮음), 위 글.

Callinicos, Alex, *Making History: Agency Structure and Change in Social Theory*, 김용학(옮김), 「역사와 행위」(교보문고, 1991).

Dean, Mitchell, *Governmentality*(London: Sage, 1999).

Edgar, Andrew and Sedgwick, Peter, *Cultural theory*(London: Routledge, 2002).

Förnas, Johan, *Cultural Theory & Late Modernity*(London: Sage, 1995).

Habermas, Jürgen, *The Structural Transformation of the Public Sphere*(Cambridge: Polity Press, 1989).

Harris H. Michael, *History of Libraries in the Western World*, 전명숙·정연경(옮김), 「서양 도서관사」(지문사, 1991).

Gill, Philip, 「공공도서관 서비스 개발을 위한 IFLA/UNESCO 가이드라인」(한국도서관협회, 2002).

Girard, Augustin, *Cultural development: experience and policies* (Paris: Unesco, 1972).

Gordon, Colin, "Governmental rationality", Graham Burchell 들(엮음), *The Foucault Effect*(Chicago: The University of Chicago Press, 1991).

McGuigan, Jim, *Culture and the Public Sphere*(London: Routledge, 1996).

Rothstein, Samuel, "Reference Service: The New Dimension in Librarianship", College and Research Libraries(1961), 22권 1호.

Williams, Raymond, *The Sociology of Culture*(Chicago: The University of Chicago Press), 1985.

Wolfe, Alan, *Whose Keeper?* (Berkeley: University of California Press).

김세훈 ─────────────────────────────

▌약력

　현 한국문화관광연구원 문화예술연구실장
　현 국회 법제지원위원
　전 한국행정학회 문화행정연구회 연구이사
　전 국립중앙도서관 정책자문위원
　전 고령화 및 미래사회위원회 전문위원 등

▌주요논저

　『공공성(Public)』(2008)
　「문화복지 중기계획 연구」(2008)
　「문화분야 법제정비방향 연구」(2007, 공저)
　「도서관정책 추진체계 개선방안 연구」(2007)
　외 다수

문화공간의 사회학
─국가, 공공영역 그리고 도서관─

초판인쇄 ｜ 2009년 3월 23일
초판발행 ｜ 2009년 3월 23일

지은이 ｜ 김세훈
펴낸이 ｜ 채종준
펴낸곳 ｜ 한국학술정보㈜
주　소 ｜ 경기도 파주시 교하읍 문발리 513-5 파주출판문화정보산업단지
전　화 ｜ 031) 908-3181(대표)
팩　스 ｜ 031) 908-3189
홈페이지 ｜ http://www.kstudy.com
E-mail ｜ 출판사업부　publish@kstudy.com

등　록　25,000원
가　격

ISBN　978-89-534-1413-6 93330 (Paper Book)
　　　　978-89-534-1414-3 98330 (e-Book)